GLOBETROTTER

D1797435

MANDARIN

In Your Pocket

NEW
HOLLAND

GLOBETROTTER™

First edition published in 2007
by New Holland Publishers Ltd
London • Cape Town • Sydney
• Auckland
10 9 8 7 6 5 4 3 2 1

website:
www.newhollandpublishers.com

Garfield House, 86 Edgware Road
London W2 2EA
United Kingdom

80 McKenzie Street
Cape Town 8001
South Africa

14 Aquatic Drive
Frenchs Forest, NSW 2086
Australia

218 Lake Road
Northcote, Auckland
New Zealand

ISBN 978 1 84537 556 0

Publishing Manager:
Thea Grobbelaar
Designer: Lellyn Creamer
Cover Design: Nicole Bannister
Illustrator: Marisa Galloway
Editor: Thea Grobbelaar
Translator: Xiao Ping Yu
Proofreaders: Nan Nan Wang
and Aileen Berry

Printed and bound in Hong Kong by
Sing Cheong Printing Co. Ltd

Cover photograph:
Yu Yuan Tea House, Shanghai.

CONTENTS

Phrase Book

This PHRASE BOOK is thematically colour-coded for easy use and is organized according to the situation you're most likely to be in when you need it. The fairly comprehensive DICTIONARY section consists of two parts – English-Mandarin and Mandarin-English.

To make speaking Chinese easy, we would encourage our readers to memorize some of the general PRONUNCIATION rules (see page 8). After you have familiarized yourself with the basic tools of the language and the rudiments of Chinese GRAMMAR (see page 14), all you need to do is turn to the appropriate section of the phrase book and find the words you need to make yourself under-stood. If the selection given here is not exactly what you're looking for, consult the dictionary for other options.

Just to get you started, here are some Chinese expressions you might have heard, read or used at some time: nǐ hǎo, xiè xiè, zài jiàn, duì bù qǐ, bù kě qì. Even if you are unfamiliar with these words and would rather not try to say them out loud, just remain confident, follow our easy advice and prac-tise a little, and you will soon master useful phrases for everyday life. Speak slowly and enunciate care-fully and your counterpart is likely to follow suit.

Some Chinese words have very similar pronunciation to other words, but they can be very different in meaning only because the tones and the characters are different, even though the pronunciation looks very similar on paper, e.g.

毛衣 máo yī (jersey), 贸易 mào yì (trade), 学习 xué xí (study), 休息 xiū xi (rest), 日常 rì cháng (daily), 日场 rì chăng (day performance).

Nowadays, many English terms are used in Chinese, especially in business, sport and leisure activities, so everyone will know what you mean when you say things like 'laptop', 'sms', 'e-mail', 'golf' and 'tennis'.

A section on HOLIDAYS AND FESTIVALS (see page 82) provides some background knowledge of Chinese holdays and festivals so that you know what it is you're celebrating and why. There's no better way to learn a language than joining in some enjoyment!

The brief section on manners, mannerisms and ETIQUETTE (see page 76) can help you make sense of the people around you. Make the effort to view your host country and its people tolerantly; that way you will be open to the new experience and be able to enjoy it.

Learning a new language can be a wonderful, but frightening experience. It is not the object of this book to teach you perfect Chinese, but rather to equip you with just enough knowledge for a successful holiday or business trip. Luckily, you are unlikely to be criticized on your grammatical correctness when merely asking for directions. The most important thing is to make yourself understood. To this end, a brief section on grammar and a guide to pronunciation have been included in this book. There is, however, no substitute for listening to native speakers.

Before you leave, it might be a good idea to familiarize yourself with the sections on Pronunciation, Grammar and Etiquette. This can easily be done en route to your destination. You will also benefit from memorizing a few important phrases before you go.

The sections of the Phrase Book are arranged by topic for quick reference. Simply go to the contents list (see page 3) to find the topic you need. The Dictionary section (see page 88) goes both ways, helping you to understand and be understood.

In the dictionary section, abbreviations have been used in those instances where one English word could be interpreted as more than one part of speech, e.g. 'smoke' (a noun, the substance coming from a fire) and 'smoke' (a verb, what one would do with a cigarette). Here is a list of these and some other abbreviations used in this book:

v	verb
n	noun
adj	adjective
adv	adverb
prep	preposition
conj	conjunction
elec	electric/al

For ease of reference, the Mandarin–English section of the dictionary (*see* page 140) has been alphabetized according to Pinyin and tones rather than arranged according to the Chinese characters.

INITIALS 9
声母
shēng mǔ

FINALS 10
韵母
yùn mǔ

TONES 11
声调
shēng diào

In the Chinese structure of phonetics, a syllable is composed of an initial, a final and a tone.

INITIALS

b p m f   d t n l   g k h

The above initials are similar to the sound of the corresponding letters of the English alphabet, which are not difficult to pronounce, but the following 10 initials are the most difficult ones for which English speakers may not have associations and therefore find difficult to pronounce.

This group of initials requires the learner to pronounce them with the mouth in a smiling position:

j   like the **j** in **jeep**
q   like the **ch** in **cheese**
x   like the **sh** in **sheet**

This group of initials requires the learner to pronounce them with teeth biting tightly:

z   like the **dz** in **adze**
c   like the **ts** in **consultants**
s   like the **s** in **sisters**

This group of initials requires the learner to pronounce them with lips pursed to the front:

zh   like the **dg** in **budget**
ch   like the **ch** in **beach**
sh   like the **sh** in **shower**

This initial sounds like a combination of the American r and the French j:

r   like the **r** in **run**

FINALS

a   like the **a** in **bath**

o   like the **ou** in **bought**

e   like the **u** in **curfew**

i   like the **ea** in **please**

u   like the **oo** in **book**

ü   like the **ee** in **feel** (but with pursed lips)

ai   like the **i** in **light**

ei   like the **ai** in **wait**

ao   like the **ow** in **cow**

ou   like the **oa** in **boat**

an   like the **un** in **under**

en   like the **in** in **bin**

ang   like the **oung** in **young**

eng   like the **eng** in **English**

ong   like the **ong** in **song**

TONES

In the Chinese language, it is necessary to know the different tones in order to avoid confusion, because although two words may look very similar, the difference in tone affects their meaning. For example, if you go to a Chinese restaurant and order something to eat or drink, you will find that 'soup' in Chinese is pronounced 'tāng' while 'sugar' is pronounced 'táng'. Because of this slight difference in pronunciation, it could happen that you are served no soup before your main meal but get extra sugar for your coffee instead!

The first tone is high pitched: mā

The second tone rises in pitch: má

The third tone dips before rising in pitch: mǎ

The fourth tone drops in pitch: mà

Practise these phrases to get the hang of it:

你会说汉语吗?
nǐ huì shuō hàn yǔ ma?
Can you speak Chinese ?

我不懂
wǒ bù dǒng
I do not understand

请说慢一点儿
qǐng shuō màn yì diǎnr
Please speak a bit slowly

你怎么样?
nǐ zěn me yàng?
How are you doing? (informal)

您好?
nín hǎo?
How are you? (polite form)

很好, 谢谢
hěn hǎo, xiè xiè
Very well, thanks

一, 二, 三, 四, 五
yī, èr, sān, sì, wǔ
one, two, three, four, five

六, 七, 八, 九, 十
liù, qī, bā, jiǔ, shí
six, seven, eight, nine, ten

请问, 洗手间在哪儿?
qǐng wèn, xǐ shǒu jiān zài nǎr?
Excuse me, where is the toilet?

在左边, 在右边
zài zuǒ bian, zài yòu bian
On the left, on the right

差一刻两点
chà yí kè liǎng diǎn
Quarter to two

六月二十一号
liù yuè èr shí yīhào
21st June

谢谢!
xiè xiè!
Thanks!

请
qǐng
Please

我可以 ... 吗?
wǒ kě yǐ ... ma?
May I ...?

我想 ...
wǒ xiǎng ...
I would like to ...

对不起
duì bù qǐ
Sorry

昨天
zuó tiān
yesterday

今天
jīn tiān
today

明天
míng tiān
tomorrow

这有 ...?
zhè yǒu ...?
Is there ...?

这是谁?
zhè shì shuí?
Who is it?

这是 ...
zhè shì ...
This is ...

你怎么称呼 (你叫什么名字)?
nǐ zěn me chēng hu (nǐ jiào shén me míng zi)?
What is your name?

请把它写下来
qǐng bǎ tā xiě xià lái
Please write it down

抱歉, 对不起
bào qiàn, duì bù qǐ
Excuse me, please

你能帮助我吗?
nǐ néng bāng zhù wǒ ma?
Could you help me?

你好吗?
nǐ hǎo ma?
How are you?

再见
zài jiàn
Goodbye

NOUNS 15
名词
míng cí

ADJECTIVES 16
形容词
xíng róng cí

VERBS 17
动词
dòng cí

AUXILIARY VERBS 18
助动词
zhù dòng cí

MEASURE WORDS 21
量词
liàng cí

This grammar section has deliberately been kept very brief as this is not a language course.

NOUNS
名词
míng cí

Chinese nouns have no gender differences:

- 孩子
- hái zi
- **child**

- 男孩子
- nán hái zi
- **boy**

- 女 孩子
- nǚ hái zi
- **girl**

- 人
- rén
- **person**

- 男人
- nán rén
- **man**

- 女人
- nǚ rén
- **woman**

Chinese nouns generally do not form plurals in the same way as English does by adding 's', but instead the Chinese add numbers and measure words (see page 21) in front of the nouns:

- 书
- shū
- **book**

- 一（本）书
- yī (běn) shū
- **one book**

- 两（本）书
- liǎng (běn) shū
- **two books**

- 许多书
- xǔ duō shū
- **many books**

ADJECTIVES
形容词
xíng róng cí

In Chinese, adjectives do not have any gender:

- 漂亮的
- piào liang de
- **beautiful**

◆ 聪明的
◆ cōng míng de
◆ **clever**

All Chinese adjectives end with the character
的 (de).

VERBS
动词
dòng cí

In Chinese, verbs are not conjugated, nor do
they have tenses. In order to indicate the time
period of the sentence, it is simply necessary to
add the time adverbially:

◆ 去
◆ qù
◆ **go**

◆ 昨天去的
◆ zuó tiān qù de
◆ **went yesterday**

◆ 今天去
◆ jīn tiān qù
◆ **go today**

◆ 明天去
◆ míng tiān qù
◆ **will go tomorrow**

AUXILIARY VERBS
助动词
zhù dòng cí

In Chinese, auxiliary verbs are used before verbs to express a desire, necessity or possibility:

auxiliary verb   +   verb

- 想 xiǎng   +   去 qù
- **would like to go**

- 应该 yīng gāi   +   去 qù
- **should go**

- 可以 kě yǐ   +   去 qù
- **may go**

- 能 néng   +   去 qù
- **can go**

- 要 yào   +   去 qù
- **want to go**

- 可能 kě néng   +   去 qù
- **could go**

NEGATIVE FORM

For the present and future time period, the negative is obtained by adding 不 (bú) in front of the verb:

◆ 今 天 我 不 去
◆ jīn tiān wǒ bú qù
● **I do not go today**

◆ 明 天 我 不 去
◆ míng tiān wǒ bú qù
● **I will not go tomorrow**

Expressing the negative in the past tense is obtained by adding 没 (méi) in front of the verb:

◆ 昨 天 我 没 去
◆ zuó tiān wǒ méi qù
● **I did not go yesterday**

INTERROGATIVE FORM

The most common form of turning a sentence into a question is to add the character 吗 (ma) at the end of the sentence:

◆ 明 天 你 去 吗?
◆ míng tiān nǐ qù ma?
● **Are you going tomorrow?**

Or you could ask a 'yes' or 'no' question such as:

- 明天你去不去?
- míng tiān nǐ qù bú qù?
- **Are you going tomorrow or not?**

Here are some useful question forms:

- 这有 ... 吗?
- zhè yǒu ... ma?
- **Is there ...?**

- 什么时候 ...?
- shén me shí hou ...?
- **When ...?**

- ... 谁是?
- ... shuí shì?
- **Who is ...?**

- ... 在哪儿?
- ... zài nǎr?
- **Where is ...?**

- 这是什么?
- zhè shì shén me?
- **What is this?**

- 为什么?
- wèi shén me?
- **Why?**

MEASURE WORDS
量词
liàng cí

In Chinese, measure words are used to express a unit of things or actions and have the same structural function as the collective noun in English. The measure words can be divided into nominal measure words, which indicate the quantity of words, and verbal measure words, which indicate the frequency of an action. Numerals are usually combined with measure words.

Nominal measure words:

◆ 一 (杯) 水
◆ yì (bēi) shuǐ
◆ **a cup of water**

◆ 一 (个) 人
◆ yí (gè) rén
◆ **a person**

Verbal measure words:

◆ 一 (场) 电影
◆ yì (chǎng) diàn yǐng
◆ **a movie**

◆ 一 (个) 约会
◆ yí (ge) yuē huì
◆ **a date**

NUMBERS
数，数字，数量
shù, shù zì, shù liàng

0 零 (零) (líng)
1 一 (壹) (yī)
2 二 (贰) (èr)
3 三 (叁) (sān)
4 四 (肆) (sì)
5 五 (伍) (wǔ)
6 六 (陆) (liù)
7 七 (柒) (qī)
8 八 (捌) (bā)
9 九 (玖) (jiǔ)
10 十 (拾) (shí)
11 十一 (拾壹) (shí yī)
12 十二 (拾贰) (shí èr)
13 十三 (拾叁) (shí sān)
14 十四 (拾肆) (shí sì)
15 十五 (拾伍) (shí wǔ)
16 十六 (拾陆) (shí liù)
17 十七 (拾柒) (shí qī)
18 十八 (拾捌) (shí bā)
19 十九 (拾玖) (shí jiǔ)
20 二十 (贰拾) (èr shí)
21 二十一 (贰拾壹)
  (èr shí yī)
22 二十二 (贰拾贰)
  (èr shí èr
30 三十 (叁拾) (sān shí)
40 四十 (肆拾) (sì shí)
50 五十 (伍拾) (wǔ shí)
60 六十 (陆拾) (liù shí)
70 七十 (柒拾) (qī shí)

80 八十 (捌拾) (bā shí)
90 九十 (玖拾) (jiǔ shí)
100 一百 (壹佰) (yì bǎi)
101 一百零一 (壹佰零
  壹) (yì bǎi líng yī)
120 一百二十 (一佰贰
  十) (yì bǎi èr shí)
200 二百 (贰佰) (èr bǎi)
500 五百 (伍佰) (wǔ bǎi)
1000 一千 (壹千)
  (yì qiān)
1 million 一百万 (壹佰
  万) (yì bǎi wàn)
1 billion 十亿 (拾亿)
  (shí yì)

1st 第一 (dì yī)
2nd 第二 (二分之一)
  dì èr (èr fēn zhī yī)
3rd 第三 (三分之一)
  dì sān (sān fēn zhīyī)
4th 第四 (四分之一)
  dì sì (sì fēn zhī yī)
5th 第五 (五分之一)
  dì wǔ (wǔ fēn zhī yī)
6th 第六 (六分之一)
  dì liù (liù fēn zhīyī)
7th 第七 (七分之一)
  dì qī (qī fēn zhī yī)
8th 第八 (八分之一)
  dì bā (bā fēn zhī yī)
9th 第九 (九分之一)
  dì jiǔ (jiǔ fēn zhīyī)
10th 第十 (十分之一)
  dì shí (shí fēn zhīyī)

DAYS
天, 日子 tiān, rì zi

Monday 星期一（周一）
xīng qī yī (zhōu yī)

Tuesday 星期二（周二）
xīng qī èr (zhōu èr)

Wednesday
星期三（周三）
xīng qī sān (zhōu sān)

Thursday
星期四（周四）
xīng qī sì (zhōu sì)

Friday 星期五（周五）
xīng qī wǔ (zhōu wǔ)

Saturday
星期六（周六）
xīng qī liù (zhōu liù)

Sunday 星期天（周日）
xīng qī tiān (zhōu rì)

public holidays
公众假日
gōng zhòng jià rì

weekdays
工作日（周一至周五）
gōng zuò rì (zhōu yí zhì
zhōu wǔ)

weekends
周末
zhōu mò

MONTHS
月份 yuè fèn

January
一月 yí yuè

February
二月 èr yuè

March
三月 sān yuè

April
四月 sì yuè

May
五月 wǔ yuè

June
六月 liù yuè

July
七月 qí yuè

August
八月 bā yuè

September
九月 jiǔ yuè

October
十月 shí yuè

November
十一月
shí yī yuè

December
十二月
shí èr yuè

TIME
时间 shí jiān

in the morning
上午 (早晨)
shàng wǔ (zǎo chén)

in the afternoon
下午
xià wǔ

in the evening
晚上
wǎn shang

What is the time?
几点了?
jǐ diǎn le?

twenty past two
两点二十
liǎng diǎn èr shí

early
早
zǎo

late
迟的, 晚
chí de, wǎn

it's quarter to three
两点四十五
(差一刻三点)
liǎng diǎn sì shí wǔ
(chà yí kè sān diǎn)

it's one o'clock now
现在一点
xiàn zài yì diǎn

it's half past two now
现在两点半
xiàn zài liǎng diǎn bàn

at 10 a.m. (10:00)
在上午十点
zài shàng wǔ shí diǎn

at 9 p.m. (21:00)
在晚上九点
zài wǎn shang jiǔ diǎn

now
现在
xiàn zài

the day after tomorrow
后天
hòu tiān

the day before yesterday
前天 qián tiān

this morning
今天上午 (早晨)
jīn tiān shàng wǔ
(zǎo chén)

yesterday evening
昨天晚上
zuó tiān wǎn shang

tomorrow morning
明天上午 (早晨)
míng tiān shàng wǔ
(zǎo chén)

this week
这个星期 (这一周)
zhè ge xīng qī
(zhè yì zhōu)

next week
下个星期 (下一周)
xià gè xīng qī
(xià yì zhōu)

What is today's date?
今天几号 jīn tiān jǐ hào

It's 13th September
今天九月十三号 jīn tiān
jiǔ yuè shí sān hào

GREETINGS
问候, 致意
wèn hòu, zhì yì

Good morning
早上好
zǎo shang hǎo

Good afternoon
下午好
xià wǔ hǎo

Good evening
晚上好
wǎn shang hǎo

Good night
晚安
wǎn ān

Hello
你好
nǐ hǎo

Goodbye
再见
zài jiàn

See you soon
再会 (近期内再见)
zài huì (jìn qī nèi zài jiàn)

See you later
一会见
yí huìr jiàn

Cheerio
再见　zài jiàn

Have a good time
祝你愉快　zhù nǐ yú kuài

I have to go now
我现在得走了 (离开)
wǒ xiàn zài zǒu děi zǒu
le (lí kāi)

It was very nice
那很好　nà hěn hǎo

My name is ...
我的名字是 ...
wǒ de míng zi shì ...

What is your name?
你怎么称呼 (你 叫什么
名字)?
nǐ zěn me chēng hu (nǐ
jiào shén me míng zi)?

Pleased to meet you!
认识你很高兴!
rèn shí nǐ hěn gāo xìng!

How are you?
你好吗?　nǐ hǎo ma?

**Fine, thanks. And
you?** 我很好, 谢谢,
你呢?　wǒ hěn hǎo,
xiè xiè, nǐ ne?

GENERAL
一般会话
yì bān huì huà

Do you speak English?
你会说英语吗?
nǐhuìshuō yīng yǔ ma?

I don't understand
我不明白, 我不懂
wǒ bù míng bai, wǒ bù
dǒng

Please speak slowly
请说慢一点
qǐng shuō màn yì diǎnr

Please repeat that
请你再说一遍
qǐng nǐ zài shuō yí biàn

Please write it down
请把它写下来
qǐng bǎ tā xiě xià lái

Excuse me, please
抱歉, 对不起
bào qiàn, duì bù qǐ

Could you help me?
你能帮助我吗?
nǐ néng bāng zhù wǒ ma?

Could you do me a favour?
你能帮我个忙吗?
nǐ néng bāng wǒ gè máng ma?

Can you show me?
你能让我看看吗?
nǐ néng ràng wǒ kàn kan ma?

How?
怎么样 zěn me yàng

Where?
在哪儿 zài nǎr

When?
什么时间
shén me shí jiān

Who?
谁 shuí

Why?
为什么 wèi shén me

Which?
哪一个 nǎ yí gè

I need ...
我需要 ... wǒ xū yào ...

Yes, no
是, 不是
shì, bú shì

FORMS AND SIGNS
表格与签字
biǎo gé yǔ qiān zì

Please complete in block letters
请用印刷体填写
qǐng yòng yìn shuā tǐ tián xiě

Surname
姓
xìng

First name(s)
名字
míng zi

Date of birth
出生日
chū shēng rì

Place of birth
出生地
chū shēng dì

Occupation
职业
zhí yè

Nationality
国籍
guó jí

Address
住址
zhù zhǐ

Date of arrival / departure
到达日期 / 出发日期
dào dá rì qī /
chū fā rì qī

Passport number
护照号码
hù zhào hào mǎ

I.D. number
身份证号码
shēn fèn zhèng hào mǎ

Issued at
签发地
qiān fā dì

Engaged, Vacant
使用中的, 空闲的
shǐ yòng zhōng dì,
kòng xián de

No trespassing
无犯罪记录
wú fàn zuì jì lù

Out of order
停止使用
tíng zhǐ shǐ yòng

Push, Pull
推, 拉
tuī, lā

Please don't disturb
请不要打扰
qǐng bú yào dǎ rǎo

Lift/Elevator
电梯
diàn tī

Escalator
电梯 (滚梯)
diàn tī (gǔn tī)

Wet paint
油漆未干
yóu qī wèi gàn

Open, Closed
打开, 关闭
dǎ kāi, guān bì

Opening hours
营业 (服务) 时间
yíng yè (fú wù) shí jiān

Self-service
自助服务
zì zhù fú wù

Waiting Room
等候室, 候诊室
děng hòu shì,
hòu zhěn shì

BUS/TRAM STOP 31
公共汽车站 / 电车站
gōng gòng qì chē zhàn / diàn chē zhàn

UNDERGROUND/SUBWAY/METRO 31
地铁 dì tiě

TRAIN/RAILWAY 32
火车 / 铁路 huǒ chē / tiě lù

BOATS 34
小船, 艇 xiǎo chuán, tǐng

TAXI 35
出租车 (的士) chū zū chē (dī shì)

AIRPORT 35
机场 jī chǎng

ROAD TRAVEL/CAR HIRE 37
公路旅行 / 租车 gōng lù lǚxíng / zū chē

ROAD SIGNS 38
公路标识 gōng lù biāo shì

BUS/TRAM STOP
公共汽车站 / 电车站
gōng gòng qì chē zhàn
/ diàn chē zhàn

Where is the bus/ tram stop?
公共汽车站 / 电车站在
哪儿？ gōng gòng qì chē
zhàn / diàn chē zhàn zài
nǎr?

Which bus do I take?
我应该坐哪路公共汽车？
wǒ yīng gāi zuò nǎ lù
gōng gòng qì chē?

How often do the buses go?
这公共汽车多长时间一
班？
zhè gōng gòng qì chē duō
cháng shí jiān yì bān?

When is the last bus?
末班车是几点？
mò bān chē shì jǐ diǎn?

Where must I go?
我应该到哪儿？
wǒ yīng gāi dào nǎr?

I want to go to ...
我想去 ..wǒ xiǎng qù ...

Which ticket must I buy?
我该买到哪儿的票？
wǒ gāi mǎi dào nǎr de
piào?

What is the fare to...?
到 ...（地方）车票多少钱？
dào ... (dì fāng) chē piào
duō shǎo qián?

When is the next bus?
下一班车是什么时候？
xià yì bān chē shì shén
me shí hou?

UNDERGROUND/ SUBWAY/METRO
地铁
dì tiě

entrance, exit
入口，出口
rù kǒu, chū kǒu

inner zone
内部区域
nèi bù qū yù

outer zone
外部区域
wài bù qū yù

Where is the underground/subway station?
地铁站在哪儿?
dì tiě zhàn zài nǎr?

Do you have a map for the metro?
你有地铁路线图吗?
nǐ yǒu dì tiě lù xiàn tú ma?

I want to go to ....
我想去…
wǒ xiǎng qù …

Can you give me change?
你能找我零钱吗?
nǐ néng zhǎo wǒ líng qián ma?

Which ticket must I buy?
我应该买到哪儿的票?
wǒ yīng gāi mǎi dào nǎr de piào?

When is the next train?
下一班火车是什么时候(几点)?
xià yì bān huǒ chē shì shén me shí hou (jǐ diǎn)?

TRAIN/RAILWAY
火车 / 铁路
huǒ chē / tiě lù

Where is the railway station?
火车站在哪儿?
huǒ chē zhàn zài nǎr?

departure
出发, 离开, 启程
chū fā, lí kāi, qǐ chéng

arrival
到达
dào dá

Which platform?
在哪个站台?
zài nǎ gè zhàn tái?

Do you have a timetable?
你有列车时刻表吗?
nǐ yǒu liè chē shí kè biǎo ma?

A ... ticket please
请给我一张到 … 的票
qǐng gěi wǒ yì zhāng dào … de piào

◆ **single**
◆ 单程   dān chéng

◆ **return**
◆ 往返
  wǎng fǎn

◆ **child's**
◆ 儿童
  ér tóng

◆ **first class**
◆ 头等
  tóu děng

◆ **second class**
◆ 二等
  èr děng

◆ **smoking**
◆ 吸烟
  xī yān

◆ **non-smoking**
◆ 不吸烟
  bú xī yān

Do I have to pay a supplement?
我需要补钱吗?
wǒ xū yào bǔ qián ma?

Is my ticket valid on this train?
我的票在这火车上能用吗?
wǒ de piào zài zhè huǒ chē shàng néng yòng ma?

Where do I have to get off?
我应该在哪儿下车?
wǒ yīng gāi zài nǎr xià chē?

I want to book ...
我想预定 ...
wǒ xiǎng yù dìng ...

◆ **a seat**
◆ 一个座位
  yí gè zuò wèi

◆ **a couchette**
◆ 一个铺位
  yí gè pù wèi

Is this seat free?
这个座位没人吧?
zhè ge zuò wèi méi rén ba?

That is my seat
那是我的座位
nà shì wǒ de zuò wèi

May I open (close) the window?
我能打开 (关闭) 这窗户吗?
wǒ néng dǎ kāi (guān bì) zhè chuāng hu ma?

Where is the restaurant car?
餐车在哪儿?
cān chē zài nǎr?

Is there a sleeper?
这有卧铺吗?
zhè yǒu wò pù ma?

Station master
站长　zhàn zhǎng

BOATS
小船，艇
xiǎo chuán, tǐng

cruise
巡游，巡航（乘船游览）
xún yóu, xún háng (chéng chuán yóu lǎn)

Can we hire a boat?
我们能租条船吗?
wǒ men néng zū tiáo chuán ma?

How much is a round trip?
往返需要多少钱?
wǎng fǎn xū yào duō shǎo qián?

one ticket
一张票
yì zhāng piào

two tickets
两张票
liǎng zhāng piào

Can we eat on board?
我们能在船上吃东西吗?
wǒ men néng zài chuán shàng chī dōng xi ma?

When is the last boat?
最后一班船是什么时候?
zuì hòu yì bān chuán shì shén me shí hou?

When is the next ferry?
下一班渡船是什么时候?
xià yì bān dù chuán shì shén me shí hou?

How long does the crossing take?
需要多长时间能渡到对面去?
xū yào duō cháng shí jiān néng dù dào duì miàn qù?

Is the sea rough?
这海浪大吗?
zhè hǎi làng dà ma?

TAXI
出租车（的士）
chū zū chē (dī shì)

Please order a taxi
请为我定（叫）一辆出租
车（的士）
qǐng wei wǒ dìng (jiào) yí
liàng chū zū chē (dī shì)

Where can I get a taxi?
我在哪儿能叫一辆出租
车（的士）
wǒ zài nǎ néng jiào yí
liàng chū zū chē (dī shì)

To this address, please
请到这个地址
qǐng dào zhè ge dì zhǐ

How much is it to the centre?
到这个中心需要多少钱?
dào zhè ge zhōng xīn xū
yào duō shǎo qián?

To the airport, please
请送我去机场
qǐng sòng wǒ qù jī chǎng

Keep the change
不用找了
bú yòng zhǎo le

To the station, please
请送我去火车站
qǐng sòng wǒ qù huǒ chē
zhàn

I need a receipt
我需要收据
wǒ xū yào shōu jù

AIRPORT
机场
jī chǎng

arrival
到达
dào dá

departure
出发, 离开, 启程
chū fā, lí kāi, qǐ chéng

flight number
航班号
háng bān hào

delay
延误, 晚点
yán wù, wǎn diǎn

check-in
检票 jiǎn piào

hand luggage
手提行李
shǒu tí xíng li

boarding card
登机卡
dēng jī kǎ

gate
登机口 dēng jī kǒu

valid, invalid
有效的, 无效的 (过期的)
yǒu xiào de, wú xiào de
(guò qī de)

baggage / luggage claim
领取行李
lǐng qǔ xíng li

lost property office
失物招领处 (办公室)
shī wù zhāo lǐng chù (bàn gōng shì)

Where do I get the bus to the centre?
到市中心在哪儿坐公共汽车?
dào shì zhōng xīn zài nǎr zuò gōng gòng qì chē?

Where is the gate for the flight to ...?
去 ... 的航班, 是哪个登机口?
qù ... de háng bān, shì nǎ gè dēng jī kǒu?

Where do I check in for ...?
我在哪儿检票?
wǒ zài nǎr jiǎn piào?

An aisle / window seat, please
请给一个靠过道的座位 / 一个靠窗的座位
qǐng gěi yí gè kào guò dào de zuò wèi / yí gè kào chuāng de zuò wèi

I have nothing to declare
我没有什么要申报的
wǒ méi yǒu shén me yào shēn bào de

It's for my own personal use
那是我的个人用品 nà shì wǒ de gè rén yòng pǐn

The flight has been cancelled
这个航班被取消了
zhè ge háng bān bèi qǔ xiāo le

The flight has been delayed
这个航班延误 (晚点) 了
zhè ge háng bān yán wù (wǎn diǎn) le

ROAD TRAVEL/ CAR HIRE
公路旅行 / 租车
gōng lù lǚxíng / zū chē

Have you got a road map?
你有公路图吗?
nǐ yǒu gōng lù tú ma?

How many kilometres is it to ...?
到 … 有多少公里?
dào … yǒu duō shǎo gōng lǐ?

Where is the nearest garage?
最近的汽车修理厂在哪儿?
zuì jìn de qì chē xiū lǐ chǎng zài nǎr?

Fill it up, please
请加满油箱
qǐng jiā mǎn yóu xiāng

Please check the oil, water, battery, tyres
请检查一下机油, 冷却水, 电瓶, 轮胎
qǐng jiǎn chá yí xià jī yóu, lěng què shuǐ, diàn píng, lún tāi

I'd like to hire a car
我想租辆车
wǒ xiǎng zū liàng chē

How much does it cost per day / week?
多少钱一天 / 一周?
duō shǎo qián yì tiān / yì zhōu?

What do you charge per kilometre?
每公里收多少钱?
měi gōng lǐ shōu duō shǎo qián?

Is mileage unlimited?
是不限制公里数吗?
shì bú xiàn zhì gōng lǐ shù ma?

Where can I pick up the car?
我在哪儿接车 (拿车)?
wǒ zài nǎr jiē chē (ná chē)?

Where can I leave the car?
我把车放在 (停在) 哪儿?
wǒ bǎ chē fàng zài (tíng zài) nǎr?

garage
修理厂
xiū lǐ chǎng

headlight
汽车前大灯
qì chē qián dà dēng

windscreen
挡风玻璃
dǎng fēng bō li

indicator
仪表盘
yí biǎo pán

What is the speed limit?
最高限速是多少?
zuì gāo xiàn sù shì duō shǎo?

The keys are locked in the car
车钥匙被锁在车里了
chē yào shi bèi suǒ zài chē lǐ le

The engine is over-heating
发动机过热了
fā dòng jī guò rè le

Have you got ...?
你有 ...?
nǐ yǒu … ?

◆ **a towing rope**
◆ 拖车绳吗
  tuō chē shéng ma

◆ **a spanner**
◆ 扳手 (子)
  bān shǒu (zǐ)

◆ **a screwdriver**
◆ 螺丝刀 (起子)
  luó sī dāo (qǐ zǐ)

ROAD SIGNS
公路标识
gōng lù biāo shì

No through road
严禁穿行
yán jín chuān xíng

one-way street
单向行驶街道
dān xiàng xíng shǐ jiē dào

entrance
入口
rù kǒu

exit
出口
chū kǒu

danger
危险
wēi xiǎn

pedestrians
人行道
rén xíng dào

Keep entrance clear
保持入口畅通
bǎo chí rù kǒu chàng tōng

Residents only
仅限居民
jǐn xiàn jū mín

Speed limit
限速
xiàn sù

Stop
停
tíng

No entry
不许进入
bù xǔ jìn rù

Roundabout
公路环岛
gōng lù huán dǎo

Insert coins
投入硬币
tóu rù yìng bì

No Parking
不许停车
bù xǔ tíng chē

Parking garage
停车库 (房)
tíng chē kù (fáng)

Supervised car park
收费停车场
shōu fèi tíng chē chǎng

No right turn
不许右拐
bù xǔ yòu guǎi

Cul de sac
死胡同
sǐ hú tòng

Roadworks
道路施工
dào lù shī gōng

Detour
绕行
rào xíng

Caution
小心
xiǎo xīn

Uneven surface
路面不平
lù miàn bù píng

Toll
收费
shōu fèi

ACCOMMODATION
住宿 zhù sù

hotel
旅馆, 酒店
lǚ guǎn, jiǔ diàn

bed & breakfast
住宿带免费早餐
zhù sù dài miǎn fèi
zǎo cān

vacancies
空房
kōng fáng

Have you a room ...?
有空房间吗 ...?
yǒu kōng fáng jiān ma ...?

◆ **for tonight**
◆ 今晚住
　jīn wǎn zhù

◆ **with breakfast**
◆ 带早餐
　dài zǎo cān

◆ **with bath**
◆ 有浴池
　yǒu yù chí

◆ **with shower**
◆ 有淋浴
　yǒu lín yù

◆ **a single room**
◆ 一个单人间
　yí gè dān rén jiān

◆ **a double room**
◆ 一个双人间
　yí gè shuāng rén jiān

◆ **a family room**
◆ 一个家庭套房
　yí gè jiā tíng tào fáng

**How much is the
room per day/week?**
这个房间多少钱一天/
一周?
zhè ge fáng jiān duō shǎo
qián yì tiān/yì zhōu?

**Have you anything
cheaper/better?**
有便宜一点的吗?
yǒu pián yi yì diǎn de ma?
有稍好一点儿的吗?
yǒu shāo hǎo yì diǎn de
ma?

Do you have a cot?
有折叠床吗?
yǒu zhé dié chuáng ma?

What time is breakfast?
早餐是几点?
zǎo cān shì jǐ diǎn?

What time is dinner?
晚餐是几点?
wǎn cān shì jǐ diǎn?

room service
客房服务
kè fáng fú wù

Please bring ...
请拿 ... 来
qǐng ná ... lái

◆ **toilet paper**
◆ 卫生纸
  wèi shēng zhǐ

◆ **clean towels**
◆ 干净的毛巾
  gān jìng de máo jīn

Please clean the bath
请清洁浴池
qǐng qīng jié yù chí

Please put fresh sheets on the bed
请把床单换个干净的
qǐng bǎ chuáng dān huàn
ge gān jìng de

Please don't touch ...
请勿触摸 ...
qǐng wù chù mō ...
请勿动手 ...
qǐng wù dòng shǒu ...

◆ **my briefcase**
◆ 我的公文包
  wǒ de gōng wén bāo

◆ **my laptop**
◆ 我的笔记本电脑
  (手提电脑)
  wǒ de bǐ jì běn diàn nǎo
  (shǒu tí diàn nǎo)

My ... doesn't work
我的 ... 不工作了 (坏了)
wǒ de ... bù gōng zuò le
(huài le)

◆ **toilet**
◆ 洗手间, 卫生间
  xǐ shǒu jiān, wèi shēng
  jiān

◆ **bedside lamp**
◆ 床头灯
  chuáng tóu dēng

◆ **air conditioning**
◆ 空调
  kōng tiáo

There is no hot water
没热水
méi rè shuǐ

RECEPTION
前台, 接待室
qián tái, jiē dài shì

Are there any messages for me?
有留言给我吗?
yǒu liú yán gěi wǒ ma?

Can I leave a message for someone?
我能留言给某某人吗?
wǒ néng liú yán gěi mǒu mǒu rén ma?

Is there a laundry service?
这里有洗衣服务吗?
zhè lǐ yǒu xǐ yī fú wù ma?

Where is the lift/ elevator?
电梯在哪儿?
diàn tī zài nǎr?

Do you arrange tours?
你能安排游览吗 (旅游)?
nǐ néng ān pái yóu lǎn ma (lǚ yóu)?

I need a wake-up call at 7 o'clock
我需要 (叫醒服务), 早晨七点叫醒我
wǒ xū yào (jiào xǐng fú wù), zǎo chén qī diǎn jiào xǐng wǒ

What number must I dial for room service?
客房服务的电话号码是什么?
kè fáng fú wù de diàn huà hào mǎ shì shén me?

Please prepare the bill
请准备结帐
qǐng zhǔn bèi jié zhàng

There is a mistake in this bill
这帐单有一处算错了
zhè zhàng dān yǒu yí chù suàn cuò le

I'm leaving tomorrow
我明天走 (离开)
wǒ míng tiān zǒu (lí kāi)

SELF-CATERING
自助餐厅
zì zhù cān tīng

Have you any vacancies?
有空房吗?
yǒu kōng fáng ma?

How much is it per night?
多少钱一晚?
duō shǎo qián yì wǎn?

How much is it per week?
多少钱一周?
duō shǎo qián yì zhōu?

Do you allow children?
你允许儿童(孩子们)吗?
nǐ yǔn xǔ ér tóng (hái zi men) ma?

Please, show me how ... works?
请告诉我怎样使用...(请给我演示一下如何使用...)
qǐng gào su wǒ zěn yàng shǐ yòng ... (qǐng gěi wǒ yǎn shì yí xià rú hé shǐ yòng ...)

◆ **the cooker / stove / oven**
◆ 炊具 / 炉子 / 烤箱
cuī jù / lú zi / kǎo xiāng

◆ **the washing machine**
◆ 洗衣机
xǐ yī jī

◆ **the dryer**
◆ 烘干机, 干衣机
hōng gān jī, gān yī jī

◆ **the heater**
◆ 暖气
nuǎn qì

◆ **the water heater**
◆ 热水器
rè shuǐ qì

Where is/are ...?
... 在哪儿?
... zài nǎr?

◆ **the switch**
◆ 电源开关
diàn yuán kāi guān

◆ **the fuses**
◆ 保险丝
bǎo xiǎn sī

Is there ...?
那有 ... 吗?
nàr yǒu ... ma?

◆ **a cot**
◆ 折叠床
zhé dié chuáng

◆ **a high chair**
◆ 高脚椅子
gāo jiǎo yǐ zi

◆ **a safe**
◆ 保险箱
bǎo xiǎn xiāng

We need more ...
我们还需要些 ...
wǒ men hái xū yào xiē ...

◆ **cutlery**
◆ 餐具
cān jù

◆ **crockery**
◆ 餐具,(杯,盘等)
cān jù,(bēi, pán děng)

◆ **sheets**
◆ (一)片,(一)张
(yí) piàn, (yì) zhāng

◆ **blankets**
◆ 毯子
tǎn zi

◆ **pillows**
◆ 枕头,枕垫
zhěn tou,
zhěn diàn

Is there ... in the vicinity?
那儿附近有 ... 吗?
nàr fù jìn yǒu ... ma?

◆ **a shop**
◆ 商店
shāng diàn

◆ **a restaurant**
◆ 饭馆,餐厅,饭店
fàn guǎn,
cān tīng,
fàn diàn

◆ **a bus / tram**
◆ 公交车 / 电车
gōng jiāo chē /
diàn chē

I have locked myself out
我把自己锁在外面了
wǒ bǎ zì jǐ suǒ zài wài miàn le

the keys
钥匙
yào shi

The window won't open/close
这窗子打不开 / 关不上
zhè chuāng zi dǎ bu kāi /
guān bu shàng

CAMPING
野营
yě yíng

---

caravan
旅行车
lǚ xíng chē

Have you got a list of camp sites?
你有露营地名单吗?
nǐ yǒu lù yíng dì míng
dān ma?

Are there any sites available?
哪个营地还有空位吗?
nǎ gè yíng dì hái yǒu
kōng wèi ma?

Can we park the caravan here?
我们能把旅行车停在这
儿吗?
wǒ men néng bǎ lǚ xíng
chē tíng zài zhèr ma?

Can we camp here overnight?
我们能在这里露营过
夜吗?
wǒ men néng zài zhè lǐ
lù yíng guò yè ma?

This site is muddy
这个地方是泥泞地
zhè ge dì fang shì ní
nìng dì

Is there a sheltered site?
有蔽风雨的地方吗?
yǒu bì fēng yǔ de dì
fang ma?

Is there ... in the vicinity?
附近有 ... 吗?
fù jìn yǒu ... ma?

◆ **a shop**
◆ 商店, 小卖部
  shāng diàn,
  xiǎo mài bù

◆ **a restaurant**
◆ 饭馆, 餐馆, 饭店
  fàn guǎn, cān guǎn,
  fàn diàn

Do you have electricity?
这里有电吗？
zhè lǐ yǒu diàn ma?

We'd like to stay for three nights / a week
我们想在这里住三个晚上 / 一周
wǒ men xiǎng zài zhè lǐ zhù sān gè wǎn shang / yì zhōu

Is there drinking water?
有饮用水吗？
yǒu yǐn yòng shuǐ ma?

toilet tissue
卫生纸（手纸）
wèi shēng zhǐ

Can I light a fire here?
我能在这里点火吗？
wǒ néng zài zhè lǐ diǎn huǒ ma?

I'd like to buy fire wood
我想买些木柴
wǒ xiǎng mǎi xiē mù chái

Is the wood dry?
这木头是干的吗？
zhè mù tou shì gān de ma?

Do you have ... for rent?
你有 ... 出租吗？
nǐ yǒu ... chū zū ma?

◆ **a tent**
◆ 帐篷
  zhàng peng

◆ **a gas cylinder**
◆ 打气筒
  dǎ qì tǒng

◆ **a groundsheet**
◆ 防潮垫（布）
  fáng cháo diàn (bù)

Where is/are the nearest ...?
最近的 ... 在哪儿？
zuì jìn de ... zài nǎr?

◆ **toilets**
◆ 卫生间，洗手间，厕所
  wèi shēng jiān, xǐ shǒu jiān, cè suǒ

◆ **sink (for dishes)**
◆ 洗涤池（洗碗用）
  xǐ dí chí

CUTLERY 49
餐具 cān jù

BREAKFAST 49
早餐 zǎo cān

LUNCH/DINNER 50
午餐 / 晚餐 wǔ cān / wǎn cān

DRINKS 51
饮料, 酒 yǐn liào, jiǔ

FOOD 53
食物 shí wù

DESSERTS AND CAKES 57
餐后甜点和蛋糕, 饼干
cān hòu tián diǎn hé dàn gāo, bǐng gān

CUTLERY
餐具 cān jù

chopsticks
筷子
kuài zi

spoon, teaspoon
勺子, 茶勺
sháo zi, chá sháo

crockery
陶器 (杯, 盘)
táo qì (bēi, pán)

plate
盘子 pán zi

cup and saucer, mug
杯子和杯托, 大杯子
(有柄的)
bēi zi hé bēi tuō, dà bēi zi
(yǒu bǐng de)

BREAKFAST
早餐 zǎo cān

coffee
咖啡 kā fēi

◆ **with milk, cream**
加奶, 加奶油
jiā nǎi, jiā nǎi yóu

◆ **black**
◆ 不加糖和牛奶的咖啡
bù jiā táng hé niú nǎi
de kā fēi

◆ **without sugar**
◆ 不加糖
bù jiā táng

◆ **with milk, lemon**
◆ 加奶, 加柠檬
jiā nǎi, jiā níng méng

tea
茶 chá

bread
面包 miàn bāo

rolls
圆面包 yuán miàn bāo

egg(s)
鸡蛋 jī dàn

◆ **boiled – soft, hard**
◆ 煮熟的 – 软的, 硬的
zhǔ shú de – ruǎn de,
yìng de

◆ **fried**
◆ 油炸的 yóu zhà de

◆ **scrambled**
◆ 炒鸡蛋 chǎo jī dàn

◆ **poached**
◆ 水煮（荷包蛋）
shuǐ zhǔ (hé bāo dàn)

◆ **bacon and eggs**
◆ 咸肉和鸡蛋
xián ròu hé jī dàn

cereal
谷类食品，谷类
gǔ lèi shí pǐn, gǔ lèi

hot milk, cold milk
热奶，凉奶
rè nǎi, liáng nǎi

fruit
水果，果类
shuǐ guǒ, guǒ lèi

orange juice
橙计 chéng zhi

jam
果酱 guǒ jiàng

marmalade
柑橘酱
gān jú jiàng

pepper
胡椒粉 hú jiāo fěn

salt
食盐 shí yán

LUNCH/DINNER
午餐 / 晚餐
wǔ cān / wǎn cān

Could we have a table ...?
还有空位吗 ...?
hái yǒu kōng wèi ma ...?

◆ **by the window**
◆ 靠窗的
kào chuāng de

◆ **outside**
◆ 靠外面的
kào wài miàn de

◆ **inside**
◆ 靠里面的
kào lǐ miàn de

May I have ...?
我想看（要）行吗 ...?
wǒ xiǎng kàn (yào) xíng ma ...?

◆ **the wine list**
◆ 酒水单 jiǔ shuǐ dān

◆ **the menu of the day**
◆ 今天的菜单
jīn tiān de cài dān

◆ **starters**
◆ 餐前小吃（第一道菜）
cān qián xiǎo chī (dì yí dào cài)

◆ **main course**
◆ 主菜 zhǔ cài

◆ **dessert**
◆ 甜点 tián diǎn

What is this?
这是什么?
zhè shì shén me?

That is not what I ordered
那不是我点的东西
nà bú shì wǒ diǎn de dōng xi

It's tough, cold, off
这太硬了, 凉的
zhè tài yìng le, liáng de

What do you recommend?
你有什么好菜推荐吗?
nǐ yǒu shén me hǎo cài tuī jiàn ma?

There is a mistake
那有点不对
nà yǒu diǎn bú duì

Can I have the bill please?
请结帐?
qǐng jié zhàng?

We'd like to pay separately
我们想各付各的
wǒ men xiǎng gè fù gè de

Thank you, that's for you
谢谢, 这是给你的
xiè xiè, zhè shì gěi nǐ de

Keep the change
零钱不用找了
líng qián bú yòng zhǎo le

> ## DRINKS
> 饮料，酒
> yǐn liào, jiǔ

A beer/lager – large, small
啤酒/淡啤酒一大杯，小杯
pí jiǔ/dàn pí jiǔ – dà bēi, xiǎo bēi

glass (¼ litre) of cider
一杯（¼升）苹果酒
yì bēi (¼ shēng) píng guǒ jiǔ

a dry white wine
干白葡萄酒
gān bái pú tao jiǔ

a sweet white wine
甜味白葡萄酒
tián wèi bái pú tao jiǔ

a light red wine
淡味红葡萄酒
dàn wèi hóng pú tao jiǔ

house wine
家酿葡萄酒
jiā niàng pú tao jiǔ

a glass of wine with soda water
加苏打水的一杯葡萄酒
jiā sū dǎ shuǐ de yì bēi pú tao jiǔ

champagne
香槟酒
xiāng bìn jiǔ

a brandy
白兰地酒
bái lán dì jiǔ

a whisky with ice
加冰威士忌
jiā bīng wēi shì jì

liqueur
利口酒
lì kǒu jiǔ

a glass
一杯
yì bēi

a bottle
一瓶
yì píng

a mineral water – still, sparkling
矿泉水 – 还冒着气泡
kuàng quán shuǐ – hái mào zhe qì pào

tap water
自来水
zì lái shuǐ

fruit juice
果汁
guǒ zhī

cola and lemonade
可乐和柠檬水
kě lè hé níng méng shuǐ

another ... please
请再拿 ...
qǐng zài ná ...

too cold
太凉了
tài liáng le

not cold enough
不够凉
bú gòu liáng

FOOD
食物
shí wù

Soup
汤
tāng

pea, bean, lentil soup
豌豆，豆，小扁豆汤
wān dòu, dòu, xiǎo biǎn dòu tāng

Fish
鱼
yú

sole
鳎鱼
tǎ yú

red mullet
羊鱼
yáng yú

cod
鳕鱼 xuě yú

perch
鲈鱼
lú yú

salmon
鲑鱼
guī yú

herring
鲱鱼
fēi yú

trout
鳟鱼
zūn yú

blackfish
黑鱼
hēi yú

tuna
金枪鱼
jīn qiāng yú

sardines
沙丁鱼
shā dīng yú

fried, grilled, sautéed
油炸的，烤制的，嫩煎的
yóu zhà de, kǎo zhì de, nèn jiān de

POULTRY
家禽
jiā qín

chicken
鸡
jī

crumbed roasted chicken
烤小碎片鸡肉
kǎo xiǎo suì piàn jī ròu

duck
鸭子
yā zi

goose
鹅 é

roasted
烘烤
hōng kǎo

MEAT
肉类
ròu lèi

mutton, lamb
羊肉，羔羊肉
yáng ròu, gāo yáng ròu

beef
牛肉
niú ròu

veal
小牛肉
xiǎo niú ròu

pork
猪肉
zhū ròu

sausage
香肠，腊肠
xiāng cháng, là cháng

veal sausage
小牛肉香肠
xiǎo niú ròu xiāng cháng

venison
鹿肉
lù ròu

meat balls/cakes
肉丸子/肉饼
ròu wán zi / ròu bǐng

well done, medium, rare
全熟的，半熟的，半生的
quán shú de, bàn shú de, bàn shēng de

boiled, stewed
煮沸的，煮烂的
zhǔ fèi de, zhǔ làn de

smoked meats
熏肉
xūn ròu

platter of cold meats
大盘冷餐肉
dà pán lěng cān ròu

PASTA AND RICE
面食和米
miàn shí hé mǐ

pasta made with cottage cheese
用白软干酪和面粉制做的面糊或面团
yòng bái ruǎn gàn lào huó miàn fěn zhì zuò de miàn hú huò miàn tuán

pasta with tomato sauce
用番茄酱（西红柿）和面粉制做的面糊或面团
yòng fān qié jiàng (xī hóng shì) huó miàn fěn zhì zuò de miàn hú huò miàn tuán

rice
米 mǐ

noodles
面条
miàn tiáo

VEGETABLES, SALAD AND FRUIT
蔬菜，沙拉和水果
shū cài, shā lā hé shuǐ guǒ

eggplant
茄子 qié zi

onion
洋葱 yáng cōng

cabbage
卷心菜
juǎn xīn cài

cauliflower
菜花 cài huā

carrots
胡萝卜
hú luó bo

green beans
绿豆 lǜ dòu

leeks
青蒜
qīng suàn

asparagus
芦笋 lú sǔn

peppers
青椒 qīng jiāo

pumpkin
南瓜 nán guā

lettuce
生菜 shēng cài

beetroot
红甜菜 hóng tián cài

cucumber
黄瓜 huáng guā

**potatoes – boiled,
fried, mashed**
马铃薯 – 煮熟的，
油炸的，捣碎的
mǎ líng shǔ – zhǔ shú de,
yóu zhà de, dǎo suì de

root celery
芹菜 qín cài

lemon
柠檬 níng méng

grapefruit
柚子 yòu zi

apples
苹果 píng guǒ

pears
梨子 lí zǐ

bananas
香蕉 xiāng jiāo

pineapple
菠萝 bō luó

cherries
樱桃 yīng tao

strawberries
草莓 cǎo méi

apricots
杏子 xìng zi

peaches
桃子 táo zi

raspberries
山莓 shān méi

blackberries
乌莓 wū méi

plums
李子 lǐ zi

prunes
李子脯 lǐ zi pǔ

grapes
葡萄 pú tao

dried fruit
果脯 guǒ fǔ

cranberries
蔓越橘 màn yuè jú

DESSERTS AND CAKES
餐后甜点和蛋糕
cān hòu tián diǎn hé dàn gāo

fruit salad
水果沙拉
shuǐ guǒ shā lā

jelly
果冻甜品
guǒ dòng tián pǐn

crème caramel
法式饴糖
fǎ shì yí táng

meringue
烤制的鸡蛋甜饼
kǎo zhì de jī dàn tián bǐng

pastry with apples and raisins
用苹果和葡萄干和面制成的甜饼
yòng píng guǒ hé pú tao gān huó miàn zhì chéng de tián bǐng

light fruitcake
掺有少量干果糕饼
chān yǒu shǎo liàng gàn guǒ gāo bǐng

fruit flan
果酱饼
guǒ jiàng bǐng

custard pie
奶油蛋派
nǎi yóu dàn pài

toffee apple
拔丝苹果
bá sī píng guǒ

pumpkin pie
南瓜饼
nán guā bǐng

chocolate cream cake
巧克力奶油蛋糕
qiǎo kè lì nǎi yóu dàn gāo

vanilla cream cake
香草奶油蛋糕
xiāng cǎo nǎi yóu dàn gāo

biscuits
小点心
xiǎo diǎn xin

eight treasure pudding
八宝饭
bā bǎ o fàn

MONEY
货币，钱
huò bì, qián

bureau de change
货币兑换 (处)
huò bì duì huàn (chù)

Cash dispenser / ATM
自动柜员机 / 自动提款机
zì dòng guì yuán jī / zì dòng tí kuǎn jī

Where can I change money?
我在哪儿能兑换货币 (钱)？
wǒ zài nǎr néng duì huàn huò bì (qián)?

Where is an ATM, a bank?
哪儿有自动提款机 / 银行？
nǎr yǒu zì dòng tí kuǎn jī / yín háng?

When does the bank open / close?
银行什么时候开门 / 关门？
yín háng shén me shí hou kāi mén / guān mén?

How much commission do you charge?
你收多少手续费？
nǐ shōu duō shǎo shǒu xù fèi?

I want to ...
我想 ... **wǒ xiǎng ...**

◆ **cash a traveller's cheque**
◆ 把这张旅行支票换成现金
bǎ zhè zhāng lǚ xíng zhī piào huàn chéng xiàn jīn

◆ **change £50**
◆ 兑换50英镑现金
duì huàn 50 yīng bàng xiàn jīn

◆ **make a transfer**
◆ 转帐 **zhuǎn zhàng**

POST OFFICE
邮局
yóu jú

How much is ...?
这 ... 多少钱？
zhè ... duō shǎo qián?

◆ **a letter**
◆ 一封信 **yì fēng xìn**

59

◆ **a postcard to ...**
◆ 一张到…的明信片
  yì zhāng dào ... de
  míng xìn piàn

◆ **a small parcel**
◆ 一个小包裹
  yí gè xiǎo bāo guǒ

Where can I buy stamps?
我在哪儿买邮票?
wǒ zài nǎr mǎi yóu piào?

SHOPPING
购物, 买东西
gòu wù, mǎi dōng xi

What does it cost?
多少钱?
duō shǎo qián?

How much is it (total)?
(一共) 多少钱?
(yí gòng) duō shǎo qián?

I need a receipt
我要一个收据
wǒ yào yí gè shōu jù

Do you need a deposit?
你需要押金吗?
nǐ xū yào yā jīn ma?

Do you accept credit cards?
你这能刷卡吗?
用信用卡行吗?
nǐ zhè néng shuā kǎ ma?
yòng xìn yòng kǎ xíng ma?

Do you take traveller's cheques?
你接受旅行支票吗?
nǐ jiē shòu lǚ xíng zhī piào ma?

Where do I pay?
我在哪儿付钱?
wǒ zài nǎr fù qián?

Does that include VAT?
那包括消费税吗? nà bāo kuò xiāo fèi shuì ma?

Can you wrap it up for me?
你能给我包上吗? nǐ néng gěi wǒ bāo shang ma?

This isn't what I want
这不是我要的
zhè bú shì wǒ yào de

This isn't correct (bill)
这 (帐单) 不对
zhè (zhàng dān) bú duì

I want my money back
我想退钱 …
wǒ xiǎng tuì qián …

This is ...
这是 … zhè shi …

◆ **broken**
◆ 坏了 huài le

◆ **damaged**
◆ 被损坏了
bèi sǔn huài le

Can you repair it?
你能修复 (好) 它吗?
nǐ néng xiū fù (hǎo) tā ma?

> ## BUYING FOOD
> 买食品, 买吃的
> mǎi shí pǐn,
> mǎi chī de

Where can I buy ...?
我在哪儿能买到 …? wǒ
zài nǎr néng mǎi dào …?

◆ **bread**
◆ 面包 miàn bāo

◆ **cake**
◆ 蛋糕 dàn gāo

◆ **cheese**
◆ 奶酪 nǎi lào

◆ **butter**
◆ 黄油 huáng yóu

◆ **milk**
◆ 牛奶 niú nǎi

◆ **water**
◆ 水 shuǐ

◆ **wine**
◆ 葡萄酒, 酒
pú tao jiǔ, jiǔ

◆ **sparkling wine**
◆ 汽酒 qì jiǔ

◆ **beer**
◆ 啤酒 pí jiǔ

◆ **fruit juice**
◆ 果汁 guǒ zhī

◆ **meat**
◆ 肉 ròu

◆ **ham**
◆ 火腿 huǒ tuǐ

◆ **polony / cold meats**
◆ 一种猪肉香肠 / 冷餐肉
yì zhǒng zhū ròu xiāng
cháng / lěng cān ròu

◆ **vegetables**
◆ 蔬菜
shū cài

◆ **fruit**
◆ 水果 shuǐ guǒ

◆ **eggs**
◆ 鸡蛋 jī dàn

I'll take ...
我想要 ...
wǒ xiǎng yào ...

◆ **one kilo**
◆ 一公斤 yì gōng jīn

◆ **three slices**
◆ 三片（段）
　sān piàn (duàn)

◆ **a portion of**
◆ 的一部分 de yí bù fen

◆ **a packet of**
◆ 一小包 yì xiǎo bāo

◆ **a dozen**
◆ 一打 yì dǎ

**BUYING
CLOTHES**
买衣服 mǎi yī fu

Can I try this on?
我能试穿一下吗？ wǒ
néng shì chuān yí xià ma?

It is ...
它是 ... tā shi ...

◆ **too big**
◆ 太大了
　tài dà le

◆ **too small**
◆ 太小了
　tài xiǎo le

◆ **too tight**
◆ 太紧了
　tài jǐn le

◆ **too wide**
◆ 太肥了
　tài féi le

◆ **too expensive**
◆ 太贵了
　tài guì le

I'll take ...
我想要（买）...
wǒ xiǎng yào (mǎi) ...

◆ **this one**
◆ 这件
　zhè jiàn

◆ **size 40**
◆ 四十号
　sì shí hào

◆ **two**
◆ 两件
　liǎng jiàn

CLOTHING SIZES
衣服尺寸　yī fu chǐ cùn

Women's Wear

UK	Asia	USA
10	M (28–30)	8
12	L (32–34)	10
14	XL (34–36)	12
16	XXL (36–38)	14
18	XXXL (38–40)	16

Menswear

UK	Asia	USA
36	S (26–28)	36
38	M (28–30)	38
40	L (32–34)	40
42	XL (34–36)	42
44	XXL (36–38)	44
46	XXXL (38–40)	46

Men's Shirts

UK	Asia	USA
14	S	14
14.5	M	14.5
15	L	15
15.5	XL	15.5
16	XXL	16
17	XXXL	17

Shoes

UK	Asia	USA
5	38 (F), 39 (M)	6
6	39 (F), 40 (M)	7
7	40 (F), 41 (M)	8
8	41 (F), 42 (M)	9
9	42 (F), 43 (M)	10
10	43 (F), 44 (M)	11
11	44 (F), 45 (M)	12

SIGHTSEEING 65
观光，游览
guān guāng, yóu lǎn

ENTERTAINMENT 66
娱乐
yú lè

SPORT 67
运动
yùn dòng

SIGHTSEEING
观光, 游览
guān guāng, yóu lǎn

tourist office
旅行社
lǚ xíng shè

Do you have leaflets?
你有宣传（广告）彩页吗？
nǐ yǒu xuān chuán (guǎng gào) cǎi yè ma

I / We want to visit ...
我 / 我们想到 ... 去游览
wǒ / wǒ men xiǎng dào ... qù yóu lǎn

When is it open / closed?
什么时候开门 / 关门
shén me shí hou kāi mén / guān mén

What does it cost?
多少钱？ duō shǎo qián？

Are there any reductions for ...?
那有对 ... 的优惠吗？
nà yǒu duì ... de yōu huì ma？

◆ **children**
◆ 儿童
ér tóng

◆ **senior citizens**
◆ 老人
lǎo rén

◆ **students**
◆ 学生
xué sheng

Are there any tours?
有什么观光游览项目吗？
yǒu shén me guān guāng yóu lǎn xiàng mù ma？

When does the bus depart / return?
这大巴什么时候离开 / 返回？
zhè dà bā shén me shí hou lí kāi / fǎn huí？

From where does the bus leave?
这大巴从什么地点出发？
zhè dà bā cóng shén me dì diǎn chū fā？

Where is the museum?
博物馆在哪？
bó wù guǎn zài nǎr？

65

ENTERTAINMENT
娱乐
yú lè

Is there a list of cultural events?
有文化活动安排表吗?
yǒu wén huà huó dòng ān pái biǎo ma?

Are there any festivals?
有什么节日 (庆典) 吗?
yǒu shén me jiē rì (qìng diǎn) ma?

I'd like to go to ...
我想去 ...
wǒ xiǎng qù ...

◆ **the theatre**
◆ 剧场, 戏院
   jù chǎng, xì yuàn

◆ **the opera**
◆ 歌剧
   gē jù

◆ **the cinema / movies**
◆ 电影院 / 电影
   diàn yǐng yuàn / diàn yǐng

◆ **the ballet**
◆ 芭蕾舞
   bā léi wǔ

◆ **a concert**
◆ 音乐会
   yīn yuè huì

Do I have to book?
我需要预定吗?
wǒ xū yào yù dìng ma?

How much are the tickets?
这些票多少钱?
zhè xiē piào duō shǎo qián?

When does the performance start / end?
演出什么时候开始 / 结束 ?
yǎn chū shén me shí hou kāi shǐ / jié shù

Two tickets for ...
要两张 ... 的票
yào liang zhāng ... de piào

◆ **tonight**
◆ 今晚的
   jīn wǎn de

◆ **the late show**
◆ 晚场的表演
   wǎn chǎng de biǎo yǎn

Where is ...?
... 在哪儿?
... zài nǎr?

◆ **a good bar**
◆ 一个好酒吧
   yí ge hǎo jiǔ bā

◆ **good live music**
◆ 激情音乐
   jī qíng yīn yuè

Is it expensive?
贵吗?
guì ma?

Is it noisy? Is it crowded?
那儿吵吗? 人多吗?
nàr chǎo ma? rén duō ma?

SPORT
运动
yùn dòng

Where can we ...?
我们在哪儿能…?
wǒ men zài nǎr néng ...

◆ **go skiing**
◆ 滑雪
   huá xuě

◆ **play tennis**
◆ 打网球
   dǎ wǎng qiú

◆ **play golf**
◆ 打高尔夫球
   dǎ gāo ěr fū qiú

◆ **go swimming**
◆ 游泳
   yóu yǒng

◆ **go fishing**
◆ 钓鱼
   diào yú

◆ **go riding**
◆ 骑马
   qí mǎ

◆ **go cycling**
◆ 骑自行车
   qí zì xíng chē

◆ **hire bicycles**
◆ 租自行车
   zū zì xíng chē

◆ **hire golf clubs**
◆ 高尔夫球杆
   gāo ěr fū qiú gǎn

◆ **hire skis**
◆ 租滑雪板
  zū huá xuě bǎn

◆ **hire a boat**
◆ 租条船
  zū tiáo chuán

How much is it ...?
多少钱 ...?
duō shǎo qián ...?

◆ **per hour**
◆ 一个小时
  yí gè xiǎo shí

◆ **per day**
◆ 一天
  yì tiān

◆ **per session / game**
◆ 一局 / 一场
  yì jú / yì chǎng

Is it ...?
它 ... 吗?
tā ... ma?

◆ **deep**
◆ 深
  shēn

◆ **clean**
◆ 干净
  gān jìng

◆ **cold**
◆ 冷
  lěng

How do we get there?
我们怎么到那儿?
wǒ men zěn me dào nàr?

No swimming / diving
严禁游泳 / 跳水
yán jín yóu yǒng / tiào shuǐ

Are there currents?
那儿有水流吗?
nàr yǒu shuǐ liú ma?

Do I need a fishing permit?
我需要有钓鱼许可证吗?
wǒ xū yào yǒu diào yú xǔ kě zhèng ma?

Where can I get one?
我在哪儿能申请?
wǒ zài nǎr néng shēn qǐng?

Is there a guided walking tour?
有没有带向导的步行游览?
yǒu méi yǒu dài xiáng dǎo de bù xíng yóu lǎn?

Do I need walking boots?
我需要穿步行靴吗?
wǒ xū yào chuān bù xíng xuē ma?

How much is a ski pass?
滑雪入场卷多少钱一张?
huá xuě rù chǎng juàn duō shǎo qián yì zhāng?

Is it safe to ski today?
今天滑雪安全吗?
jīn tiān huá xuě ān quán ma?

Run closed
滑道已关闭
huá dào yǐ guān bì

Avalanches
雪崩
xuě bēng

I am a beginner
我是初学者
wǒ shì chū xué zhě

Danger
危险
wēi xiǎn

Which is an easy run?
那条雪道比较好 / 容易滑?
nà tiáo xuě dào bǐ jiào hǎo / róng yì huá?

My skis are too long / short
我的滑雪板太长了 / 太短了
wǒ de huá xuě bǎn tài cháng le / tài duàn le

We want to go ...
我们想去 ...
wǒ men xiǎng qù ...

◆ **hiking**
◆ 徒步旅行
tú bù lǚ xíng

◆ **sailing**
◆ 航海
háng hǎi

◆ **ice-skating**
◆ 滑冰
huá bīng

◆ **water-skiing**
◆ 滑水竞赛
huá shuǐ jìng sài

PHARMACY/CHEMIST 71
药房, 药店 / 药剂师
yào fáng, yào diàn / yào jì shī

DOCTOR 72
医生 yī shēng

HOSPITAL 72
医院 yī yuàn

POLICE 73
警察 jǐng chá

EMERGENCIES 73
紧急事件（情况） jǐn jí shì jiàn (qíng kuàng)

FIRE DEPARTMENT 74
消防队 xiāo fáng duì

THE HUMAN BODY 75
人的身体 rén de shēn tǐ

PHARMACY/ CHEMIST
药房, 药店 / 药剂师
yào fáng, yào diàn /
yào jì shī

Health shop
保健用品商店
bǎo jiàn yòng pǐn shāng
diàn

Have you got something for ...?
你有治 ... 的药吗?
nǐ yǒu zhì ... de yào ma?

◆ **diarrhoea**
◆ 腹泻 fù xiè

◆ **cold, flu**
◆ 感冒, 流感
gǎn mào, liú gǎn

◆ **headache**
◆ 头痛 tóu tòng

◆ **a sore throat**
◆ 喉咙痛 (嗓子痛)
hóu lóng tòng
(sǎng zi tòng)

◆ **stomachache**
◆ 胃痛, 肚子痛
wèi tòng, dù zi tòng

I need ...
我需要 ...
wǒ xū yào ...

◆ **indigestion tablets**
◆ 治消化不良的药
zhì xiāo huà bù liáng
de yào

◆ **laxative**
◆ 通便药, 泻药
tōng biàn yào,
xiè yào

◆ **sleeping tablets**
◆ 安眠药, 助睡药
ān mián yào,
zhù shuì yào

◆ **a painkiller**
◆ 止痛药
zhǐ tòng yào

Is it safe for children?
儿童 (孩子) 服用安全吗?
ér tóng (hái zi) fú yòng ān
quán ma?

I'm a diabetic
我是糖尿病患者
wǒ shì táng niào bìng
huàn zhě

I have high blood pressure
我是高血压患者
wǒ shì gāo xuè yā
huàn zhě

I'm allergic to ...
我对 … 过敏
wǒ duì … guò mǐn

DOCTOR
医生　yī shēng

I am ill
我不舒服
wǒ bù shū fu

I need a doctor
我需要医生
wǒ xū yào yī shēng

He / she has a high temperature
他（她）发高烧
tā (tā) fā gāo shāo

It hurts
这 / 那痛　zhè / nà tòng

I am going to be sick!
我要病了
wǒ yào bìng le

Dentist
牙医　yá yī

I have toothache
我牙痛
wǒ yá tòng

Optometrist
验光师
yàn guāng shī

HOSPITAL
医院　yī yuàn

Will I have to go to hospital?
我必须去医院吗？
wǒ bì xū qù yī yuàn ma?

Where is the hospital?
医院在哪儿？
yī yuàn zài nǎr?

Which ward?
哪个病房？
nǎ gè bìng fáng?

When are visiting hours?
什么时候是探视时间？
shén me shí hou　shì tàn
shì shí jiān?

Where is casualty?
急症室在哪儿？
jí zhèng shì zài nǎr?

POLICE
警察
jǐng chá

Call the police
报警
bào jǐng

I have been robbed
我被抢劫了
wǒ bèi qiǎng jié le

My car has been stolen
我的汽车被偷了
wǒ de qì chē bèi tōu le

My car has been broken into
我的汽车坏了
wǒ de qì chē huài le

I want to report a theft
我想报一个失窃案
wǒ xiǎng bào yí gè shī qiè àn

I have been attacked
我被人打了
wǒ bèi rén dǎ le

I have been raped
我被人强奸了
wǒ bèi rén qiáng jiān le

Where is the police station?
警察局 (公安局) 在哪儿?
jǐng chá jú (gōng ān jú) zài nǎr?

EMERGENCIES
紧急事件 (情况)
jǐn jí shì jiàn
(qíng kuàng)

Call an ambulance
叫急救车 (救护车)
jiào jí jiù chē (jiù hù chē)

There's been an accident
那儿有一起事故
nàr yǒu yì qǐ shì gu

Someone is injured
有人受伤了
yǒu rén shòu shāng le

Hurry up!
赶快 gǎn kuài

Could you please help me?
你能帮帮我吗?
nǐ néng bāng bāng wǒ ma?

Help!
救命啊! jiù mìng ā!

This is an emergency!
这是紧急情况
zhè shì jǐn jí qíng kuàng

My son / daughter is missing
我的儿子 / 女儿失踪了
wǒ de ér zi / nǚ ér shī zōng le

I need a report for my insurance
我要给我的保险公司一个报告
wǒ yào gěi wǒ de bǎo xiǎn gōng sī yí gè bào gào

I want to phone my embassy
我想给我的大使馆打电话
wǒ xiǎng gěi wǒ de dà shǐ guǎn dǎ diàn huà

I am lost
我迷路了
wǒ mí lù le

He / she is ill
他 / 她病了
tā / tā bìng le

Fire!
失火了! (火灾)
shī huǒ le! (huǒ zāi)

Look out!
小心! xiǎo xīn!

Call the fire department
叫 消防队
jiào xiāo fáng duì

It's an electrical fire
这是电路起火
zhè shì diàn lù qǐ huǒ

The address is ...
地址是 ... dì zhǐ shì ...

I need ...
我需要 ...
wǒ xū yào ...

◆ **a fire extinguisher**
◆ 灭火器
  miè huǒ qì

◆ **medical assistance**
◆ 医疗救助
  yī liáo jiù zhù

THE HUMAN BODY
人的身体 rén de shēn tǐ

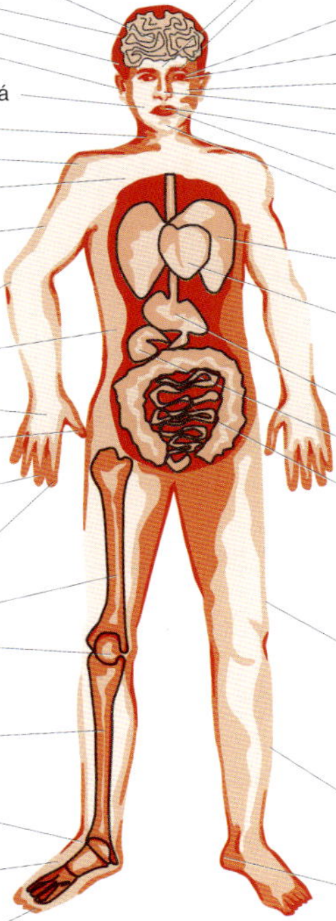

brain 大脑 dà nǎo
head 头 tóu
hair 头发 tóu fa
ear 耳朵 ěr duo

cheek 面颊 miàn jiá
neck 脖子 bó zi
shoulder 肩 jiān
chest 胸膛
xiōng táng
arm 手臂
shǒu bì

elbow 肘 zhǒu
abdomen 腹部
fù bù
hand 手 shǒu
thumb 拇指
mǔ zhǐ
finger 手指
shǒu zhǐ
nail 指甲 zhǐ jia

bone 骨头 gǔ tou
knee 膝、膝盖
xī, xī gài

shin bone
胫骨 jìng gǔ

ankle 踝 huái

foot 脚 (足)
jiǎo (zú)
toe 脚趾、足类
jiǎo zhǐ, zú lèi

forehead 前额 qián é
eyebrow 眉毛 méi mao
eyelash 睫毛
jié máo
eye 眼睛 yǎn jing
face 脸 liǎn
nose 鼻子 bí zi
lip 嘴唇 zuǐ chún
mouth 嘴巴 zuǐ ba
chin 下巴 xià ba

lung 肺 fèi

heart 心脏
xīn zāng
stomach 胃 wèi

liver 肝 gān

intestines
肠 cháng

leg 腿 tuǐ

skin 皮肤 pí fū

heel 脚后跟
jiǎo hòu gēn

75

FORMS OF ADDRESS

There is a marked difference in approach to etiquette (the way to behave in polite society) between the older and younger generation of Chinese people. Whereas the former would adhere strictly to the polite form of address, 您 (nín), the younger generation tends to adopt the more familiar 你 (nǐ) form far more readily. Young people are far more casual about this among themselves (especially in an informal context), but will generally adhere to the polite form when addressing older people, or when they meet in a formal, official, or business environment. The correct form of address – Sir (先生 xiān sheng) and Madam (女士 nǚ shì) – implies that the person to whom you are speaking is an adult, either male or female, and that you are on polite terms. When speaking to government officials, people usually address them by their surname plus their titles.

GREETINGS

Greetings also tend to vary between the older and younger generations. Whereas it is correct to say 您好 (nín hǎo), young people will often greet each other 'How are you doing?' (你怎么样? nǐ zěn me yàng) or simply by saying 'Hi' like westerners nowadays. A handshake will be the norm when meeting people for the first time or at official occasions. No hugs and kisses are practiced in public places among officials, visitors, colleagues, friends or even relatives and family members – even though you might see some young lovers do so, it is not generally accepted socially.

When you are introduced to somebody in a formal context, such as a business meeting, the correct greeting would be 认识您, 很高兴 (rèn shí nín, hěn gāo xìng) which means 'I am pleased to meet you'.

THANK YOU

When you are invited to a meal in a private home, it is appropriate for you to bring a gift for the host. Nowadays it is always nice to bring some healthy and nutritious products as a gift. Use a gift box or wrap up the gift. If using wrapping paper, it is preferable to use red or a bright colour; make sure you don't use any black or dark colour to wrap a gift. When you give the present to the host, don't expect him or her to open it in front of you. Chinese people are usually quite reserved in character, and they will only open the present after the visitors have left.

When somebody thanks you, you should answer 不客气 (bú kè qi) which means 'you are welcome'.

MANNERS

Punctuality is expected, but with a reasonable margin to cater for possible traffic problems in congested cities. Therefore, if you're going to meet someone, it would be worth your while to leave a little earlier than you think is necessary, especially if you're not sure of the route.

There are some things you should not do when dining in a Chinese restaurant. The atmosphere is usually quite noisy. Please do not blow your nose at the table; this is very impolite. When the waiter or waitress pours tea for you, you should nod your head and smile to express your appreciation or knock your finger on the table to indicate thanks. If you are single you would knock the second finger; if you are married, you can knock the second and third finger together. It is fine to ask for a doggy bag to take the food away, unless you are invited by people with important positions – they will feel embarrassed and maybe even offended.

Instead of the expression 'enjoy your meal', you would say 'let's get started while the food is still hot!' – 趁热吃吧！ (chèn rè chī ba!); this is generally used for meals with people of closer relationships.

The same reservation applies for the expression that is frequently used in English when someone sneezes – 'Bless you!' In China the polite response to a sneeze is simply to ignore it. The person who sneezes does not want people to even notice. Try hard not to sneeze your-self, especially at the table.

DRIVING
Remember that in China, like in Europe and the Unites States of America, you drive on the right-hand side of the road.

There is a universal kind of 'etiquette' in China which encompasses respect for the driving code and being courteous to other road users.

Be very careful when you drive and also when you walk along the road; cars in China usually do not slow down for pedestrians at crossings. If the cars coming towards you at an intersection flash their lights at you, this does not mean that they will let you go first, but that they will rush through first.

Fines for violating traffic rules can be rather substantial, so it would be a good idea to stick to the speed limits and abide by the rules of the road. A lot of the local people do not care to wear their seatbelts, but don't follow suit – wear your seatbelt at all times. Foreigners don't often drive in China; they usually take public transport.

If a foreigner wants to purchase a motorbike in Beijing, he or she should be aware of the relevant laws. As well as having a licence, the motorbike must also be registered with the Beijing Traffic Management Bureau.

OFFICIAL HOLIDAYS 83
法定假日
fǎ dìng jià rì

TRADITIONAL FESTIVALS 83
传统节日
chuán tǒng jié rì

OFFICIAL HOLIDAYS
法定假日
fǎ dìng jià rì

New Year's Day (1 day)
新年
xīn nián

Spring Festival (3 days)
春节
chūn jié

International Women's Day (8 March)
国际劳动妇女节
guó jì láo dòng fù nǚ jié

Tree Planting Holiday (12 March)
植树节
zhí shù jié

Labour Day (1 May)
国际劳动节
guó jì láo dòng jié

China Youth Festival (4 May)
青年节
qīng nián jié

International Children's Day (1 June)
国际儿童节
guó jì ér tóng jié

Founding of PLA (1 August)
建军节
jiàn jūn jié

Teacher's Day (10 September)
教师节
jiào shī jié

National Day (1 October)
国庆节
guó qìng jié

TRADITIONAL FESTIVALS
传统节日
chuán tǒng jié rì

SPRING FESTIVAL (LUNAR CALENDAR)
chūn jié
春节

Spring festival was known as the Chinese

New Year, which falls on the first day of the first lunar month, when Chinese people celebrate the beginning of the year. It generally falls between the last 10-day period of Jan and mid-Feb). The evening before the new year, the Spring Festival Eve, is an important reunion day for Chinese families. People celebrate Spring Festival with various recreational activities.

LANTERN FESTIVAL (THE 15th OF THE FIRST LUNAR CALENDAR MONTH)

元宵节
yuán xiāo jié

The 15th day of the first lunar month, the night of the full moon after the Spring Festival. Chinese people traditionally eat sweet dumplings – round balls of glutinous rice flour with sugar fillings – to symbolize the reunion, and display lanterns on the street to celebrate.

PURE BRIGHTNESS DAY (5th APRIL OF THE LUNAR CALENDAR)

清明节
qīng míng jié

Traditionally, this is an occasion for people to offer sacrifices to their ancestors. At this time of the year the weather has usually turned warm, so many people like to go outside the cities to enjoy nature.

DRAGON BOAT FESTIVAL (5th MAY OF THE LUNAR CALENDAR)

端午节
duān wǔ jié

This festival originated to honour the memory of the patriotic poet 屈原 Qū Yuán during the Warring States Period of the State of 楚 Chǔ.

In despair, he drowned himself in the 汨罗 Gǔluó River after the State of 楚 Chǔ was defeated by the State of 秦 Qín. After his death, people went out on the boat to find his corpse. Subsequently, every year on this day people roll their boats to the local river to throw food to him. This is the 粽子 Zōng zǐ that Chinese people nowadays eat for the festival – sticky rice wrapped in bamboo leaves.

MID-AUTUMN FESTIVAL (15th AUGUST OF THE LUNAR CALENDAR)
中秋节
zhōng qiū jié

This is the festival that has come to symbolize the family reunion. On this night, the moon is especially full and bright. All the Chinese families will get together for this festival, eat moon cakes and enjoy the full moon in all its perfect splendour.

DOUBLE NINTH FESTIVAL (9th SEPTEMBER OF THE LUNAR CALENDAR)
重阳节
chóng yáng jié

On this day, people usually do mountain climbing, drink wine and enjoy chrysanthemums to show respect for elderly people as the 9th is an auspicious day, and 9th day of the 9th month is the most auspicious day of all.

CHINESE VALENTINE'S DAY (7th OF THE 7th LUNAR MONTH)

This is the Chinese lovers' day. The most popular story mentioned in connection with this festival is that of the cowherd and the weaving girl.

ENGLISH → MANDARIN

A

abbey 修道院，修道士
xiū dào yuàn, xiū dào shì

abortion 流产，堕胎，失败
liú chǎn, duò tāi, shī bài

about (adv) 附近，大约，左
右，周围 fù jìn, dà yuē, zuǒ
yòu, zhōu wéi

above 在 ... 上方，过于，超出
zài ... shàng fāng, guò yú,
chāo chū

abroad 往国外，到处，海外
wǎng guó wài, dào chù,
hǎi wài

abscess 脓肿，砂眼
nóng zhǒng, shā yǎn

absolutely 完全地，绝对地
wán quán de, jué duì dì

accelerator 油门，加速器
yóu mén, jiā sù qì

accent 重音，口音，重音符
zhòng yīn, kǒu yīn,
zhòng yīn fú

accept 接受，认可，承担
jiē shòu, rèn kě, chéng dān

accident 意外事件，事故
yì wài shì jiàn, shì gù

accommodation 住处，膳宿
zhù chu, shàn sù

account (n) 计算，帐目，
说明，估计 jì suàn, zhàng mù,
shuō míng, gū jì

accurate 正确的，精确的
zhèng què de, jīng què de

adapter 适配器，改编者
shì pèi qì, gǎi biān zhě

adhesive tape 胶带 jiāo dài

admission fee 入会费
rù huì fèi

adult (n) 成人，成年人
chéng rén, chéng nián rén

advance (adj) 前面的，
预先的，预付(款项)
qián mian de, yù xiān de,
yù fù (kuǎn xiàng)

advertisement 广告，做广告
guǎng gào, zuò guǎng gào

advice 忠告，建议，[商]通知
zhōng gào, jiàn yì, [shāng]
tōng zhī

advise 劝告，忠告，警告，建议
quàn gào, zhōng gào, jǐng
gào, jiàn yì

aeroplane 飞机 fēi jī

afraid 害怕，担心 hài pà,
dān xīn

after (adv) 后来的，后面的
hòu lái de, hòu mian de

afternoon 下午，下午
wǔ hòu, xià wǔ

afterwards 然后，后来地
rán hòu, hòu lái de

again 又，再次，此外，再一次
yòu, zài cì, cǐ wài, zài yí cì

age (n) 年龄，成年
nián líng, chéng nián

agree 同意，赞成 ... 的意见
tóng yì, zàn chéng ... de yì jiàn

agreement 同意，协定
tóng yì, xié dìng

air 空气，天空 kōng qì,
tiān kōng

air conditioning 空气调节
装置 (空调) kōng qì tiáo jiē
zhuāng zhì (kōng tiáo)

air ticket 飞机票 fēi jī piào

airmail 航空邮件
háng kōng yóu jiàn

airport 机场 jī chǎng

aisle 走廊，过道
zǒu láng, guò dào

aisle seat 靠过道座位
kào guò dào zuò wèi

all right 好，良好 hǎo,
liáng hǎo

allow 允许，承认 yǔn xǔ,
chéng rèn

almond 杏树 xìng shù

almost 几乎，差不多 jī hū,
chà bù duō

alone 单独的，独自的
dān dú de, dú zì de

already 已经 yǐ jīng

also 也，同样 yě, tóng yàng

although 虽然，尽管 suī rán,
jǐn guǎn

altogether 完全地，总而言之
wán quán de, zǒng ér yán zhī

always 总是，永远 zǒng shì, yǒng yuǎn

am 是，在 shì, zài
I am 我是 wǒ shì

amazing 令人惊异的 lìng rén jīng yì de

ambulance 救护车 jiù hù chē

among 在 ... 之中，... 之一 zài ... zhī zhōng, ... zhī yī

amount 数量 shù liàng

anaesthetic 麻醉剂 má zuì jì

ancient 远古的，旧的 yuǎn gǔ de, jiù de

and 同，和 tóng, hé

angry 生气的，愤怒的 shēng qì de, fèn nù de

animal 动物 dòng wù

ankle 踝 huái

anniversary 周年纪念 zhōu nián jì niàn

annoy 苦恼，骚扰 kǔ nǎo, sāo rǎo

annual 一年一次的，每年的 yì nián yí cì de, měi nián de

another 另外的，又一，不同的 lìng wài de, yòu yí, bù tóng de

answer (n) 答案，回答 dá àn, huí dá

answer (v) 回答说 huí dá shuō

ant 蚂蚁 mǎ yǐ

antacid 抗酸剂 kàng suān jì

anybody 任何人，重要人物 rèn hé rén, zhòng yào rén wù

anything 任何事，任何东西 rèn hé shì, rèn hé dōng xi

apartment 公寓住宅，单元住宅 gōng yù zhù zhái, dān yuán zhù zhái

apology 道歉 dào qiàn

appendicitis 阑尾炎，盲肠炎 lán wěi yán, máng cháng yán

appointment 约会，指定 yuē huì, zhǐ dìng

approximately 近似地，大约 jìn sì de, dà yuē

are 是，在 shì, zài

area 范围，地区 fàn wéi, dì qū

armchair 扶手椅子 fú shǒu yǐ zi

arrange 安排 ān pái

arrest 逮捕 dài bǔ

arrival 到来，到达 dào lái, dào dá

arrive 到达，抵达 dào dá, dǐ dá

art 艺术，艺术品，美术 yì shù, yì shù pǐn, měi shù

artist 艺术家，画家 yì shù jiā, huà jiā

ask 询问，要求 xún wèn, yāo qiú

at 在，于，向，对准，在...方面 zài, yú, xiàng, duì zhǔn, zài... fāng miàn

attack (n) 进攻 jìn gōng

attack (v) 攻击 gōng jī

audience 听众，观众 tīng zhòng, guān zhòng

aunt 伯母，阿姨 bó mǔ, ā yí

auto-teller 自动出纳机 zì dòng chū nà jī

autumn 秋天 qiū tiān

available 可用到的，有空的 kě yòng dào de, yǒu kòng de

avalanche 雪崩 xuě bēng

avenue 林荫道，大街 lín yīn dào, dà jiē

average 平均的 píng jūn de

avoid 避免，消除 bì miǎn, xiāo chú

awake 醒的 xǐng de

away 在远处，离去 zài yuǎn chù, lí qù

awful 可怕的，糟糕的 kě pà de, zāo gāo de

B

baby food 婴儿食品 yīng ér shí pǐn

back (adj) 后面的，在后面 hòu mian de, zài hòu mian

back (adv) 向后 xiàng hòu

back (n) 背部，后面 bèi bù, hòu mian

backache 背痛 bèi tòng

backpack 挑运，背包 tiāo yùn, bèi bāo

ENGLISH → MANDARIN

87

ENGLISH → MANDARIN

bacon 咸肉, 熏肉
xián ròu, xūn ròu

bad 劣质的, 坏的
liè zhì de, huài de

bag 袋子 dài zi

baggage 行李 xíng li

baggage reclaim 重新取回
行李 chóng xīn qǔ huí xíng li

bait 饵, 诱惑物 ěr, yòu huò wù

bakery 面包店 miàn bāo diàn

balcony 阳台, 包厢
yáng tái, bāo xiāng

ballpoint pen 圆珠笔
yuán zhū bǐ

bandage 绷带 bēng dài

barber's shop 理发馆,
发廊 lǐ fà guǎn, fà láng

barn 谷仓, 畜棚 gǔ cāng,
chù péng

barrel 桶 tǒng

basement 地下室, 墙脚
dì xià shì, qiáng jiǎo

basket 篮, 筐 lán, kuāng

bath 沐浴, 浴盆, 浴缸
mù yù, yù pén, yù gāng

bathroom 浴室, 盥洗室
yù shì, guàn xǐ shì

bay 海湾 hǎi wān

bay leaf 月桂树叶
yuè guì shù yè

be 是, 在, 存在 shì, zài, cún zài

beach 海滩 hǎi tān

bean 豆, 豆形果实
dòu, dòu xíng guǒ shí

beard 胡须 hú xū

beautiful 美丽的, 很好的
měi lì de, hěn hǎo de

beauty salon 美容院
měi róng yuàn

because 因为 yīn wéi

bed linen 被单和枕套
bèi dān hé zhěn tào

bedspread 床单, 床罩
chuáng dān, chuáng zhào

bee 蜜蜂 mì fēng

beef 牛肉 niú ròu

beer 啤酒 pí jiǔ

before (adv) 在前, 以前
zài qián, yǐ qián

before (prep) 在 ... 之前
zài ... zhī qián

beginner 初学者
chū xué zhě

behind (prep) 在 ... 之后
zài ... zhī hòu

believe 相信, 认为
xiāng xìn, rèn wéi

bell 铃, 钟 líng, zhōng

below 在 ... 下面
zài ... xià mian

belt 带子 dài zi

bend (v) 弯曲, 屈服
wān qū, qū fú

bend (n) 弯曲 wān qū

beside 在旁边, 和 ... 比较
zài páng biān, hé ... bǐ jiào

bet (n) 赌, 打赌 dǔ, dǎ dǔ

bet (v) 赌, 赌钱 dǔ, dǔ qián

better (adj) 较好的
jiào hǎo de

beyond 在(到) ... 较远的一边,
那一边 zài (dào) ... jiào yuǎn
de yì biān, nà yì biān

bicycle 脚踏车, 自行车
jiǎo tà chē, zì xíng chē

big 大的, 重要的, 量大的 dà
de, zhòng yào de, liàng dà de

bill 帐单, 票据, 清单
zhàng dān, piào jù, qīng dān

bin 箱, 柜 xiāng, guì

binoculars 双眼望远镜
shuāng yǎn wàng yuǎn jìng

bird 鸟 niǎo

birth 出生, 出身
chū shēng, chū shēn

birth certificate 出生证
chū shēng zhèng

birthday 生日 shēng rì

birthday card 生日贺卡
shēng rì hè kǎ

birthday present 生日礼物
shēng rì lǐ wù

biscuit 饼干, 小点心
bǐng gān, xiǎo diǎn xin

bit 小块, 少量, 片刻
xiǎo kuài, shǎo liàng, piàn kè

bite (v) 咬 yǎo

black 黑色的 hēi sè de

blanket 毯子 tǎn zi

bleed 使出血, 放血
shǐ chū xuè, fàng xuè

blind 瞎的, 盲目的 xiā de,
máng mù dì

blister 水泡 shuǐ pào

block of flats 公寓楼, 住宅群
gōng yù lóu, zhù zhái qún

blocked 封锁的, 连锁的
fēng suǒ de, lián suǒ de

blood 血, 血液, 血统
xuè, xuè yè, xuè tǒng

blood pressure 血压
xuè yā

blouse 宽松的女衬衣
kuān sōng de nǚ chèn yī

blow-dry 用吹风机吹干
(头发) yòng chuī fēng jī
chuī gān (tóu fa)

blue 蓝色的 lán sè de

blunt 钝的, 生硬的
dùn de, shēng yìng de

blusher 脸红的人
liǎn hóng de rén

boarding card 登机卡
dēng jī kǎ

boarding house 供膳寄宿处
gòng shàn jì sù chù

boat 小船, 艇 xiǎo chuán, tǐng

boat trip 乘船旅行
chéng chuán lǚ xíng

body 身体, 肉体, 尸体
shēn tǐ, ròu tǐ, shī tǐ

boil (n) 沸点, 沸腾
fèi diǎn, fèi téng

boil (v) 煮沸 zhǔ fèi

bone 骨 gǔ

bonnet (car) 汽车发动机罩
qì chē fā dòng jī zhào

book (n) 书, 帐簿, 名册
shū, zhàng bù, míng cè

book (v) 登记, 预订
dēng jì, yù dìng

bookshop 书店 shū diàn

boots 给旅客擦皮鞋的人
gěi lǚ kè cā pí xié de rén

border 边界, 国界
biān jiè, guó jiè

born 出生 chū shēng

borrow 借, 借入, 借用
jiè, jiè rù, jiè yòng

both 两者, 双方的
liǎng zhě, shuāng fāng de

bottle 瓶子 píng zi

bottle opener 瓶盖起子
píng gài qǐ zi

bottom (at the) 在 ... 底部
zài ... dǐ bù

bow tie 蝴蝶领结
hú dié lǐng jié

bowl 碗, 碗状物
wǎn, wǎn zhuàng wù

box 盒子, 箱 hé zi, xiāng

boy 男孩, 儿子 nán hái, ér zi

boyfriend 男朋友, 情郎
nán péng you, qíng láng

bra 乳罩 rǔ zhào

bracelet 手镯 shǒu zhuó

brake (n) 闸, 刹车
zhá, shā chē

brake (v) 刹车 shā chē

brake fluid 制动液, 刹车油
zhì dòng yè, shā chē yóu

brake light 刹车灯
shā chē dēng

branch (office) 分部, 分店,
分公司 fēn bù, fēn diàn,
fēn gōng sī

brandy 白兰地酒 bái lán dì jiǔ

bread 面包, 生计
miàn bāo, shēng jì

break 打破, 违犯, 折断
dǎ pò, wéi fàn, zhé duàn

breakable 会破的, 易碎的
huì pò de, yì suì de

breakdown (of car)
汽车坏了 qì chē huài le

breakdown van 救援车
抢修车 jiù yuán chē,
qiǎng xiū chē

breakfast 早餐 zǎo cān

break-in 闯入, 非法进入
chuǎng rù, fēi fǎ jìn rù

breast 胸部, 乳房, 胸怀
xiōng bù, rǔ fáng, xiōng huái

breathe 呼吸, 发出
hū xī, fā chū

breeze 微风 wēi fēng

brewery 酿酒厂
niàng jiǔ chǎng
brick 砖, 砖形物
zhuān, zhuān xíng wù
bride 新娘 xīn niáng
bridegroom 新郎 xīn láng
bridge 桥, 鼻梁, 桥牌
qiáo, bí liáng, qiáo pái
briefcase 公文包
gōng wén bāo
bright 明亮的, 聪明的
míng liàng de, cōng míng de
bring 拿来, 带来 ná lái, dài lái
bring in 带来, 引入
dài lái, yǐn rù
brochure 小册子 xiǎo cè zǐ
broken 坏掉的 huài diào de
bronchitis 支气管炎
zhī qì guǎn yán
brooch 胸针 xiōng zhēn
broom 扫帚 sào zhou
brother 兄弟 xiōng di
brother-in-law 夫和妻的兄
弟, 内兄, 内弟, 姻兄, 姻弟,
姐夫, 妹夫 fū hé qī de
xiōng di, nèi xiōng, nèi dì,
yīn xiōng, yīn dì, jiě fu, mèi fu
brown 褐色的 hè sè de
bruise (n) 瘀伤, 擦伤
yū shāng, cā shāng
brush (n) 刷子, 毛刷
shuā zi, máo shuā
bucket 桶, 一桶的量
tǒng, yì tǒng de liàng
buffet car 便餐车
biàn cān chē
build 建造, 建筑
jiàn zào, jiàn zhù
building 建筑物 jiàn zhù wù
bulb (light) 电灯泡
diàn dēng pào
bulb (plant) 植物的球茎
zhí wù de qiú jīng
bumper (汽车前后的) 保险杠
(qì chē qián hòu de)
bǎo xiǎn gàng
bun 小圆面包
xiǎo yuán miàn bāo
bunch 串, 束 chuàn, shù

bureau de change
货币兑换处
huò bì duì huàn chù
burglar 夜贼 yè zéi
burglary 入室行窃
rù shì xíng qiè
burn 烧, 烧焦 shāo, shāo jiāo
burst 爆炸, 爆发
bào zhà, bào fā
bus 公共汽车 gōng gòng qì chē
bus stop 公共汽车站
gōng gòng qì chē zhàn
bush 矮树丛 ǎi shù cóng
business 商业, 生意, 事情
shāng yè, shēng yi, shì qíng
business trip 出差 chū chāi
busy 忙碌的 máng lù de
but 而是, 但是 ér shì, dàn shì
butcher 屠夫 tú fū
butter 黄油, 牛油
huáng yóu, niú yóu
butterfly 蝴蝶 hú dié
button 钮扣 niǔ kòu
buy 买 mǎi
by 在附近, 在旁边, 经
zài fù jìn, zài páng biān, jīng
bypass (road) 旁路 páng lù

C
cab 出租汽车, 计程车
chū zū qì chē, jì chéng chē
cabin 小屋, 船舱
xiǎo wū, chuán cāng
cable car 缆车 lǎn chē
cake 蛋糕, 饼 dàn gāo, bǐng
cake shop 蛋糕店, 西饼店
dàn gāo diàn, xī bǐng diàn
calculator 计算器 jì suàn qì
call (n) 喊声, 访问, 通话
hǎn shēng, fǎng wèn, tōng huà
call (v) 呼叫, 召集, 打电话
hū jiào, zhào jí, dǎ diàn huà
calm 静的, 平静的
jìng de, píng jìng de
camp (v) 露营, 扎营
lù yíng, zhā yíng
camp site 露营地 lù yíng dì
can (n) 罐头, 铁罐
guàn tóu, tiě guàn

can opener 罐头, 罐 (瓶) 起子
guàn tóu, guàn (píng) qǐ zi
canal 运河, 水道
yùn hé, shuǐ dào
cancel 取消, 删去
qǔ xiāo, shān qù
cancellation 取消 qǔ xiāo
cancer 癌, 毒瘤 ái, dú liú
candle 蜡烛 là zhú
candy 糖果, 冰糖
táng guǒ, bīng táng
canoe 独木舟, 轻舟
dú mù zhōu, qīng zhōu
cap 帽子 mào zi
capital (city) 首都, 首府
shǒu dū, shǒu fǔ
capital (money) 资本, 资金,
资产 zī běn, zī jīn, zī chǎn
car 汽车, (铁) 车厢
qì chē, (tiě) chē xiāng
car ferry 汽车轮渡 (船)
qì chē lún dù (chuán)
car hire 租车 zū chē
car insurance 车辆保险
chē liàng bǎo xiǎn
car keys 汽车钥匙
qì chē yào shi
car parts 汽车配件
qì chē pèi jiàn
caravan 大巴旅行车
dà bā lǚ xíng chē
caravan site 大巴旅行车
站点 (营地) dà bā lǚ xíng chē
zhàn diǎn (yíng dì)
carburettor 汽化器 (化油器)
qì huà qì (huà yóu qì)
card 纸牌, 卡片
zhǐ pái, kǎ piàn
cardboard 纸板 zhǐ bǎn
cardigan 开襟羊毛衫
kāi jīn yáng máo shān
careful 小心的, 仔细的
xiǎo xīn de, zǐ xì de
caretaker 管理者, 看管者
guǎn lǐ zhě, kān guǎn zhě
carpenter 木匠 mù jiang
carpet 地毯 dì tǎn
carriage 运费, 姿态
yùn fèi, zī tài

carrier bag 购物袋
gòu wù dài
carrot 胡萝卜 hú luó bo
carry 携带, 运送
xié dài, yùn sòng
carry-cot 便携小床
biàn xié xiǎo chuáng
carton 硬纸盒, 纸板箱
yìng zhǐ hé, zhǐ bǎn xiāng
case 事, 病例, 案例, 情形,
场合 shì, bìng lì, àn lì,
qíng xíng, chǎng hé
cash (n) 现金 xiàn jīn
cash (v) 兑现 duì xiàn
cash desk 付款台, 收银台
fù kuǎn tái, shōu yín tái
cash dispenser 自动提款机
zì dòng tí kuǎn jī
cash register 收款 (银) 机
shōu kuǎn (yín) jī
cashier 出纳员 chū nà yuán
cassette 盒子, 盒式磁带
hé zi, hé shì cí dài
castle 城堡 chéng bǎo
casualty department
急救科, 抢救室
jí jiù kē, qiǎng jiù shì
cat 猫 māo
catch (v) 捕获, 赶上 (车船等),
感染 (疾病) bǔ huò, gǎn
shang (chē chuán děng),
gǎn rǎn (jí bìng)
cathedral 大教堂
dà jiào táng
cave 洞穴, 窑洞
dòng xuè, yáo dòng
CD player 音碟播放器
(CD播放器) yīn dié bō
fàng qì (CD bō fàng qì)
ceiling 天花板 tiān huā bǎn
celery 芹菜 qín cài
cellar 地窖, 酒窖
dì jiào, jiǔ jiào
cemetery 墓地, 公墓
mù dì, gōng mù
Centigrade 摄氏温度的
shè shì wēn dù de
centimetre 厘米, 公分
lí mǐ, gōng fēn

ENGLISH → MANDARIN

central heating 中央暖气
zhōng yāng nuǎn qì
central locking 中控锁
zhōng kòng suǒ
centre 中心，中央，中心区
zhōng xīn, zhōng yāng,
zhōng xīn qū
century 世纪，百年
shì jì, bǎi nián
certain 确定的，必然的
què dìng de, bì rán de
certainly 确实，当然
dí què, dāng rán
certificate 证书，证明书
zhèng shū, zhèng míng shū
chair 椅子 yǐ zi
chair lift 升降椅，架空滑车
shēng jiàng yǐ, jià kōng huá chē
chambermaid
清理房间的女服务员 qīng lǐ
fáng jiān de nǚ fú wù yuán
champagne 香槟酒，香槟色
xiāng bīn jiǔ, xiāng bīn sè
change 改变，变化，
找回的零钱 gǎi biàn, biàn huà,
zhǎo huí de líng qián
change (v) 改变，变革，兑换
gǎi biàn, biàn gé, duì huàn
changing room 更衣室，
试衣间 gēng yī shì, shì yī jiān
channel 海峡，信道，频道
hǎi xiá, xìn dào, pín dào
chapel 小礼拜堂，礼拜
xiǎo lǐ bài táng, lǐ bài
charcoal 木炭 mù tàn
charge (n) 费用，主管，充电
fèi yong, zhǔ guǎn, chōng diàn
charge (v) 收费 shōu fèi
charge card 签帐卡，收费卡
qiān zhàng kǎ, shōu fèi kǎ
charter flight 包机，包租飞机
bāo jī, bāo zū fēi jī
cheap 便宜的，不值钱的
pián yi de, bù zhí qián de
cheap rate 低费率 dī fèi lǜ
cheaper 更便宜的，
更不值钱的 gèng pián yi de,
gèng bù zhí qián de
check (v) 检查 jiǎn chá

check in (v) 登记，报到
dēng jì, bào dào
cheek 颊，厚颜 jiá, hòu yán
chef 厨师 chú shī
chemist 化学家，药剂师
huà xué jiā, yào jì shī
cheque 支票 zhī piào
cheque book 支票本（簿）
zhī piào běn (bù)
cheque card 支票卡
zhī piào kǎ
cherry 樱桃，樱桃树
yīng táo, yīng táo shù
chess 国际象棋 guó jì xiàng qí
chest 胸腔，胸膛
xiōng qiāng, xiōng táng
chest of drawers 五斗柜，
衣柜 wǔ dǒu guì, yī guì
chestnut 栗子 lì zi
chewing gum 口香糖
kǒu xiāng táng
chicken 鸡，鸡肉 jī, jī ròu
chicken pox 水痘 shuǐ dòu
child 孩子，儿女 hái zi, ér nǚ
child car seat
汽车用儿童坐椅
qì chē yòng ér tóng zuò yǐ
chimney 烟囱，灯罩
yān cong, dēng zhào
chin 下巴，下颚 xià ba, xià è
China 中国，瓷器
zhōng guó, cí qì
Chinese New Year's Eve
除夕 chú xī
chips 炸薯条（片）
zhá shǔ tiáo (piàn)
chive 细香葱 xì xiāng cōng
chocolate 巧克力，巧克力色
qiǎo kè lì, qiǎo kè lì sè
choir 唱诗班 chàng shī bān
choose 选择，选定
xuǎn zé, xuǎn dìng
chop (n) 砍，排骨 kǎn, pái gǔ
chop (v) 剁碎，砍 duò suì, kǎn
cigar 雪茄 xuě jiā
cigarette 香烟，纸烟
xiāng yān, zhǐ yān
cigarette lighter 打火机
dǎ huǒ jī

cinema 电影院 diàn yǐng yuàn
circle (n) 圆周, 圆形物, 循环
yuán zhōu, yuán xíng wù,
xún huán
cistern 水塔, 蓄水池
shuǐ tǎ, xù shuǐ chí
citizen 市民, 公民
shì mín, gōng mín
city 城市, 都市
chéng shì, dū shì
city centre 城市中心
chéng shì zhōng xīn
class 班级, 阶级, 种类
bān jí, jiē jí, zhǒng lèi
clean (adj) 干净的, 清白的
gān jìng de, qīng bái de
clean (v) 打扫 dǎ sǎo
cleaning solution 清洁剂
qīng jié jì
cleansing lotion 洗面奶
xǐ miàn nǎi
clear (adj) 清楚的, 空旷的
qīng chu de, kōng kuàng de
clever 机灵的, 聪明的
jī ling de, cōng ming de
client 顾客, 客户, 委托人
gù kè, kè hù, wěi tuō rén
cliff 悬崖, 绝壁 xuán yá, jué bì
climate 气候 qì hòu
climb (n) 攀登, 爬
pān dēng, pá
cling film 保鲜膜 bǎo xiān mó
clinic 门诊部, 临床
mén zhěn bù, lín chuáng
cloakroom 衣帽间,
行李暂存处 yī mào jiān,
xíng li zàn cún chù
clock 时钟 shí zhōng
closed 关闭的 guān bì de
cloth 布, 织物, 衣料
bù, zhī wù, yī liào
clothes 衣服, 被褥
yī fu, bèi rù
clothes line 晒衣绳
shài yī shéng
clothes peg 晒衣夹
shài yī jiā
clothing 衣服 yī fu
cloud 云, 烟云 yún, yān yún

clutch (car) 离合器 lí hé qì
coach 长途汽车, 教练
cháng tú qì chē, jiào liàn
coal 煤 méi
coast 海岸 hǎi àn
coastguard 水上警察
shuǐ shàng jǐng chá
coat 外套 wài tào
coat hanger 衣架 yī jià
cockroach 蟑螂 zhāng láng
cocoa 可可饮料, 可可豆
kě kě yǐn liào, kě kě dòu
coconut 椰子 yē zi
cod 鳕鱼 xuě yú
code 代码, 密码, 编码
dài mǎ, mì mǎ, biān mǎ
coffee 咖啡, 咖啡树
kā fēi, kā fēi shù
coil (contraceptive)
避孕环 bì yùn huán
coil (rope) 一卷绳子
yì juǎn shéng zi
coin 硬币 yìng bì
Coke 可乐 kě lè
colander 滤器, 漏锅
lǜ qì, lòu guō
cold (n) 寒冷, 伤风, 感冒
hán lěng, shāng fēng, gǎn mào
cold (adj) 寒冷的 hán lěng de
collapse (n) 倒塌, 崩溃, 虚脱
dǎo tā, bēng kuì, xū tuō
collapse (v) 倒塌, 崩溃, 病倒
dǎo tā, bēng kuì, bìng dǎo
collar 衣领 yī lǐng
collarbone 锁骨 suǒ gǔ
colleague 同事, 同僚
tóng shì, tóng liáo
collect (v) 收集, 集中, 搜集
shōu jí, jí zhōng, sōu jí
collect (adj) 由收件人付款的
yóu shōu jiàn rén fù kuǎn de
collect call 对方付费电话
duì fāng fù fèi diàn huà
colour (n) 颜色 yán sè
colour (v) 变色 biàn sè
colour blind 色盲的
sè máng de
colour film 彩色影片 (胶卷)
cǎi sè yǐng piàn (jiāo juǎn)

ENGLISH → MANDARIN

comb (n) 梳子 shū zi
comb (v) 梳（发）shū (fà)
come (v) 来，来（自）
lái, lái (zì)
come back 回来，恢复，回复
huí lái, huī fù, huí fù
come in 进来 jìn lái
comedy 喜剧 xī jù
comfortable 舒适的
shū shì de
company 公司，陪伴
gōng sī, péi bàn
compartment 间隔间，车厢
jiàn gé jiān, chē xiāng
compass 罗盘，指南针
luó pán, zhǐ nán zhēn
complain 抱怨，悲叹，投诉
bào yuàn, bēi tàn, tóu sù
complaint 诉苦，抱怨，牢骚
sù kǔ, bào yuan, láo sāo
completely 十分，完全地
shí fēn, wán quán dì
composer 作家，作曲家
zuò jiā, zuò qǔ jiā
compulsory 必须做的，
被强制的 bì xū zuò de,
bèi qiáng zhì de
computer 计算机，电脑
jì suàn jī, diàn nǎo
concert 音乐会 yīn yuè huì
concession 让步 ràng bù
concussion 激动，冲击
jī dòng, chōng jī
condition 条件，情形，环境
tiáo jiàn, qíng xíng, huán jìng
condom 避孕套 bì yùn tào
conference 会议，讨论会
huì yì, tǎo lùn huì
confirm 确定，批准
què dìng, pī zhǔn
confirmation 证实，确认，
批准 zhèng shí, què rèn,
pī zhǔn
confused 困惑的，烦恼的
kùn huò de, fán nǎo de
Congratulations!
祝贺，贺辞 zhù hè, hè cí
connecting flight
中转班机 zhōng zhuǎn bān jī

connection (elec)
连接，接线 lián jiē, jiē xiàn
connection (phone)
转接电话 zhuǎn jiē diàn huà
conscious 有意识的
yǒu yì shi de
constipated 患便秘症的
huàn biàn mì zhèng de
consulate 领事，领事馆
lǐng shì, lǐng shì guǎn
contact (n) 接触 jiē chù
contact (v) 联系 lián xì
contact lenses 隐形眼镜
yǐn xíng yǎn jìng
continue 继续，连续，延伸
jì xù, lián xù, yán shēn
contraceptive (adj)
避孕的 bì yùn de
contraceptive (n)
避孕用具 bì yùn yòng jù
contract (n) 合同，契约
hé tong, qì yuē
contract (v) 订约 dìng yuē
convenient 便利的，方便的
biàn lì de, fāng biàn de
cook (n) 厨师 chú shī
cook (v) 烹调，煮
pēng tiáo, zhǔ
cooker 炊具，炉子
chuī jù, lú zi
cookie 甜面包，小甜饼
tián miàn bāo, xiǎo tián bǐng
cooking utensils 厨房用具
chú fáng yòng jù
cool 凉爽，冷静的
liáng shuǎng, lěng jìng de
cool bag, cool box
冷藏袋，冷藏箱 lěng cáng
dài, lěng cáng xiāng
copy (n) 副本，摹仿
fù běn, mó fǎng
copy (v) 复制，抄袭
fù zhì, chāo xí
cork 软木塞，软木
ruǎn mù sāi, ruǎn mù
corkscrew 开瓶钻，螺丝锥
kāi sāi zuàn, luó sī zhuī
corner 角落，拐角处
jiǎo luò, guǎi jiǎo chù

ENGLISH → MANDARIN

correct (adj) 正确的, 恰当的
zhèng què de, qià dāng de
correct (v) 改正, 纠正
gǎi zhèng, jiū zhèng
corridor 走廊 zǒu láng
cost (n) 成本, 价钱, 代价
chéng běn, jià qián, dài jià
cost (v) 花费 huā fèi
cot 轻便小床
qīng biàn xiǎo chuáng
cotton 棉花, 棉线
mián huā, mián xiàn
cotton wool 原棉 yuán mián
couch 床, 长沙发椅
chuáng, cháng shā fā yǐ
couchette 火车卧铺
huǒ chē wò pù
cough (n) 咳嗽 ké sou
cough (v) 咳嗽 ké sou
cough mixture 咳嗽药水
ké sou yào shuǐ
Could I? 我可以（能）... 吗?
wǒ kě yǐ (néng) ... ma?
couldn't 不能 bù néng
counter 计算器, 柜台
jì suàn qì, guì tái
country 国家, 乡村
guó jiā, xiāng cūn
countryside 乡下地方
xiāng xia dì fang
couple （一）对,（一）双, 夫妇
(yí) duì, (yì) shuāng, fū fù
courier service（邮政）
快递服务 (yóu zhèng)
kuài dì fú wù
course 过程, 课程, 一道菜
guò chéng, kè chéng,
yí dào cài
cousin 堂兄弟姊妹,
表兄弟姊妹 táng xiōng di zǐ
mèi, biǎo xiōng di zǐ mèi
cover charge 服务费
fú wù fèi
cow 母牛 mǔ niú
crab 螃蟹 páng xiè
craft 工艺, 手艺
gōng yì, shǒu yì
cramp 抽筋, 痉挛
chōu jīn, jīng luán

crash (n) 碰撞 pèng zhuàng
crash (v) 坠落 zhuì luò
crash helmet 头盔, 安全帽
tóu kuī, ān quán mào
crazy 疯狂的, 狂热的
fēng kuáng de, kuáng rè de
cream 乳酪, 奶油,（护肤）
面霜 rǔ lào, nǎi yóu, (hù fū)
miàn shuāng
crèche 托儿所（日托）
tuō ér suǒ (rì tuō)
credit card 信用卡
xìn yòng kǎ
crime 犯罪, 犯罪行为, 罪行
fàn zuì, fàn zuì xíng wéi,
zuì xíng
crisp 脆的, 易碎的
cuì de, yì suì de
crockery 陶器, 瓦器
táo qì, wǎ qì
cross (n) 字, 交叉
shí zì, jiāo chā
cross (adj) 交叉的
jiāo chā de
crossing 横越, 交叉口
héng yuè, jiāo chā kǒu
crossroad 十字路, 十字路口
shí zì lù, shí zì lù kǒu
crossword puzzle 纵横填
（拼）字字谜 zòng héng tián
(pīn) zì zì mí
crowd 人群 rén qún
crowded 拥挤的, 塞满的
yōng jǐ de, sāi mǎn de
crown 王冠, 花冠
wáng guān, huā guān
cruise (n) 巡航 xún háng
cruise (v) 巡游 xún yóu
crutch 拐杖, 支撑
guǎi zhàng, zhī chēng
cry (n) 哭泣 kū qì
cry (v) 哭 kū
cucumber 黄瓜 huáng guā
cufflinks （衬衫袖口的）链扣
(chèn shān xiù kǒu de) liàn kòu
cup 杯子, 酒杯, 奖杯
bēi zi, jiǔ bēi, jiǎng bēi
cupboard 食橱, 碗碟橱
shí chú, wǎn dié chú

ENGLISH → MANDARIN

curly 卷曲的, 卷毛的
juǎn qū de, juǎn máo de
currency 货币, 流通
huò bì, liú tōng
current 当前的, 通用的
dāng qián de, tōng yòng de
curtain 窗帘, 门帘
chuāng lián, mén lián
cushion 垫子, 软垫, 衬垫
diàn zi, ruǎn diàn, chèn diàn
custard 奶油蛋羹, 奶油冻
nǎi yóu dàn gēng, nǎi yóu dòng
custom 顾客, 主顾
gù kè, zhǔ gù
customer 消费者 xiāo fèi zhě
customs 进口税, 海关
jìn kǒu shuì, hǎi guān
cut (n) 切削, 削减, 删节
qiē xiāo, xuē jiǎn, shān jiē
cut (v) 切 (割) 切 (割 xuē)
qiē xiāo, xuē jiǎn (gē xuē)
cutlery 餐具 cān jù
cycle (n) 周期, 循环
zhōu qī, xún huán
cycle (v) 循环, 轮转
xún huán, lún zhuǎn
cycle track 自行车赛车道
zì xíng chē sài chē dào
cyst 包囊, 膀胱, 囊肿
bāo náng, páng guāng,
náng zhǒng
cystitis 膀胱炎
páng guāng yán

D
daily 每日的, 日常的
měi rì de, rì cháng de
damage (n) 损害, 伤害
sǔn hài, shāng hài
damp (adj) 潮湿的
cháo shī de
dance (v) 舞蹈 wǔ dǎo
danger 危险, 危险物
wēi xiǎn, wēi xiǎn wù
dangerous 危险的
wēi xiǎn de
dark (adj) 暗的 àn dè
date (appointment)
约会 yuē huì
date (fruit) 枣椰子 zǎo yē zi

date (of year) 日期, 日子
年代 rì qī, rì zi, nián dài
date of birth 出生日
chū shēng rì
daughter 女儿 nǚ ér
daughter-in-law 儿媳妇
ér xí fù
dawn 黎明, 破晓
lí míng, pò xiǎo
dead 死的, 无感觉的
sǐ de, wú gǎn jué de
deaf 聋的 lóng de
deal (n) 交易, 买卖
jiāo yì, mǎi mai
deal (v) 处理, 应付
chù lǐ, yìng fu
dear 昂贵的, 亲爱的
áng guì de, qīn ài de
death 死, 死亡 sǐ, sǐ wáng
debts 债务, 罪过
zhài wù, zuì guò
decaffeinated 脱去咖啡因的
tuō qù kā fēi yīn de
December 十二月 shí èr yuè
decide 决定, 判决
jué dìng, pàn jué
decision 决定, 决心, 决议
jué dìng, jué xīn, jué yì
deck chair 轻便折叠躺椅
qīng biàn zhé dié tǎng yǐ
deduct 扣除, 演绎
kòu chú, yǎn yì
deep 深的, 纵深的
shēn de, zòng shēn de
definitely 明确地, 干脆地
míng què dì, gān cuì dì
degree (measurement)
度数, 度 dù shù, dù
degree (qualification)
学位, 地位, 身份
xué wèi, dì wèi, shēn fèn
delay (n) 延迟 yán chí
delay (v) 耽搁 dān ge
deliberately 故意地 gù yì dì
delicious 美味的 měi wèi de
deliver 递送, 陈述, 交付
dì sòng, chén shù, jiāo fù
delivery 递送, 交付, 分娩
dì sòng, jiāo fù, fēn miǎn

dental floss 牙线 yá xiàn
dentist 牙科医生
yá kē yī shēng
dentures 一副假牙
yí fù jiǎ yá
depart 离开, 起程
lí kāi, qǐ chéng
department 部, 局, 处, 科,
部门 bù, jú, chù, kē, bù mén
department store
百货商店 bǎi huò shāng diàn
departure 启程, 出发, 离开
qǐ chéng, chū fā, lí kāi
departure lounge
候机 (车, 船等) 室
hòu jī (chē, chuán děng) shì
deposit (n) 存款, 押金,
保证金 cún kuǎn, yā jīn,
bǎo zhèng jīn
describe 描写, 形容, 描述
miáo xiě, xíng róng,
miáo shù
description 描写, 形容, 描述
miáo xiě, xíng róng, miáo shù
desert (n) 沙漠 shā mò
desk 书桌, 办公桌
shū zhuō, bàn gōng zhuō
dessert 餐后甜点
cān hòu tián diǎn
destination 目的地 mù dì dì
details 详细资料, 细节
xiáng xì zī liào, xì jié
detergent 清洁剂, 去垢剂
qīng jié jì, qù gòu jì
detour (n) 便道, 绕路
biàn dào, rào lù
detour (v) 绕路而行
rào lù ér xíng
develop 发展, 发达, 进步
fā zhǎn, fā dá, jìn bù
diabetic (adj) 糖尿病的
táng niào bìng de
dial (n) (电话) 拨号盘
(diàn huà) bō hào pán
dial (v) 拨 bō
dialling code 代码, 区号
dài mǎ, qū hào
dialling tone 拨号音
bō hào yīn

diamond 钻石, 菱形
zuàn shí, líng xíng
diaper 尿布 niào bù
diarrhoea 腹泻 fù xiè
dice (n) 骰子 tóu zi (shǎi zi)
dictionary 字典, 词典
zì diǎn, cí diǎn
die (v) 死亡, 消逝
sǐ wáng, xiāo shì
diesel 柴油机 chái yóu jī
diet (n) 保健食谱, 节食
bǎo jiàn shí pǔ, jié shí
difference 差异, 差别, 分歧
chā yì, chā bié, fēn qí
different 不同的 bù tóng de
difficult 困难的, 艰难的
kùn nan de, jiān nán de
dinghy 小舢板, 小游艇
xiǎo shān bǎn, xiǎo yóu tǐng
dining room 饭厅 fàn tīng
dinner 晚饭, 正餐, 宴会
wǎn fàn, zhèng cān, yàn huì
direct (adj) 径直的, 直接的
jìng zhí de, zhí jiē de
direct (v) 指挥, 导演
zhǐ huī, dǎo yǎn
direction 方向, 指导, 说明
(书) fāng xiàng, zhǐ dǎo,
shuō míng (shū)
dirty 肮脏的, 卑鄙的
āng zāng de, bēi bǐ de
disabled 伤残的
shāng cán de
disappear 消失, 不见
xiāo shī, bú jiàn
disappointed 失望的
shī wàng de
disaster 灾难, 天灾
zāi nàn, tiān zāi
disconnected 分离的,
断开的 fēn lí de, duàn kāi de
discount 折扣 zhé kòu
discover 发现, 发觉
fā xiàn, fā jué
disease 疾病, 弊病
jí bìng, bì bìng
dish 盘, 碟, 碟形卫星天线
pán, dié, dié xíng wèi xīng
tiān xiàn

dishtowel 擦碟干布
cā dié gān bù

disinfectant 消毒剂
xiāo dú jì

disk 磁盘, 磁碟片
cí pán, cí dié piàn

**disposable diapers/
nappies** 一次性尿布 / 尿布
yí cì xìng niào bù / niào bù

distance 距离, 远离
jù lí, yuǎn lí

district 区域, 行政区
qū yù, xíng zhèng qū

disturb 打扰, 扰乱
dǎ rǎo, rǎo luàn

dive (n) 跳水 tiào shuǐ

dive (v) 潜水 qián shuǐ

DIY shop 自助商店, 商场
zì zhù shāng diàn,
shāng chǎng

dizzy 晕眩的 yūn xuàn de

do 做, 实行 zuò, shí xíng

doctor 医生, 博士
yī shēng, bó shì

document 文件, 档案
wén jiàn, dàng àn

dog 狗, 犬 gǒu, quǎn

doll 洋娃娃, 玩偶
yáng wá wa, wán ǒu

domestic 家庭的, 国内的
jiā tíng de, guó nèi de

door 门, 通道
mén, tōng dào

doorbell 门铃 mén líng

doorman 看门的人
kān mén de rén

double (n) 两倍 liǎng bèi

double (adj) 两倍的
liǎng bèi de

double bed 双人床
shuāng rén chuáng

double room 双人房
shuāng rén fáng

doughnut 油炸圈饼
yóu zhá quān bǐng

downhill 下坡的, 倾斜的
xià pō de, qīng xié de

downstairs 在楼下, 下楼
zài lóu xià, xià lóu

dozen 一打, 十二个
yì dá, shí èr gè

drain (n) 消耗, 排水
xiāo hào, pái shuǐ

drain (v) 喝干, 耗尽
hē gān, hào jìn

draught 拖, 拉 tuō, lā

draught beer 生啤酒
shēng pí jiǔ

drawer 抽屉, 制图员
chōu ti, zhì tú yuán

drawing 图画, 制图
tú huà, zhì tú

dreadful 可怕的, 讨厌的
kě pà de, tǎo yàn de

dress (n) 女服, 童装
nǚ fú, tóng zhuāng

dress (v) (给 ...) 穿衣
(gěi ...) chuān yī

dressing (bandage)
包扎用品 bāo zhā yòng pǐn

dressing (salad) 调味品
tiáo wèi pǐn

dressing gown
睡衣, 晨衣 shuì yī, chén yī

drill (n) 钻孔机, 钻子
zuàn kǒng jī, zuàn zi

drill (v) 训练, 钻孔
xùn liàn, zuān kǒng

drink (n) 饮料, 酒, 酗酒
yǐn liào, jiǔ, xù jiǔ

drink (v) 喝, 喝酒 hē, hē jiǔ

drinking water 饮用水
yǐn yòng shuǐ

drive (n) 驾车, 驱使, 动力
jià chē, qū shǐ, dòng lì

drive (v) 开车, 驱赶
kāi chē, qū gǎn

driver 驾驶员, 司机
jià shǐ yuán, sī jī

driving licence 驾驶证
jià shǐ zhèng

drop (n) 滴, 点滴 dī,
diǎn dī

drop (v) 滴下, 落下, 下降
dī xià, luò xià, xià jiàng

drug (medicine) 药, 麻药,
麻醉药 yào, má yào,
má zuì yào

drug (narcotic) 瘾性物质
（毒品）yǐn xìng wù zhì
(dú pǐn)
drunk 喝醉了的 hē zuì le de
dry (adj) 干的，干燥的
gān de, gān zào de
dry (v) 干燥 gān zào
dry cleaner's 干洗衣店
gān xǐ yī diàn
dryer 干衣机，干燥剂
gān yī jī, gān zào jì
duck (n) 鸭子 yā zi
due (n) 应得物，应付款
yīng dé wù, yìng fù kuǎn
due (adj) 应得的，应付的
yīng dé de, yìng fù de
dull 暗淡的，模糊的
àn dàn de, mó hu de
dummy (n) 哑巴，假货
yǎ ba, jiǎ huò
dummy (adj) 假的，虚构的
jiǎ de, xū gòu de
during 在 ... 的期间
zài ... de qī jiān
dust (n) 灰尘，尘土
huī chén, chén tǔ
dustbin 垃圾箱 lā jī xiāng
duster 掸子 dǎn zi
dustpan 畚箕，粪斗
běn jī, fèn dǒu
duty-free 免海关税的
miǎn hǎi guān shuì de
duvet 羽毛被褥
yǔ máo bèi rù
duvet cover 羽绒被
yǔ róng bèi
dye (n) 染料，染色
rǎn liào, rǎn sè
dye (v) 染 rǎn
dynamo 发电机 fā diàn jī

E
each (adj) 各自的，每个的
gè zì de, měi gè de
each (adv) 每个 měi gè
eagle 鹰，鹰状标饰
yīng, yīng zhuàng biāo shì
ear 耳朵，倾听，听觉
ěr duo, qīng tīng, tīng jué

earache 耳朵痛 ěr duo tòng
earphone 耳机 ěr jī
earring 耳环，耳饰
ěr huán, ěr shì
earth 地球，(电) 接地
dì qiú, (diàn) jiē dì
earthquake 地震 dì zhèn
easily 不费力的，轻松
bú fèi lì de, qīng sōng
east (n) 东方，东
dōng fāng, dōng
east (adj) 东方的
dōng fāng de
easy 容易的，安逸的
róng yì de, ān yì de
eat 吃，腐蚀 chī, fǔ shí
economy 经济，经济体系
jīng jì, jīng jì tǐ xì
economy class
经济舱，普通座位
jīng jì cāng, pǔ tōng zuò wèi
edge 刀口，利刃，优势
dāo kǒu, lì rèn, yōu shì
eel 美洲鳗
měi zhōu mán
egg 蛋，鸡蛋，卵
dàn, jī dàn, luǎn
either ... or 两者之一
liǎng zhě zhī yī
elastic (adj) 弹性的
tán xing de
elbow 肘 zhǒu
electric 电动的，电气
diàn dòng de, diàn qì
electrician 电工，电学家
diàn gōng, diàn xué jiā
electricity 电流，电，电学
diàn liú, diàn, diàn xué
elevator 电梯，升降机
diàn tī, shēng jiàng jī
embassy 大使馆
dà shǐ guǎn
emergency 紧急情况
jǐn jí qíng kuàng
emergency exit 紧急出口
jǐn jí chū kǒu
empty (adj) 空的 kōng de
empty (v) 腾空，腾出来
téng kōng, téng chū lái

ENGLISH → MANDARIN

end (n) 末端, 结束
mò duān, jié shù
engaged (occupied) (电话) 占线 (diàn huà) zhàn xiàn
engaged (to be married) 定婚 dìng hūn
engine 发动机, 机车
fā dòng jī, jī chē
engineer 工程师, 技师
gōng chéng shī, jì shī
England 英格兰, 英国
yīng gé lán, yīng guó
English (language) 英语
yīng yǔ
enjoy 享受 ... 的乐趣, 欣赏,喜爱 xiǎng shòu ... de lè qù,
xīn shǎng, xǐ ài
enough (adj) 足够的, 充足的
zú gòu de, chōng zú de
enough (n) 充足, 足够
chōng zú, zú gòu
enquiry 询问 xún wèn
enquiry desk 咨询台,问事处 zī xún tái, wèn shì chù
enter 进入, 登录 jìn rù, dēng lù
entrance 入口, 门口
rù kǒu, mén kǒu
entrance fee 入场费
rù chǎng fèi
envelope 信封, 封套
xìn fēng, fēng tào
epilepsy 癫痫症
diān xián zhèng
epileptic (n) 癫痫患者
diān xián huàn zhě
equipment 设备, 器材
shè bèi, qì cái
error 错误, 过失
cuò wù, guò shī
escalator 电动扶梯
diàn dòng fú tī
escape (n) 逃, 逃亡, 逃跑
táo, táo wáng, táo pǎo
escape (v) 逃脱, 避开, 溜走
táo tuō, bì kāi, liū zǒu
especially 特别 tè bié
essential 本质的, 实质的,基本的 běn zhì de, shí zhì de,
jī běn de

estate agent 房地产代理商
fáng dì chǎn dài lǐ shāng
Europe 欧洲 ōu zhōu
European (adj) 欧洲的,欧洲人的 ōu zhōu de,
ōu zhōu rén de
European (n) 欧洲人
ōu zhōu rén
even (adv) 甚至 (... 也),即使 shèn zhì (... yě), jí shǐ
evening 傍晚, 晚间
bàng wǎn, wǎn jiān
eventually 最后, 终于
zuì hòu, zhōng yú
every 每个的, 每隔 ... 的
měi gè de, měi gé ... de
everyone 每个人, 人人
měi gè rén, rén rén
everything 每件事物, 任何事
měi jiàn shì wù, rèn hé shì
everywhere 各处, 到处
gè chù, dào chù
exactly 精确地, 确切地
jīng què dì, què qiè dì
examination 考试, 检查
kǎo shì, jiǎn chá
example, for example 例子, 实例 lì zi, shí lì
excellent 卓越的, 极好的
zhuó yuè de, jí hǎo de
except 除了 ... 之外, 除非
chú le ... zhī wài, chú fēi
excess luggage 超重行李
chāo zhòng xíng li
exchange (n) 交流 jiāo liú
exciting 令人兴奋的
lìng rén xīng fèn de
exclude 把 ... 排除在外,不把 ... 包括在内 bǎ ...
pái chú zài wài, bù bǎ ...
bāo kuò zài nèi
excursion 游览, 短程旅行
yóu lǎn, duǎn chéng lǚ xíng
excuse (n) 致歉, 理由
zhì qiàn, lǐ yóu
excuse (v) 原谅 yuán liàng
Excuse me! 请您原谅!抱歉! qǐng nín yuán liàng!
bào qiàn!

exhaust pipe 排气管
pái qì guǎn
exhausted 耗尽的，疲惫的
hào jìn de, pí bèi de
exhibition 展览会，显示
zhǎn lǎn huì, xiǎn shì
exit (n) 出口，太平门
chū kǒu, tài píng mén
expect 期待，预期，盼望
qī dài, yù qī, pàn wàng
expenses 费用，开支
fèi yòng, kāi zhī
expensive 昂贵的 áng guì de
experienced 富有经验的
fù yǒu jīng yàn de
expire 期满，终止
qī mǎn, zhōng zhǐ
explain 解释，说明
jiě shì, shuō míng
explosion 爆发，爆炸
bào fā, bào zhà
export (v) 出口 chū kǒu
exposure 暴露，揭露，曝光
bào lù, jiē lù, pù guāng
express train 快速火车
kuài sù huǒ chē
extension 延长，扩充，范围
yán cháng, kuò chōng, fàn wéi
extension lead 延长任期
yán cháng rèn qī
extra 额外的 é wài de
extraordinary 非常的，
特别的 fēi cháng de, tè bié de
eye 眼睛，观点
yǎn jīng, guān diǎn
eye drops 滴眼剂，眼药水
dī yǎn jì, yǎn yào shuǐ
eye make-up remover
（卸眼妆用的）去除剂 (xiè yǎn
zhuāng yòng de) qù chú jì
eye shadow 眼影膏，眼睑膏
yǎn yīng gāo, yǎn jiǎn gāo

F

fabric 织物，布，结构，建筑物
zhī wù, bù, jié gòu, jiàn zhù wù
façade （房屋的）正面
（fáng wū de) zhèng miàn
face 脸，正面 liǎn, zhèng miàn

factory 工厂，制造厂
gōng chǎng, zhì zào chǎng
faint (n) 昏晕，昏倒
hūn yūn, hūn dǎo
faint (adj) 衰弱的，软弱的
shuāi ruò de, ruǎn ruò de
fair (fête) 商品展览会
shāng pǐn zhǎn lǎn huì
fair (hair colour) （头发）
金黄的 (tóu fa) jīn huáng de
fair (just) 公平地，公正地
gōng píng dì, gōng zhèng dì
fairly 公正地，正当的，公平地
gōng zhèng dì, zhèng dāng
de, gōng píng dì
fake (n) 假货，欺骗
jiǎ huò, qī piàn
fake (adj) 假的 jiǎ de
fall (v) 倒下，落下，下跌
dǎo xià, luò xià, xià diē
false 错误的 cuò wù de
family 家庭，家族
jiā tíng, jiā zú
famous 著名的，出名的
zhù míng de, chū míng de
fan 扇子，鼓风机
shàn zi, gǔ fēng jī
fanbelt 风扇皮带
fēng shàn pí dài
far (adj) 远的，久远的
yuǎn de, jiǔ yuǎn de
far (adv) 很远 hěn yuǎn
fare 费用，运费，车费
fèi yòng, yùn fèi, chē fèi
farm 农场，农庄
nóng chǎng, nóng zhuāng
farmer 农夫，农场主
nóng fū, nóng chǎng zhǔ
farmhouse 农舍，农家
nóng shě, nóng jiā
fashionable 流行的，
时髦的 liú xíng de,
shí máo de
fast (adv) 很快地
hěn kuài dì
fasten 扣住，拴紧
kòu zhù, shuān jǐn
fasten seatbelt 系上安全带
jì shàng ān quán dài

ENGLISH → MANDARIN

father 父亲, 长辈, 神父
fù qin, zhǎng bèi, shén fù
father-in-law 公公, 岳父
gōng gong, yuè fù
fault 过错, 缺点, 故障
guò cuò, quē diǎn, gù zhàng
faulty 有过失的, 有缺点的
yǒu guò shī de, yǒu quē diǎn de
favourite 特别喜爱的, 中意的
tè bié xǐ ài de, zhòng yì de
fax 传真 chuán zhēn
February 二月 èr yuè
feed 喂养 wèi yǎng
feel 感觉, 以为 gǎn jué,
yǐ wéi
feet 脚, 英尺 jiǎo, yīng chǐ
female 女性的, 雌的
nǚ xìng de, cí de
fence 栅栏 zhà lan
fender 防卫物, 挡泥板
fáng wèi wù, dǎng ní bǎn
ferry 摆渡, 渡船, 渡口
bǎi dù, dù chuán, dù kǒu
festival 节日, 喜庆日
jié rì, xǐ qìng rì
fetch 接来, 带来 jiē lái, dài lái
fever 发烧, 发热 fā shāo, fā rè
few, a few 很少数 (少许)
hěn shǎo shù (shǎo xǔ)
fiancé, fiancée 未婚夫,
未婚妻 wèi hūn fū, wèi hūn qī
field 原野 yuán yě
fight (n) 打架, 战斗
dǎ jià, zhàn dòu
fight (v) 打仗, 搏斗, 打架
dǎ zhàng, bó dòu, dǎ jià
file (folder) 文件, 档案
(文件夹) wén jiàn, dàng àn
(wén jiàn jiā)
file (tool) 锉刀 cuò dāo
file (v) 锉 cuò
fill (v) 填充 tián chōng
fill in 填充, 填写, 填满
tián chōng, tián xiě, tián mǎn
fill up 填补, 装满, 淤积
tián bǔ, zhuāng mǎn, yū jī
fillet 肉片 ròu piàn
filling (sandwich) 三明治馅
sān míng zhì xiàn

filling (tooth) 补牙填料
bǔ yá tián liào
film (n) 胶卷 jiāo juǎn
film processing 底片处理
dǐ piàn chù lǐ
filter (n) 过滤器 guò lǜ qì
filthy 不洁的 bù jié de
find 找到, 发现, 查明
zhǎo dào, fā xiàn, chá míng
fine (adj) 美好的 měi hǎo de
fine (n) 罚金 fá jīn
finger 手指 shǒu zhǐ
finish (v) 完成, 结束
wán chéng, jié shù
fire (n) 火, 火灾 huǒ,
huǒ zāi
fire brigade 消防队
xiāo fáng duì
fire exit 安全出口
ān quán chū kǒu
fire extinguisher 灭火器
miè huǒ qì
first, at first 开始, 最初, 第一
kāi shǐ, zuì chū, dì yī
first aid (对伤患者的) 急救
(duì shāng huàn zhě de) jí jiù
first-aid kit 急救箱 (包)
jí jiù xiāng (bāo)
first class 一流的 yī liú
first floor 第二层楼, 二楼
dì èr céng lóu, èr lóu
first name 教名, 名字
jiào míng, míng zi
fish (n) 鱼, 鱼肉 yú, yú ròu
fishing permit 钓鱼, 捕鱼
许可证 (diào yú, bǔ yú)
xǔ kě zhèng
fishing rod 钓鱼竿
diào yú gān
fishmonger's 鱼贩, 鱼商
yú fàn, yú shāng
fit (healthy) 合适的, 恰当的
hé shì de, qià dāng de
fitting room 试衣间
shì yī jiān
fix (v) 固定, 修理, 安装
gù dìng, xiū lǐ, ān zhuāng
flash (of lightning) 闪电
shǎn diàn

flashlight 手电筒
shǒu diàn tǒng

flask 长颈瓶 cháng jǐng píng

flat (adj) 平坦的, 扁平的
píng tǎn de, biǎn píng de

flat battery 电量极低的电池
diàn liàng jí dī de diàn chí

flat tyre 没气的轮胎
méi qì de lún tāi

flavour 滋味 zī wèi

flaw 缺点, 裂纹, 瑕疵
quē diǎn, liè wén, xiá cī

flea 跳蚤, 低廉的旅馆
tiào zao, dī lián de lǚ guǎn

flight 飞行, 班机
fēi xíng, bān jī

flip flops 翻筋斗 fān jīn dǒu

flippers 橡皮脚掌, 脚蹼
xiàng pí jiǎo zhǎng, jiǎo pǔ

flood 洪水 hóng shuǐ

floor (of room) 地面, 地板
dì miàn, dì bǎn

floor (storey) (建) 层
(jiàn) céng

florist 种花人 zhòng huā rén

flour 面粉 miàn fěn

flower 花, 花卉 huā, huā huì

flu 流感 liú gǎn

fluent 流利的, 流畅的
liú lì de, liú chàng de

fly (n) 苍蝇 cāng ying

fly (v) 飞翔 fēi xiáng

fog 雾, 烟雾, 尘雾
wù, yān wù, chén wù

folk 人们, 亲属, 民族
rén men, qīn shǔ, mín zú

food 食物, 养料
shí wù, yǎng liào

food poisoning 食物中毒
shí wù zhòng dú

food shop 食品商店
shí pǐn shāng diàn

foot 脚, 英尺 jiǎo, yīng chǐ

football 足球, 橄榄球
zú qiú, gǎn lǎn qiú

football match 足球, 橄榄球
zú qiú, gǎn lǎn qiú

footpath 人行道, 小路
rén xíng dào, xiǎo lù

for 为了, 因为, 对于
wèi le, yīn wéi, duì yú

forbidden 禁止的, 严禁的
jìn zhǐ de, yán jìn de

forehead 前额 qián é

foreign 外国的 wài guó de

foreigner 外国人, 外地人
wài guó rén, wài dì rén

forest 森林 sēn lín

forget 忘记, 忽略
wàng jì, hū luè

fork 叉形物 chā xíng wù

form (document) 表格
biǎo gé

form (shape) 形状, 形式
xíng zhuàng, xíng shì

formal 正式的, 合礼仪的
zhèng shì de, hé lǐ yí de

fortnight 两星期
liǎng xīng qī

fortress 堡垒, 要塞
bǎo lěi, yào sài

fortunately 幸运地
xìng yùn dì

fountain 泉水 quán shuǐ

four-wheel drive 四轮驱动
汽车 sì lún qū dòng qì chē

fox 狐狸, 狐皮 hú li, hú pí

fracture (n) 破裂, 骨折
pò liè, gǔ zhé

frame (n) 结构 jié gòu

free 自由的, 免费的
zì yóu de, miǎn fèi de

freelance 自由作家, 自由记者
zì yóu zuò jiā, zì yóu jì zhě

freeway 高速公路
gāo sù gōng lù

freezer 冰箱 bīng xiāng

frequent 时常发生的
shí cháng fā shēng de

fresh 新鲜的, 生的
xīn xiān de, shēng de

Friday 星期五 xīng qī wǔ

fridge 电冰箱 diàn bīng xiāng

fried 油炸的 yóu zhá de

friend 朋友 péng you

friendly 友好的, 友谊的
yǒu hǎo de, yǒu yí de

frog 青蛙 qīng wā

from (origin) 来自, 由于
  lái zì, yóu yú
from (time) 从, 今后
  cóng, jīn hòu
front 前面, 开头
  qián mian, kāi tóu
frost 霜冻 shuāng dòng
frozen 冻结的, 冷冰的
  dòng jié de, lěng bīng de
fruit 水果, 果实, 果类
  shuǐ guǒ, guǒ shí, guǒ lèi
fruit juice 果汁 guǒ zhī
fry (v) 油炸, 油煎
  yóu zhá, yóujiān
fry pan 油炸锅 yóu zhá guō
fuel 燃料 rán liào
fuel gauge 燃油表, 油量计
  rán yóu biǎo, yóu liàng jì
full 充满的, 完全的, 详尽的
  chōng mǎn de, wán quán de,
  xiáng jìn de
full board 全膳, 供应三餐饭
  quán shàn, gōng yìng sān
  cān fàn
fun 娱乐, 玩笑, 嬉笑
  yú lè, wán xiào, xī xiào
funeral 葬礼, 出殡
  zàng lǐ, chū bìn
funicular 索道 suǒ dào
funny 有趣的, 滑稽的,
  奇异的 yǒu qù de, huá jī de,
  qí yì de
fur 毛皮, 毛 máo pí, máo
fur coat 毛皮外套 (大衣)
  máo pí wài tào (dà yī)
furniture 家具 jiā jù
further 更远的, 更多的
  gèng yuǎn de, gèng duō de
fuse 保险丝 bǎo xiǎn sī

G
gallery 美术陈列室, 画廊,
  图库 měi shù chén liè shì,
  huà láng, tú kù
gallon 加仑 jiā lún
game 比赛, 游戏, 运动会
  bǐ sài, yóu xì, yùn dòng huì
garden 花园 huā yuán
garlic 大蒜 dà suàn

gas 气体, 煤气, 毒气, 汽油
  qì tǐ, méi qì, dú qì, qì yóu
gas cooker 煤气炉 méi qì lú
gate 大门 dà mén
gay (adj) 同性恋的
  tóng xìng liàn de
gay (n) 同性恋者
  tóng xìng liàn zhě
gay bar 同性恋酒吧
  tóng xìng liàn jiǔ bā
gear 齿轮, 传动装置 chǐ lún,
  chuán dòng zhuāng zhì
gear lever 变速杆
  biàn sù gǎn
gearbox 变速箱
  biàn sù xiāng
general 普通, 将军, 概要
  pǔ tōng, jiāng jūn, gài yào
generous 慷慨的, 大方的
  kāng kǎi de, dà fang de
gents' toilet 男厕 (洗手间)
  nán cè (xǐ shǒu jiān)
genuine 真实的, 真正的,
  诚恳的 zhēn shí de, zhēn
  zhèng de, chéng kěn de
German measles
  风疹 fēng zhěn
get 获得, 变成
  huò dé, biàn chéng
get off 下来, 脱下, 开始
  xià lái, tuō xià, kāi shǐ
get on 融洽相处, 进展
  róng qià xiāng chǔ, jìn zhǎn
get up 起床 qǐ chuáng
gift 赠品, 礼物 zèng pǐn, lǐ wù
girl 女孩, 少女 nǚ hái, shào nǚ
girlfriend 女朋友
  nǚ péng you
give 给, 授予, 捐助
  gěi, shòu yǔ, juān zhù
give back 归还, 恢复, 后退
  guī huán, huī fù, hòu tuì
glacier 冰河 bīng hé
glad 高兴的, 乐意的
  gāo xìng de, lè yì de
glass (tumbler) 玻璃杯
  bō li bēi
glasses (spectacles)
  眼镜 yǎn jìng

gloomy 黑暗的, 阴沉的
hēi àn de, yīn chén de
glove (n) 手套 shǒu tào
glue (n) 胶, 胶水
jiāo, jiāo shuǐ
glue (v) 粘合 zhān hé
go 离去, 走 lí qù, zǒu
go (by car) 开车去
kāi chē qù
go (on foot) 走路去
zǒu lù qù
go away 走开 zǒu kāi
go back 回去 huí qù
goat 山羊 shān yáng
God 神, 上帝, 神像
shén, shàng dì, shén xiàng
goggles 护目镜 hù mù jìng
gold (n) 黄金, 金币
huáng jīn, jīn bì
golf club (place) 高尔夫球
俱乐部 gāo ěr fū qiú jù lè bù
golf club (stick)
高尔夫球杆
gāo ěr fū qiú gǎn
golf course 高尔夫球场
gāo ěr fū qiú chǎng
good (n) 好, 好事
hǎo, hǎo shì
good (adj) 优良的, 上等的
yōu liáng de, shàng děng de
good afternoon 下午好
xià wǔ hǎo
good day 好日子 hǎo rì zi
good evening 晚上好
wǎn shang hǎo
good luck 祝您好运
zhù nín hǎo yùn
good morning 早晨好,
上午好 zǎo chén hǎo,
shàng wǔ hǎo
good night 晚安 wǎn ān
goodbye 再见 zài jiàn
goose 鹅, 雌鹅 é, cí é
Gothic 哥特式的 gē tè shì de
government 政府 zhèng fǔ
gradually 逐渐地 zhú jiàn dì
gram 克 kè
grammar 语法, 文法
yǔ fǎ, wén fǎ

grand 雄伟的, 壮丽的, 盛大的
xióng wěi de, zhuàng lì de,
shèng dà de
granddaughter 孙女,
外孙女 sūn nǚ, wài sūn nǚ
grandfather 祖父, 外祖父
zǔ fù, wài zǔ fù
grandmother 祖母, 外祖母
zǔ mǔ, wài zǔ mǔ
grandparent 祖父母, 外祖
父母 zǔ fù mǔ, wài zǔ fù mǔ
grandson 孙子, 外孙子
sūn zi, wài sūn zi
grapes 葡萄, 葡萄树
pú tao, pú tao shù
grass 草 cǎo
grated 搓碎的 cuō suì de
grateful 感激的, 感谢的
gǎn jī de, gǎn xiè de
gravy 肉汁, 肉汤
ròu zhī, ròu tāng
greasy 多脂的, 油污的
duō zhī de, yóu wū de
great 伟大的, 大的, 重大的
wěi dà de, dà de, zhòng dà de
Great Britain 英国 yīng guó
green (n) 绿色 lù sè
green (adj) 绿色的 lù sè de
greengrocer's 蔬菜水果商
shū cài shuǐ guǒ shāng
greeting 祝贺, 问候
zhù hè, wèn hòu
grey 灰色的, 灰白的
huī sè de, huī bái de
grilled 烤的 kǎo de
ground (n) 地面, 土地
dì miàn, tǔ dì
ground (adj) 土地的,
地面上的 tǔ dì de,
dì miàn shàng de
ground floor 首层楼, 一楼
shǒu céng lóu, yī lóu
group 团体, 组 tuán tǐ, zǔ
guarantee 保证书, 担保
bǎo zhèng shū, dān bǎo
guard (n) 守卫, 警戒
shǒu wèi, jǐng jiè
guest 客人, 来宾, 旅客
kè rén, lái bīn, lǚ kè

guesthouse 私人家庭旅店
sī rén jiā tíng lǚ diàn
guide (n) 导游, 向导, 指南
dǎo yóu, xiàng dǎo, zhǐ nán
guide book 指南, 指导书
zhǐ nán, zhǐ dǎo shū
guided tour 有导游的旅游
yǒu dǎo yóu de lǚ yóu
guitar 吉他, 六弦琴
jí tā, liù xián qín
gun 枪 qiāng
gym 体育馆, 体操
tǐ yù guǎn, tǐ cāo

H
hail (n) 冰雹 bīng báo
hair 头发, 毛发 tóu fà, máo fà
hairbrush 发刷 fà shuā
haircut 理发 lǐ fà
hairdresser (为女子做发的)
理发师, 美容师 (wèi nǚ zǐ zuò
fà de) lǐ fà shī, měi róng shī
hairdresser's 理发店
lǐ fà diàn
hairdryer 吹风机 chuī fēng jī
half (n) 一半 yí bàn
half (adj) 一半的 yí bàn de
hall 会堂 huì táng
ham 火腿 huǒ tuǐ
hamburger 汉堡包
hàn bǎo bāo
hammer 铁锤, 锤子
tiě chuí, chuí zi
hand 手 shǒu
hand luggage 手提行李
shǒu tí xíng li
handbag 手提包, 手袋
shǒu tí bāo, shǒu dài
handbrake 手闸 shǒu zhá
handicapped (n) 残疾人
cán jí rén
handkerchief 手帕 shǒu pà
handle (n) 柄, 把手
bǐng, bǎ shǒu
handle (v) 处理 chǔ lǐ
handmade 手工的
shǒu gōng de
handsome 英俊的, 大方的
yīng jùn de, dà fang de

hang up (phone) (电话)
挂机 (diàn huà) guà jī
hanger 衣架 yī jià
hang-gliding 滑动悬挂的
huá dòng xuán guà de
hangover 残留, 遗物
cán liú, yí wù
happen 发生, 碰巧, 偶然
fā shēng, pèng qiǎo, ǒu rán
happy 快乐的, 幸福的
kuài lè de, xìng fú de
Happy New Year!
新年快乐! xīn nián kuài lè!
harbour 海港 hǎi gǎng
hard 硬的, 困难的
yìng de, kùn nan de
hard disk 硬盘 yìng pán
hardly 几乎不, 简直不
jī hū bù, jiǎn zhí bù
hardware shop 五金店,
电脑配件商店 wǔ jīn diàn,
diàn nǎo pèi jiàn shāng diàn
harvest (n) 收获, 收成
shōu huò, shōu cheng
hat 帽子 mào zi
have 有, 持有 yǒu, chí yǒu
have to 不得不, 只好
bù dé bù, zhǐ hǎo
hay fever 花粉热 huā fěn rè
hazelnut 榛子 zhēn zi
he 他 tā
head (n) 头, 领袖
tóu, lǐng xiù
head (adj) 主要的
zhǔ yào de
headache 头痛 tóu tòng
headlight/s 前灯, 桅灯
qián dēng, wéi dēng
headphones 听筒, 耳机
tīng tǒng, ěr jī
health food shop
保健食品商店
bǎo jiàn shí pǐn shāng diàn
healthy 健康的 jiàn kāng de
hear 听到, 听说
tīng dào, tīng shuō
hearing aid 助听器
zhù tīng qì
heart 心, 心脏 xīn, xīn zàng

ENGLISH → MANDARIN

heart attack 心脏病发作
xīn zàng bìng fā zuò
heartburn 心痛，妒忌
xīn tòng, dù jì
heat (n) 热，热度 rè, rè dù
heat (v) 加热 jiā rè
heater 加热器，发热器
jiā rè qì, fā rè qì
heating (n) 暖气 nuǎn qì
heavy 重的，沉重的
zhòng de, chén zhòng de
heel 脚后跟，踵
jiǎo hòu gēn, zhǒng
height 高度，高地
gāo dù, gāo dì
helicopter 直升机
zhí shēng jī
helmet 头盔，钢盔
tóu kuī, gāng kuī
help (n) 帮忙 bāng máng
help (v) 救命 jiù mìng
hem 边，缘 biān, yuán
her 她的，她 tā de, tā
herbal tea 香草茶
xiāng cǎo chá
herbs 药草，香草
yào cǎo, xiāng cǎo
here 在这里，此时
zài zhè lǐ, cǐ shí
hernia 疝气，脱肠
shàn qì, tuō cháng
hide 兽皮，皮革 shòu pí,
pí gé
high 高的，昂贵的
gāo de, áng guì de
high blood pressure
高血压 gāo xuè yā
high chair 高脚椅子
gāo jiǎo yǐ zi
him 他 tā
hip 臀部，屁股，屋脊
tún bù, pì gu, wū jǐ
hip replacement 翻修屋顶
fān xiū wū dǐng
hire (n) 租用，雇用
zū yòng, gù yòng
hire (v) 雇请 gù qǐng
hire car 租车 zū chē
his 他的 tā de

historic 历史上著名的
lì shǐ shàng zhù míng de
history 历史，历史学
lì shǐ, lì shǐ xué
hit (n) 打击，打，碰撞
dǎ jī, dǎ, pèng zhuàng
hitchhike 搭便车 dā biàn chē
hold (v) 握住，拿着
wò zhù, ná zhe
hold (n) 把握 bǎ wò
hole 洞，孔 dòng, kǒng
holidays 在假日，每逢假日
zài jià rì, měi féng jià rì
holy 神圣的，圣洁的
shén shèng de, shèng jié de
home 家，住宅，家乡
jiā, zhù zhái, jiā xiāng
homesick 想家的
xiǎng jiā de
homosexual (n) 同性恋
tóng xìng liàn
honest 诚实的，正直的
chéng shí de, zhèng zhí de
honey 蜂蜜 fēng mì
honeymoon (n) 蜜月
mì yuè
honeymoon (v) 度蜜月
dù mì yuè
hood (car) 汽车罩 (车衣)
qì chē zhào (chē yī)
hood (garment) 衣服罩
yī fu zhào
hope (n) 希望 xī wàng
hope (v) 盼望，期待
pàn wàng, qī dài
hopefully 有希望的
yǒu xī wàng de
horn (animal) 角，触角
jiǎo, chù jiǎo
horn (car) 喇叭 lǎ ba
horse 马 mǎ
horse racing 赛马 sài mǎ
horse riding 马术，骑术
mǎ shù, qí shù
hose pipe 自来水管
zì lái shuǐ guǎn
hospital 医院 yī yuàn
hospitality 好客，盛情
hào kè, shèng qíng

ENGLISH → MANDARIN

hostel 宿舍, 旅店
sù shè, lǚ diàn

hot 热的, 辣的
rè de, là de

hot spring 温泉 wēn quán

hot-water bottle 暖水瓶
nuǎn shuǐ píng

hour 小时, 钟头
xiǎo shí, zhōng tóu

hourly 每小时的
měi xiǎo shí de

house 房子, 住宅, 库房
fáng zi, zhù zhái, kù fáng

house wine 家酿葡萄酒
jiā niàng pú tao jiǔ

housework 家务事
jiā wù shì

hovercraft 气垫船
qì diàn chuán

how 怎样, 如何, 多少
zěn yàng, rú hé, duō shao

How are you?
你好吗? nǐ hǎo ma?

How do you do?
你好 nǐ hǎo

How many? 多少? 几个?
duō shǎo? jǐ gè?

How much is it? 这 (那)
多少钱? zhè (nà) duō
shǎo qián?

humid 潮湿的 cháo shī de

humour 幽默, 诙谐
yōu mò, huī xié

hungry 饥饿的 jī è de

hunt (n) 打猎, 猎取, 搜寻
dǎ liè, liè qǔ, sōu xún

hunting permit
狩猎许可证
shòu liè xǔ kě zhèng

hurry (v) 赶紧, 加速
gǎn jǐn, jiā sù

hurt (n) 伤痛, 伤害
shāng tòng, shāng hài

husband 丈夫 zhàng fū

hydrofoil 水翼, 水翼艇
shuǐ yì, shuǐ yì tǐng

hypodermic needle
皮下注射针头
pí xià zhù shè zhēn tóu

I

I 我 wǒ

ice 冰 bīng

ice cream 冰激凌
bīng jī líng

ice rink 溜冰场
liū bīng chǎng

ice skates 冰鞋 bīng xié

iced coffee 冰咖啡
bīng kā fēi

idea 想法, 主意
xiǎng fǎ, zhú yi

identity card 身份证
shēn fèn zhèng

if 如果, 要是 rú guǒ, yào shì

if not 如果不 rú guǒ bù

ignition 点火, 点燃
diǎn huǒ, diǎn rán

ignition key 点火开关
diǎn huǒ kāi guān

ill 有病的, 生病
yǒu bìng de, shēng bìng

illness 疾病, 生病
jí bìng, shēng bìng

immediately 立即, 马上
lì jí, mǎ shàng

important 重要的, 重大的
zhòng yào de, zhòng dà de

impossible 不可能的
bù kě néng de

improve 改善, 改进
gǎi shàn, gǎi jìn

in 在 ... 之内 (上), 在 ... 期间,
从事于, 符合, 穿着 zài ... zhī
nèi (shàng), zài ... qī jiān,
cóng shì yú, fú hé, chuān zhe

inch 英寸 yīng cùn

included 包括的, 内藏的
bāo kuò de, nèi cáng de

inconvenience 麻烦,
不方便之处 má fan, bù fāng
biàn zhī chù

incredible 难以置信的
nán yǐ zhì xìn de

indicator 指示器, (化)
指示剂 zhǐ shì qì, (huà)
zhǐ shì jì

indigestion 消化不良
xiāo huà bù liáng

indoor pool 室内游泳池
shì nèi yóu yǒng chí
indoors 在户内 zài hù nèi
infection 传染, 传染病
chuán rǎn, chuán rǎn bìng
infectious 有传染性的
yǒu chuán rǎn xìng de
inflammation 炎症, 发炎
yán zhèng, fā yán
inflate (通货) 膨胀
(tōng huò) péng zhàng
informal 不正式的
bú zhèng shì de
information 情报, 资料, 信息
qíng bào, zī liào, xìn xī
ingredient 成分, 因素
chéng fèn, yīn sù
injection 注射, 打针
zhù shè, dǎ zhēn
injured 受伤的 shòu shāng de
injury 伤害, 侮辱
shāng hài, wǔ rǔ
ink 墨水 mò shuǐ
in-laws 姻亲, 亲家
yīn qīn, qìng jia
inn 小旅馆, 客栈
xiǎo lǚ guǎn, kè zhàn
inner tube (轮胎的) 内胎
(lún tāi de) nèi tāi
insect 昆虫 kūn chóng
insect bite 虫咬 chóng yǎo
insect repellent (驱)
杀虫剂 (qū) shā chóng jì
inside (n) 里面, 内部
lǐ miàn, nèi bù
inside (adj) 内部的
nèi bù de
inside (adv) 在里面
zài lǐ miàn
insomnia 失眠, 失眠症
shī mián, shī mián zhèng
inspect 检查, 视察
jiǎn chá, shì chá
instant coffee 速溶咖啡
sù róng kā fēi
instead 代替, 改为, 抵作,
更换 dài tì, gǎi wéi, dǐ zuò,
gēng huàn
insulin 胰岛素 yí dǎo sù

insurance 保险, 保险业
bǎo xiǎn, bǎo xiǎn yè
intelligent 聪明的
cōng míng de
intend 想要, 打算
xiǎng yào, dǎ suan
interesting 有趣味的
yǒu qù wei de
international 国际的, 世界的
guó jì de, shì jiè de
interpreter 口译员, 讲解员
kǒu yì yuán, jiǎng jiě yuán
intersection 十字路口
shí zì lù kǒu
interval 间隔, 距离
jiàn gé, jù lí
into 里, 进入到 ... 之内
dào ... lǐ, jìn rù dào ... zhī nèi
introduce 介绍, 引进
jiè shào, yǐn jìn
investigation 调查, 研究
diào chá, yán jiū
invitation 邀请, 招待
yāo qǐng, zhāo dài
invite 邀请 yāo qǐng
invoice (n) 发票, 发货单
fā piào, fā huò dān
Ireland 爱尔兰 ài ěr lán
iron (appliance) 熨斗, 烙铁
yùn dǒu, lào tiě
iron (metal) 镣铐, 手铐
liào kào, shǒu kào
iron (v) 烫平, 熨
tàng píng, yùn
ironing board 熨衣板
yùn yī bǎn
ironmonger's 铁器商,
五金商 tiě qì shāng,
wǔ jīn shāng
is 是 shì
island 岛, 岛屿 dǎo, dǎo yǔ
it 它 tā
itch (n) 发痒 fā yǎng

J
jack (car) 起重器, 千斤顶
qǐ zhòng qì, qiān jīn dǐng
jacket 短上衣, 夹克
duǎn shàng yī, jiá kè

jam 果酱, 拥挤, 堵塞
　　guǒ jiàng, yōng jǐ, dǔ sè
jammed 被卡住的
　　bèi kǎ zhù de
January 一月 yī yuè
jar 震动, 刺耳声, 震惊 zhèn
　　dòng, cì ěr shēng, zhèn jīng
jaundice 黄疸病
　　huáng dǎn bìng
jealous 妒忌的, 嫉妒的
　　dù jì de, jì dù de
jelly 果子冻 guǒ zi dòng
jellyfish 水母 shuǐ mǔ
jersey 针织运动衫, 毛衣 zhēn
　　zhī yùn dòng shān, máo yī
Jew 犹太人, 犹太教徒
　　yóu tài rén, yóu tài jiào tú
Jewish 犹太人的, 犹太族的
　　yóu tài rén de, yóu tài zú de
jeweller 珠宝商, 宝石匠
　　zhū bǎo shāng, bǎo shí jiàng
jewellery 珠宝 zhū bǎo
job 工作 gōng zuò
jog (n) 轻推, 轻撞, 漫步
　　qīng tuī, qīng zhuàng, màn bù
join 连接, 结合, 参加, 加入
　　lián jiē, jié hé, cān jiā, jiā rù
joint (n) 接合处, 接合点
　　jiē hé chù, jiē hé diǎn
joint (adj) 共同的, 联合的
　　gòng tóng de, lián hé de
joke (n) 笑话, 玩笑
　　xiào hua, wán xiào
journey (n) 旅行, 旅程
　　lǚ xíng, lǚ chéng
journey (v) 旅行 lǚ xíng
joy 欢乐, 喜悦, 快乐
　　huān lè, xǐ yuè, kuài lè
judge (n) 法官, 审判员,
　　鉴赏家 fǎ guān, shěn pàn
　　yuán, jiàn shǎng jiā
jug 水壶 shuǐ hú
juice (水果) 汁, 液
　　(shuǐ guǒ) zhī, yè
July 七月 qī yuè
jump (v) 跳, 跃 tiào, yuè
jumper 妇女穿的套头外衣,
　　工作服 fù nǚ chuān de tào
　　tóu wài yī, gōng zuò fú

junction 连接, 交叉点, 汇合处
　　lián jiē, jiāo chā diǎn, huì hé chù
June 六月 liù yuè
just (fair) 正义的, 公正的,
　　正确的 zhèng yì de, gōng
　　zhèng de, zhèng què de
just (only) 正好, 仅仅, 刚才
　　zhèng hǎo, jǐn jǐn, gāng cái

K

keep (v) 保持, 保存
　　bǎo chí, bǎo cún
Keep the change!
　　零钱不用找了!
　　líng qián bú yòng zhǎo le!
kettle 壶, 罐 hú, guàn
key 钥匙, 关键
　　yào shi, guān jiàn
key ring 钥匙环 (链)
　　yào shi huán (liàn)
kick 踢 tī
kidney 肾, 腰子 shèn, yāo zi
kill 杀死, 毁掉 shā sǐ, huǐ diào
kilo 公斤 gōng jīn
kilogram 千克 qiān kè
kilometre 公里 gōng lǐ
kind (n) 种类, 性质
　　zhǒng lèi, xìng zhì
kind (adj) 仁慈的, 亲切的
　　rén cí de, qīn qiè de
king 国王, 君主
　　guó wáng, jūn zhǔ
kiosk 亭子 tíng zi
kiss (n) 吻 wěn
kiss (v) 吻, 轻拂 wěn,
　　qīng fú
kitchen 厨房 chú fáng
kitchenette 小厨房
　　xiǎo chú fáng
knee 膝, 膝盖 xī, xī gài
knickers 短裤, 灯笼裤
　　duǎn kù, dēng long kù
knife 刀, 餐刀 dāo, cān dāo
knit 编织, 密接 biān zhī, mì jiē
knitting needle 编织针
　　biān zhī zhēn
knitwear 针织品 zhēn zhī pǐn
knock 敲, 敲打, 敲击
　　qiāo, qiāo dǎ, qiāo jī

knock down 击倒, 拆卸,
拍卖出 jī dǎo, chāi xiè,
pāi mài chū
knock over 打翻, 搜查, 吃掉
dǎ fān, sōu chá, chī diào
know 知道, 了解, 认识
zhī dào, liáo jiě, rèn shi

L

label (n) 标签, 标志
biāo qiān, biāo zhì
lace 饰带, 缕带, 鞋带
shì dài, duàn dài, xié dài
ladder 梯子, 阶梯 tī zi, jiē tī
ladies' toilet 女厕所,
女洗手间 nǔ cè suǒ,
nǔ xǐ shǒu jiān
ladies' wear 女服 (装)
nǔ fú (zhuāng)
lady 女士, 夫人, 小姐
nǔ shì, fū rén, xiǎo jiě
lager 淡啤酒 dàn pí jiǔ
lake 湖 hú
lamb 小羊, 羔羊
xiǎo yáng, gāo yáng
lamp 灯 dēng
land 陆地, 国土 lù dì, guó tǔ
landlady 女房东, 老板娘
nǔ fáng dōng, lǎo bǎn niáng
landlord 房东, 老板
fáng dōng, lǎo bǎn
landslide 山崩 shān bēng
lane 小路, 巷, 里弄
xiǎo lù, xiàng, lǐ nòng
language 语言, 语言文学
yǔ yán, yǔ yán wén xué
language course 语言课程
yǔ yán kè chéng
large 大的, 巨大的
dà de, jù dà de
last (adj) 最后的, 临终的
zuì hòu de, lín zhōng de
last (v) 持续, 维持
chí xù, wéi chí
last night 昨晚 zuó wǎn
late (adj) 迟的, 新近的
chí de, xīn jìn de
late (adv) 晚, 迟, 最近
wǎn, chí, zuì jìn

later (adj) 更迟的, 更后的
gèng chí de, gèng hòu de
later (adv) 稍后, 随后
shāo hòu, suí hòu
laugh (n) 笑声 xiào shēng
laugh (vi) 笑 xiào
launderette
(装有投币洗衣机的) 洗衣店
(zhuāng yǒu tóu bì xǐ yī jī de)
xǐ yī diàn
laundromat 自助洗衣店
zì zhù xǐ yī diàn
laundry 洗衣店 xǐ yī diàn
lavatory 厕所 cè suǒ
law 法律, 法学 fǎ lǜ, fǎ xué
lawyer 律师 lǜ shī
laxative (adj) 放松的
fàng sōng de
lazy 懒惰的 lǎn duò de
lead (n) 领导, 领先
lǐng dǎo, lǐng xiān
lead (v) 领导, 引导
lǐng dǎo, yǐn dǎo
lead-free 无铅的 wú qiān de
leaf 叶, 树叶 yè, shù yè
leaflet 传单, 单页宣传品
chuán dān, dān yè xuān
chuán pǐn
leak (n) 漏洞, 漏, 泄漏
lòu dòng, lòu, xiè lòu
leak (v) 漏, 泄漏 lòu, xiè lòu
learn 学习, 听到, 获悉
xué xí, tīng dào, huò xī
lease (n) 租借, 租约
zū jiè, zū yuē
lease (v) 出租 chū zū
leather 皮革 pí gé
leave (v) 离开, 动身, 剩下,
委托 lí kāi, dòng shēn,
shèng xià, wěi tuō
leek 韭, 青蒜, 韭葱
jiǔ, qīng suàn, jiǔ cōng
left (adj) 左边的, 左侧的
zuǒ bian de, zuǒ cè de
left-hand drive (汽车) 左侧
驾驶 (qì chē) zuǒ cè jià shǐ
left-handed 惯用左手的,
左撇子 guàn yòng zuǒ shǒu
de, zuǒ piě zi

leg 腿 tuǐ
lemon 柠檬 níng méng
lemonade 柠檬水
 níng méng shuǐ
lend 借给, 贷(款)
 jiè gěi, dài (kuǎn)
lens 透镜, 镜头
 tòu jìng, jìng tóu
lenses (凹凸) 镜片, 一组透镜
 (āo tū) jìng piàn, yì zǔ tòu jìng
lentil 小扁豆 xiǎo biǎn dòu
lesbian 女性同性恋者
 nǚ xìng tóng xìng liàn zhě
less (adj) 少的, 小的
 shǎo de, xiǎo de
lesson 功课, (一节)课, 课程
 gōng kè, (yì jié) kè, kè chéng
let (allow) … 让 …
 … ràng …
let (hire) 出租 chū zū
letter 文字, 字母, 信函
 wén zì, zì mǔ, xìn hán
letterbox 邮筒, 邮政信箱
 yóu tǒng, yóu zhèng xìn xiāng
lettuce 莴苣, 生菜
 wō jù, shēng cài
level crossing 平面交叉
 (路口) píng miàn jiāo chā
 (lù kǒu)
lever 杆, 杠杆 gǎn, gàng gǎn
library 图书馆, 藏书室
 tú shū guǎn, cáng shū shì
licence 执照, 许可证
 zhí zhào, xǔ kě zhèng
lid 盖子, 眼睑 gài zi, yǎn jiǎn
lie (v) 躺, 平放 tǎng, píng fàng
lie (n) 谎话, 谎言
 huǎng huà, huǎng yán
lie down 躺下 tǎng xià
life 生命, 生活
 shēng mìng, shēng huó
life belt 安全带 ān quán dài
life insurance 人寿保险
 rén shòu bǎo xiǎn
life jacket 救生衣 jiù shēng yī
lifeguard 救生员
 jiù shēng yuán
lift (n) 电梯, 搭车
 diàn tī, dā chē

light (colour) 浅色的, 淡色的
 qiǎn sè de, dàn sè de
light (weight) 轻的 qīng de
light (n) 光, 日光, 发光体
 guāng, rì guāng, fā guāng tǐ
light (v) 点火, 点燃
 diǎn huǒ, diǎn rán
light bulb 灯泡 dēng pào
lightning 闪电 shǎn diàn
like (adj) 相似的, 同样的
 xiāng sì de, tóng yàng de
like (v) 喜欢, 希望
 xǐ huan, xī wàng
lime 酸橙, 石灰
 suān chéng, shí huī
line 绳, 线路 shéng, xiàn lù
linen 亚麻布 yà má bù
lingerie 妇女贴身内衣
 fù nǚ tiē shēn nèi yī
lion 狮子 shī zi
lipstick 口红, 唇膏
 kǒu hóng, chún gāo
liqueur 利口酒 lì kǒu jiǔ
list 目录, 名单, 明细表
 mù lù, míng dān, míng xì biǎo
listen 听, 收听 tīng, shōu tīng
litre 升 (容量单位)
 shēng (róng liàng dān wèi)
litter (n) 垃圾 lā jī
little 很少的, 小的
 hěn shǎo de, xiǎo de
live (v) 活着, 生活
 huó zhe, shēng huó
lively 活泼的, 活跃的
 huó po de, huó yuè de
liver 肝脏 gān zàng
living room 客厅, 起居室
 kè tīng, qǐ jū shì
loaf 一条面包 yì tiáo miàn bāo
lobby 大厅, 休息室
 dà tīng, xiū xi shì
lobster 龙虾 lóng xiā
local 地方的, 当地的, 局部的
 dì fang de, dāng dì de, jú bù de
lock (n) 锁 suǒ
lock (v) 锁上, 锁住
 suǒ shàng, suǒ zhù
lock in 把 … 关 (锁) 在里面
 bǎ … guān (suǒ) zài lǐ miàn

ENGLISH → MANDARIN

lock out 把 ... 关在外面
bǎ ... guān zài wài miàn
locked in 固定不变的
gù dìng bú biàn de
locker 有锁的存物柜
yǒu suǒ de cún wù guì
lollipop 棒棒糖
bàng bàng táng
long 长的，长期的
cháng de, cháng qī de
long-distance call
长途电话 cháng tú diàn huà
look after 照料，照顾
zhào liào, zhào gù
look at 看，考虑 kàn, kǎo lǜ
look for 寻找，期待
xún zhǎo, qī dài
look forward to 盼望，期待
pàn wàng, qī dài
loose 宽松的，散漫的
kuān sōng de, sǎn màn de
lorry 卡车，铁路货车
kǎ chē, tiě lù huò chē
lose 遗失，丢失 yí shī, diū shī
lost 失去的，丧失的
shī qù de, sàng shī de
lost property 招领之失物
zhāo lǐng zhī shī wù
lot 签，抽签，许多
qiān, chōu qiān, xǔ duō
loud 高声的，喧吵的
gāo shēng de, xuān chǎo de
lounge (n) 休闲室，长沙发
xiū xián shì, cháng shā fā
love (n) 爱，热爱，爱情，爱好
ài, rè ài, ài qíng, ài hào
lovely 可爱的，有趣的
kě ài de, yǒu qù de
low 低的，浅的 dī de, qiǎn de
low fat 低脂肪的
dī zhī fáng de
luck 运气，好运，幸运
yùn qi, hǎo yùn, xìng yùn
luggage 行李，皮箱
xíng li, pí xiāng
luggage rack 行李架
xíng li jià
luggage tag 行李标签
xíng li biāo qiān

luggage trolley 行李车
xíng li chē
lump 一小块，肿块
yì xiǎo kuài, zhǒng kuài
lunch 午餐 wǔ cān
lung 肺，呼吸器 fèi, hū xī qì
luxury 奢侈，华贵
shē chǐ, huá guì

M
machine 机器，机械
jī qì, jī xiè
mad 疯狂的，愚蠢的
fēng kuáng de, yú chǔn de
made 已制成的，成的
yǐ zhì chéng de, chéng gōng de
magazine 杂志，期刊
zá zhì, qī kān
maggot 空想，蛆
kōng xiǎng, qū
magnet 磁体，磁铁 cí tǐ, cí tiě
magnifying glass 放大镜
fàng dà jìng
maid 少女，女仆
shǎo nǚ, nǚ pú
maiden name (女子的)
婚前姓，娘家姓 (nǚ zǐ de)
hūn qián xing, niáng jiā xìng
mail (n) 邮件，邮政
yóu jiàn, yóu zhèng
mail (v) 邮寄 yóu jì
main 主要的，重要的
zhǔ yào de, zhòng yào de
main course 主要课程，主菜
zhǔ yào kè chéng, zhǔ cài
main post office 主邮政局
zhǔ yóu zhèng jú
main road 主路，干线
zhǔ lù, gàn xiàn
mains switch 总电闸，
总开关 zǒng diàn zhá,
zǒng kāi guān
make 制造，安排，产生
zhì zào, ān pái, chǎn shēng
male 男的，雄的，男性
nán de, xióng de, nán xìng
man 男人，人类，人
nán rén, rén lèi, rén
manager 经理 jīng lǐ

ENGLISH → MANDARIN

ENGLISH → MANDARIN

manual (n) 使用手册, 指南
shǐ yòng shǒu cè, zhǐ nán
many 许多的　xǔ duō de
map 地图, 图　dì tú, tú
marble 大理石　dà lǐ shí
March 三月　sān yuè
market 市场, 销路, 行情
shì chǎng, xiāo lù, háng qíng
married 已婚的, 婚姻的
yǐ hūn de, hūn yīn de
marsh 湿地, 沼泽
shī dì, zhǎo zé
mascara 染眉毛油
rǎn méi mao yóu
mask 面具, 掩饰
miàn jù, yǎn shì
mast 桅杆, 旗杆, 天线竿
wéi gān, qí gān,
tiān xiàn gān
match (sports) 比赛, 竞赛
bǐ sài, jìng sài
matches (for lighting)
匹配 pǐ pèi
material 材料, 原料, 素材
cái liào, yuán liào, sù cái
matter (n) 事件, 问题, 原因
shì jiàn, wèn tí, yuán yīn
matter – it doesn't matter
不要紧, 没关系, 不重要 …
bú yào jǐn, méi guān xi, bú
zhòng yào …
mattress 床垫, 气垫
chuáng diàn, qì diàn
May 五月　wǔ yuè
may 可能, 也许, 可以
kě néng, yě xǔ, kě yǐ
maybe 大概, 或许
dà gài, huò xǔ
mayonnaise 蛋黄酱
dàn huáng jiàng
me 我　wǒ
meal 一餐, 膳食
yì cān, shàn shí
mean (intend) 意欲, 意思是
yì yù, yì si shì
mean (nasty) 低劣的,
卑鄙的　dī liè de, bēi bǐ de
measles 麻疹, 风疹
má zhěn, fēng zhěn

measure 尺寸, 量度器
chǐ cùn, liáng dù qì
mechanic 技工, 机修工
jì gōng, jī xiū gōng
medical insurance
医疗保险 yī liáo bǎo xiǎn
medicine (drug) 药, 内服药
yào, nèi fú yào
medicine (science) 医学,
内科学 yī xué, nèi kē xué
medieval 中世纪的
zhōng shì jì de
medium 中间的, 半生熟的
zhōng jiān de, bàn shēng
shú de
medium dry wine
干 (红, 白) 葡萄酒
gān (hóng, bái) pú tao jiǔ
medium sized 中号的
zhōng hào de
meet (v) 遇见, (迎) 接
yù jiàn, (yíng) jiē
meeting 会议, 集会, 会见
huì yì, jí huì, huì jiàn
melon (各种的) 瓜
(gè zhǒng de) guā
melt 融化　róng huà
mend 改进, 改良, 补丁
gǎi jìn, gǎi liáng, bǔ dīng
meningitis 脑膜炎
nǎo mó yán
menswear 男服 (装)
nán fú (zhuāng)
mention 论及, 提及　lùn jí, tí jí
menu 菜单　cài dān
meringue 蛋白与糖的混合物
dàn bái yǔ táng de hùn hé wù
message 消息, 音信
xiāo xi, yīn xìn
metal 金属　jīn shǔ
meter 计量器, 仪表
jì liáng qì, yí biǎo
metre 米, 公尺　mǐ, gōng chǐ
metro 地下铁道　dì xià tiě dào
microwave oven 微波炉
wēi bō lú
midday 正午　zhèng wǔ
middle 中间, 当中
zhōng jiān, dāng zhōng

midnight 午夜 wǔ yè

might (v) 也许, 可能
yě xǔ, kě néng

migraine 偏头痛 piān tóu tòng

mile 英里 yīng lǐ

milk 乳, 牛奶 rǔ, niú nǎi

minced meat 肉馅 ròu xiàn

mind (n) 头脑, 精神, 意见
tóu nǎo, jīng shen, yì jiàn

mineral water 矿泉水
kuàng quán shuǐ

minister 部长, 大臣
bù cháng, dà chén

mint 薄荷, 薄荷糖
bò he, bò he táng

minute (n) 分, 分钟, 片刻
fēn, fēn zhōng, piàn kè

mirror 镜子 jìng zi

missing 不见的, 失落的
bú jiàn de, shī luò de

mist 薄雾 bó wù

mistake 错误, 过失
cuò wù, guò shī

misunderstanding
误会, 误解 wù huì, wù jiě

mix (v) 混和 hǔn hé

mix-up 混乱, 杂乱
hùn luàn, zá luàn

mix up 混乱的状况或事例,
糊涂 hùn luàn de zhuàng
kuàng huò shì lì, hú tu

mobile phone 手机,
移动电话 shǒu jī, yí dòng
diàn huà

moisturize 变潮湿, 增加水分
biàn cháo shī, zēng jiā shuǐ fèn

Monday 星期一 xīng qī yī

money 货币, 钱, 金钱
huò bì, qián, jīn qián

money belt 腰包 yāo bāo

money order 汇款单
huì kuǎn dān

month 月 yuè

monthly (adj) 每月的
měi yuè de

monthly (adv) 每月一次
měi yuè yí cì

monument 纪念碑
jì niàn bēi

moon 月球, 月亮
yuè qiú, yuè liang

mooring 停船处
tíng chuán chù

more (adj) 更多的
gèng duō de

more (adv) 更, 更多
gèng, gèng duō

morning 早晨, 上午
zǎo chén, shàng wǔ

mosque 清真寺 qīng zhēn sì

mosquito 蚊子 wén zi

most (adj) 最多的, 多数的,
大部分的 zuì duō de, duō shù
de, dà bù fen de

most (n) 大多数, 大部分
dà duō shù, dà bù fen

mostly 主要地, 大部分, 通常
zhǔ yào dì, dà bù fen,
tōng cháng

moth 蛾, 蛀虫 é, zhù chóng

mother 母亲, 妈妈
mǔ qīn, mā ma

mother-in-law 婆婆或岳母
pó pó huò yuè mǔ

motor 发动机, 电动机
fā dòng jī, diàn dòng jī

motorbike 摩托车
mó tuō chē

motorboat 摩托艇
mó tuō tǐng

motorway 高速公路
gāo sù gōng lù

mountain 山, 山脉
shān, shān mài

mountain rescue 山地救援
shān dì jiù yuán

mountaineering 登山
dēng shān

mouse 鼠, 耗子 shǔ, hào zi

moustache 小胡子
xiǎo hú zi

mouth 口, 嘴 kǒu, zuǐ

mouth ulcer 口腔溃疡
kǒu qiāng kuì yáng

mouthwash 漱口水, 洗口药
shòu kǒu shuǐ, xǐ kǒu yào

move (n) 移动, 迁居
yí dòng, qiān jū

move (v) 移动, 离开, 搬家
   yí dòng, lí kāi, bān jiā
move house 搬家 bān jiā
Mr 先生 xiān sheng
Mrs 夫人 fū rén
Ms 小姐 xiǎo jiě
much (adj) 许多的, 大量的
   xǔ duō de, dà liàng de
much (n) 许多, 大量
   xǔ duō, dà liàng
mud 泥, 泥浆 ní, ní jiāng
mug 杯子 (有柄的)
   bēi zi (yǒu bǐng de)
mugged 对 ... 行凶抢劫
   duì ... xíng xiōng qiǎng jié
mumps 腮腺炎 sāi xiàn yán
muscle 肌肉, 瘦肉
   jī ròu, shòu ròu
museum 博物馆 bó wù guǎn
mushroom 蘑菇 mó gu
musician 音乐家 yīn yuè jiā
Muslim 穆斯林 mù sī lín
mussel 贝, 蚌类 bèi, bàng lèi
must 必须, 应当
   bì xū, yīng dāng
mustard 芥菜, 芥末
   jiè cài, jiè mo
mutton 羊肉 yáng ròu
my 我的 wǒ de
myself 我自己, 我本人
   wǒ zì jǐ, wǒ běn rén

N
nail 指甲, 钉子 zhǐ jia, dīng zi
nail brush 指甲刷 zhǐ jia shuā
nail file 指甲锉 zhǐ jia cuò
nail polish/varnish
   指甲上光剂 / 指甲油 zhǐ jia
   shàng guāng jì / zhǐ jia yóu
nail scissors 指甲刀
   zhǐ jia dāo
name 名字, 名称; 姓名
   míng zi, míng chēng,
   xìng míng
nanny 保姆, 奶妈
   bǎo mǔ, nǎi mā
napkin 餐巾, 小毛巾
   cān jīn, xiǎo máo jīn

nappy 尿布 niào bù
narrow 狭窄的 xiá zhǎi de
nasty 肮脏的, 下流的
   āng zāng de, xià liú de
national 国家的, 民族的
   guó jiā de, mín zú de
nationality 国籍, 民族
   guó jí, mín zú
natural 自然的, 天生的
   zì rán de, tiān shēng de
nature 自然, 自然界
   zì rán, zì rán jiè
nature reserve 自然保护区
   zì rán bǎo hù qū
nausea 反胃, 晕船, 恶心
   fǎn wèi, yūn chuán, ě xīn
navy 海军 hǎi jūn
navy blue 深蓝色, 藏青色
   shēn lán sè, zàng qīng sè
near 亲近的, 亲密的
   qīn jìn de, qīn mì de
nearby 附近的, 邻近的
   fù jìn de, lín jìn de
nearly 几乎, 密切地
   jī hū, mì qiè dì
necessary 必要的, 必需的
   bì yào de, bì xū de
neck 脖子, 颈 bó zi, jǐng
necklace 项链 xiàng liàn
need (n) 需要, 必需
   xū yào, bì xū
need (v) 需要 xū yào
needle 针 zhēn
negative (photo) 底片
   dǐ piàn
neighbour 邻居 lín jū
neither ... nor 既不 ... 又不,
   也不 jì bù ... yòu bù, yě bù
nephew 侄子, 外甥
   zhí zi, wài sheng
nest 巢, 窝 cháo, wō
net 网, 网络 wǎng, wǎng luò
never 决不, 从未
   jué bù, cóng wèi
new 新的 xīn de
New Year 新年, 元旦
   xīn nián, yuán dàn
New Year's Eve 元旦前夜
   yuán dàn qián yè

ENGLISH → MANDARIN

news 新闻, 消息
xīn wén, xiāo xi

news stand 报摊, 报刊亭
bào tān, bào kān tíng

newspaper 报纸 bào zhǐ

next (adj) 下次的, 下一个
xià cì de, xià yí gè

next (adv) 下一次, 其次
xià yí cì, qí cì

nice 美好的, 和蔼的
měi hǎo de, hé ǎi de

niece 侄女, 外甥女
zhí nǚ, wài sheng nǚ

night, last night 夜, 夜晚;
昨晚 (昨天晚上) yè, yè wǎn;
zuó wǎn (zuó tiān wǎn shang)

no 不, 不是 bù, bú shì

nobody 谁也不, 无人
shuí yě bù, wú rén

noise 喧闹声, 噪音
xuān nào shēng, zào yīn

noisy 嘈杂的 cáo zá de

non-alcoholic 严禁饮酒
yán jìn yǐn jiǔ

non-smoking 严禁吸烟
yán jìn xī yān

none 一个也没有, 毫无
yí gè yě méi yǒu, háo wú

north 北, 北方, 北部
běi, běi fāng, běi bù

nose 鼻 bí

not 不 bù

note 笔记, 短信, 便条
bǐ jì, duǎn xìn, biàn tiáo

notebook 笔记本 bǐ jì běn

notepaper 信纸, 便条用纸
xìn zhǐ, biàn tiáo yòng zhǐ

nothing 什么也没有, 无
shén me yě méi yǒu, wú

nothing else 没什么别的,
没什么紧要的 méi shén me
bié de, méi shén me jǐn yào de

noticeboard 布告牌
bù gào pái

novel 小说 xiǎo shuō

November 十一月 shí yī yuè

now 现在, 此刻 xiàn zài, cǐ kè

nudist beach 裸体浴海滩
luǒ tǐ yù hǎi tān

number 数, 数字, 数量,
号码 shù, shù zì, shù liàng,
hào mǎ

number plate 车号牌
chē hào pái

nurse 护士 hù shi

nursery (plants) 苗圃
miáo pǔ

nursery school 托儿所
(日托) tuō ér suǒ (rì tuō)

nursery slope
(初学滑雪者的) 练习坡地
(chū xué huá xuě zhě de)
liàn xí pō dì

nut 坚果 jiān guǒ

nut (for bolt) 螺母, 螺帽
luó mǔ, luó mào

O

oak 橡树, 橡木
xiàng shù, xiàng mù

oar 桨, 橹 jiǎng, lǔ

oats 燕麦, 燕麦片
yàn mài, yàn mài piàn

obtain 获得, 得到
huò dé, dé dào

occasionally 有时候, 偶而
yǒu shí hou, ǒu ěr

occupied (e.g. toilet)
占, 占用, 占领 zhàn,
zhàn yòng, zhàn lǐng

ocean 大海, 海洋
dà hǎi, hǎi yáng

October 十月 shí yuè

odd (number) 奇数的,
单数的 jī shù de, dān shù de

odd (strange) 奇怪的,
不寻常的 qí guài de,
bù xún cháng de

of 的, 由... 制成的, 离
... de, yóu ... zhì chéng de, lí

off 离开, 在远方 lí kāi,
zài yuǎn fāng

office 办公室, 办事处
bàn gōng shì, bàn shì chù

often 常常, 经常
cháng cháng, jīng cháng

oil 油, 石油, 油类
yóu, shí yóu, yóu lèi

ENGLISH → MANDARIN

ointment 药膏, 油膏
yào gāo, yóu gāo
OK 很好的, 还不错的
hěn hǎo de, hái bú cuò de
old 年老的, 陈旧的
nián lǎo de, chén jiù de
old-age pensioner 领养老
金者 lǐng yǎng lǎo jīn zhě
old-fashioned 老式的,
过时的 lǎo shì de, guò shí de
olive 橄榄树, 橄榄
gǎn lǎn shù, gǎn lǎn
olive oil 橄榄油 gǎn lǎn yóu
omelette 煎蛋 jiān dàn
on 在 ... 之上, 依附于, 临近,
靠近, 向, 在 ... 时候, 关于,
涉及 zài ... zhī shàng, yī fù
yú, lín jìn, kào jìn, xiàng,
zài ... shí hou, guān yú, shè jí
once 一旦, 一次 yí dàn, yí cì
one 一, 一个 yī, yí gè
one-way street
单向行驶街道
dān xiàng xíng shǐ jiē dào
only (adj) 唯一的, 单独的
wéi yī de, dān dú de
only (adv) 仅仅, 只不过
jǐn jǐn, zhǐ bú guò
open (adj) 开着的, 营业着的,
未决定的 kāi zhe de, yíng yè
zhe de, wèi jué dìng de
open (v) 打开, 公开, 开放
dǎ kāi, gōng kāi, kāi fàng
open ticket 未定日期(的)票
wèi dìng rì qī (de) piào
opening times 营业时间
yíng yè shí jiān
opera 歌剧 gē jù
operation 运转, 操作, 手术
yùn zhuǎn, cāo zuò, shǒu shù
operator (phone)
(电话) 接线员
(diàn huà) jiē xiàn yuán
ophthalmologist 眼科专家
yǎn kē zhuān jiā
opposite 相对的, 对面的,
对立的, 相反的 xiāng duì de,
duì miàn de, duì lì de,
xiāng fǎn de

optician 眼镜商
yǎn jìng shāng
or 或, 或者 huò, huò zhě
orange 柑, 桔, 橙
gān, jú, chéng
orange juice 橙汁 chéng zhī
orchestra 管弦乐队
guǎn xián lè duì
order (n) 次序, 秩序, 命令,
定购 cì xù, zhì xù, mìng lìng,
dìng gòu
order (v) 命令, 定购
mìng lìng, dìng gòu
organic vegetables
有机蔬菜 yǒu jī shū cài
other 其他的, 另外的
qí tā de, lìng wài de
otherwise 另外, 否则
lìng wài, fǒu zé
our 我们的 wǒ men de
out 外面的, 下台的, 出局的
wài miàn de, xià tái de,
chū jú de
out of order 有毛病, 出故障
yǒu máo bìng, chū gù zhàng
outdoors 在户外, 在野外
zài hù wài, zài yě wài
outside 外面的, 外表的,
外界的 wài miàn de,
wài biǎo de, wài jiè de
outskirts 边界, (尤指) 市郊
biān jiè, (yóu zhǐ) shì jiāo
oven 烤箱, 烤炉
kǎo xiāng, kǎo lú
over (adv) 结束, 越过,
从头到尾 jié shù, yuè guò,
cóng tóu dào wěi
over (prep) 在 ... 之上, 越过
zài ... zhī shàng, yuè guò
over here 这里 zhè lǐ
over there 那里 nà lǐ
overcharge (v) 索价过高,
过度充电 suǒ jià guò gāo,
guò dù chōng diàn
overcoat 外套大衣
wài tào dà yī
overdone 做得过分的,
煮得过久的 zuò de guò fèn
de, zhǔ de guò jiǔ de

overheat 过热,加热过度
guò rè, jiā rè guò dù
overnight (adj) 通宵的,
晚上的,前夜的 tōng xiāo de,
wǎn shang de, qián yè de
overnight (adv) 在前一夜,
整夜,昨晚一晚上 zài qián
yí yè, zhěng yè, zuó wǎn yì
wǎn shang
overtake 追上,超过
zhuī shang, chāo guò
owe 欠(债等) qiàn
(zhài děng)
owl 猫头鹰 māo tóu yīng
owner 所有者,业主
suǒ yǒu zhě, yè zhǔ

P
pacemaker 带头人,标兵
dài tóu rén, biāo bīng
pacifier 抚慰者 fǔ wèi zhě
pack (v) 包装 bāo zhuāng
package holiday (旅行社安
排一切的)一揽子旅游
(lǔ xíng shè ān pái yí qiè de)
yì lǎn zǐ lǔ yóu
packet 小包裹,小捆
xiǎo bāo guǒ, xiǎo kǔn
padlock 挂锁 guà suǒ
page (n) (书刊的)页,
(报纸的)版 (shū kān de) yè,
(bào zhǐ de) bǎn
paid 已付的,受雇的
yǐ fù de, shòu gù de
pail 桶,提桶,吊桶,提酒
tǒng, tí tǒng
pain (n) 痛苦,疼,痛
tòng kǔ, téng, tòng
painful 疼痛的,痛苦的
téng tòng de, tòng kǔ de
painkiller 止痛药,解痛物
zhǐ tòng yào, jiě tòng wù
paint (n) 油漆 yóu qī
paint (v) 画,绘 huà, huì
painting 绘画,油画
huì huà, yóu huà
pair 一对 yí duì
palace 宫殿 gōng diàn
pale 苍白的 cāng bái de
pan 平底锅 píng dǐ guō

pancake 薄烤饼
báo kǎo bǐng
panties (妇女或儿童的)
短衬裤 (fù nǚ huò ér tóng de)
duǎn chèn kù
pants 裤子,短裤
kù zi, duǎn kù
pantyhose (女用)连裤袜
(nǚ yòng) lián kù wà
paper 纸,报纸 zhǐ, bào zhǐ
paper napkins 餐巾,餐巾纸
cān jīn, cān jīn zhǐ
parcel 小包 xiǎo bāo
pardon (v) 原谅 yuán liàng
parent 父亲(或母亲)
fù qīn (huò mǔ qīn)
parents-in-law (丈夫或妻子)
的双亲(父亲和母亲) (zhàng
fu huò qī zi) de shuāng qīn
(fù qīn hé mǔ qīn)
park (n) 公园,停车场
gōng yuán, tíng chē chǎng
park (v) 停放 tíng fàng
parking meter 停车收费米表
tíng chē shōu fèi mǐ biǎo
parking ticket 收据,票
shōu jù, piào
part (n) 部分,局部,零件
bù fen, jú bù, líng jiàn
partner (companion) 同伴,
共事者 tóng bàn, gòng shì zhě
partner (business) 合伙人,
股东 hé huǒ rén, gǔ dōng
party (celebration)
集会,聚会,宴会
jí huì, jù huì, yàn huì
party (political) 党,政党
dǎng, zhèng dǎng
pass (n) 护照,通行证,及格
hù zhào, tōng xíng zhèng,
jí gé
pass (v) 通过,传递
tōng guò, chuán dì
pass control 通行控制
(检查) tōng xíng kòng zhì
(jiǎn chá)
passenger 乘客,旅客
chéng kè, lǔ kè
passport 护照 hù zhào

ENGLISH → MANDARIN

119

ENGLISH → MANDARIN

past (n) 过去，往时
guò qù, wǎng shí
pastry 面粉糕饼，馅饼皮
miàn fěn gāo bǐng, xiàn bǐng pí
path 小路，小径，通道
xiǎo lù, xiǎo jìng, tōng dào
patient (n) 病人 bìng rén
patient (adj) 耐心的
nài xīn de
pavement 人行道
rén xíng dào
pay 薪水，工资
xīn shuǐ, gōng zī
payment 付款，支付
fù kuǎn, zhī fù
payphone 投币（插卡）电话
tóu bì (chā kǎ) diàn huà
peak 山顶，顶点，最高峰
shān dǐng, dǐng diǎn,
zuì gāo fēng
peak rate 最高价格，
最高峰价 zuì gāo jià gé,
zuì gāo fēng jià
peanut 花生 huā shēng
pearl 珍珠 zhēn zhū
peculiar 奇特的，罕见的
qí tè de, hǎn jiàn de
pedal (n) 踏板 tà bǎn
pedestrian 步行者
bù xíng zhě
pedestrian crossing
人行横道 rén xíng héng dào
peel (v) 剥，削，剥落
bāo, xuē, bō luò
peg 钉，栓，桩，销子
dìng, shuān, zhuāng, xiāo zǐ
pen 钢笔 gāng bǐ
pencil 铅笔 qiān bǐ
penfriend 笔友 bǐ yǒu
peninsula 半岛 bàn dǎo
people 人，人们 rén, rén men
pepper (vegetable) 青椒
qīng jiāo
pepper (spice) 胡椒粉
hú jiāo fěn
per 每，每一，由，经
měi, měi yī, yóu, jīng
perfect 完美的，理想的
wán měi de, lǐ xiǎng de

performance
性能，表现，表演
xìng néng, biǎo xiàn, biǎo yǎn
perfume 芳香，香水
fāng xiāng, xiāng shuǐ
perhaps 或许，多半
huò xǔ, duō bàn
period 时期，周期，（妇女的）
经期 shí qī, zhōu qī, (fù nǚ
de) jīng qī
perm 烫发 tàng fà
permit (n) 通行证，许可证
tōng xíng zhèng, xǔ kě zhèng
permit (v) 准许 zhǔn xǔ
person 人 rén
pet 宠物 chǒng wù
petrol 汽油 qì yóu
petrol can 汽油桶 qì yóu tǒng
petrol station 加油站
jiā yóu zhàn
pharmacist 配药者，药剂师
pèi yào zhě, yào jì shī
pharmacy 药房，药店
yào fáng, yào diàn
phone (n) 电话，电话机
diàn huà, diàn huà jī
phone (v) （给 …）打电话
(gěi …) dǎ diàn huà
phone booth 电话亭
diàn huà tíng
phone card 电话卡
diàn huà kǎ
phone number 电话号码
diàn huà hào mǎ
photo 照片 zhào piàn
photocopy 影印 yǐng yìn
photograph 照片 zhào piàn
phrase book 短语集
duǎn yǔ jí
piano 钢琴 gāng qín
pickpocket 扒手 pá shǒu
picnic (n) 野餐 yě cān
picture 画，图画，照片
huà, tú huà, zhào piàn
pie 西式馅饼，派
xī shì xiàn bǐng, pài
piece (measure word)
块，件，片，篇，张
kuài, jiàn, piàn, piān, zhāng

pig 猪 zhū
pill 药丸 yào wán
pillow 枕头，枕垫
zhěn tóu, zhěn diàn
pillowcase 枕头套
zhěn tóu tào
pilot 飞行员，领航员
fēi xíng yuán, lǐng háng yuán
pin 钉，销，栓，大头针，别针
dīng, xiāo, shuān, dà tóu
zhēn, bié zhēn
pin number 密码 mì mǎ
pink 粉红色 fěn hóng sè
pipe (plumbing) 水管，
管道设备 shuǐ guǎn, guǎn
dào shè bèi
pipe (smoking) 抽烟管，
排烟管 chōu yān guǎn,
pái yān guǎn
pity, It's a pity! 憾事，同情；
那是挺遗憾的! hàn shì, tóng
qíng; nà shì tíng yí hàn de!
place 地方，地点
dì fang, dì diǎn
plain (adj) 明白的，清晰的
míng bai de, qīng xī de
plait 辫子 biàn zi
plane 平面，飞机，水平，程度
píng miàn, fēi jī, shuǐ píng,
chéng dù
plant (n) 植物，工厂
zhí wù, gōng chǎng
plant (v) 种植 zhòng zhí
plaster 石膏，灰泥，膏药，
橡皮膏 shí gāo, huī ní, gāo
yao, xiàng pí gāo
plastic 塑胶的 sù jiāo de
plastic bag 塑料（胶）袋
sù liào (jiāo) dài
plate 盘子，金属板，图版
pán zi, jīn shǔ bǎn, tú bǎn
platform （火车站的）站台
(huǒ chē zhàn de) zhàn tái
play (n) 游戏，比赛
yóu xì, bǐ sài
play (v) 玩，扮演，播放
wán, bàn yǎn, bō fàng
playground 运动场，操场
yùn dòng chǎng, cāo chǎng

please (v) 请 qǐng
pleased 高兴的，满足的
gāo xìng de, mǎn zú de
Pleased to meet you!
很高兴认识你! 很高兴见到你!
hěn gāo xìng rèn shí nǐ! hěn
gāo xìng jiàn dào nǐ!
plenty 丰富，大量
fēng fù, dà liàng
pliers 钳子 qián zi
plug (bath) （浴盆的）塞子
(yù pén de) sāi zi
plug (elec) （电源）插头
(diàn yuán) chā tóu
plumber 修理水管工人
xiū lǐ shuǐ guǎn gōng rén
p.m. (after noon) 下午
xià wǔ
pocket 衣袋 yī dài
point (n) 小数点，分数
xiǎo shù diǎn, fēn shù
point (v) 指向，指出
zhǐ xiàng, zhǐ chū
points (car) 停车点
（停在此地）tíng chē diǎn
(tíng zài cǐ di)
poison (n) 毒药，毒害
dú yào, dú hài
poison (v) 放毒，下毒
fàng dú, xià dú
poisonous 有毒的 yǒu dú de
police 警察 jǐng chá
police station 公安局，
警察局 gōng ān jú, jǐng chá jú
policeman/woman 警察，
女警察 jǐng chá / nǚ jǐng chá
polish (n) 磨光，光泽，上光剂
mó guāng, guāng zé, shàng
guāng jì
polish (v) 擦亮，发亮，磨光，
推敲 cā liàng, fā liàng, mó
guāng, tuī qiāo
polite 有礼貌的 yǒu lǐ mào de
polluted 污染，玷污
wū rǎn, diàn wū
pool 池 chí
poor (impecunious)
贫穷的，可怜的
pín qióng de, kě lián de

poor (quality) 拙劣的，
低等的 zhuō liè de, dī děng de
poppy 罂粟，深红色
yīng sù, shēn hóng sè
popular 通俗的，流行的
tōng sú de, liú xíng de
population 人口 rén kǒu
pork 猪肉 zhū ròu
port (harbour) 港口
gǎng kǒu
port (wine) 餐后甜酒
cān hòu tián jiǔ
porter 行李搬运工
xíng li bān yùn gōng
portion 一部分，一份
yí bù fen, yì fèn
portrait 肖像，人像
xiāo xiàng, rén xiàng
posh 时髦地，豪华的
shí máo dì, háo huá de
possible 可能的 kě néng de
post (n) 邮件，职位，邮政
yóu jiàn, zhí wèi, yóu zhèng
post (v) 邮寄，投寄
yóu jì, tóu jì
post office 邮局 yóu jú
post office box 邮政信箱
yóu zhèng xìn xiāng
postage stamp 邮票
yóu piào
postal code 邮政编码
yóu zhèng biān mǎ
postbox 信箱 xìn xiāng
postcard 明信片
míng xìn piàn
poster 海报，招贴
hǎi bào, zhāo tiē
postman/postwoman
邮差 / 女邮递员
yóu chāi / nǚ yóu dì yuán
postpone 推迟，延期
tuī chí, yán qī
pothole (路上的) 坑，洼
(lù shang de) kēng, wā
pottery 陶器 táo qì
pound 磅，英镑
bàng, yīng bàng
pour 灌注，倾泻，涌入
guàn zhù, qīng xiè, yǒng rù

powder 粉，粉末 fěn, fěn mò
powdered milk 奶粉 nǎi fěn
power cut 切断电源
qiē duàn diàn yuán
practice 实行，实践，练习
shí xíng, shí jiàn, liàn xí
practise 练习，实习，实践
liàn xí, shí xí, shí jiàn
pram 婴儿车 yīng ér chē
prawn 对虾，大虾
duì xiā, dà xiā
pray 祈祷，恳求，请
qí dǎo, kěn qiú, qǐng
prefer 更喜欢，宁愿
gèng xǐ huan, nìng yuàn
pregnant 怀孕的 huái yùn de
prescription 规定，命令，药方
guī dìng, mìng lìng, yào fāng
present (n) 礼物，现在
lǐ wù, xiàn zài
present (adj) 现在的
xiàn zài de
pretty 漂亮的，可爱的
piào liang de, kě ài de
price 价格，价钱
jià gé, jià qián
priest 牧师 mù shī
prime minister 总理，首相
zǒng lǐ, shǒu xiàng
print (n) 印刷物 yìn shuā wù
print (v) 印刷，出版
yìn shuā, chū bǎn
printed matter 印刷品
yìn shuā pǐn
prison 监狱 jiān yù
private 私人的，私有的
sī rén de, sī yǒu de
probably 大概，或许
dà gài, huò xǔ
problem 问题，难题
wèn tí, nán tí
programme (n) 节目，程序，
计划 jié mù, chéng xù, jì huà
prohibit 禁止，阻止
jìn zhǐ, zǔ zhǐ
promise (n) 答应 dā yìng
promise (v) 允诺 yǔn nuò
pronounce 发音，宣告，断言
fā yīn, xuān gào, duàn yán

properly 适当地, 完全地
shì dàng dì, wán quán dì
Protestant 新教, 新教徒
xīn jiào, xīn jiào tú
public (n) 公众 gōng zhòng
public (adj) 公众的, 公立的
gōng zhòng de, gōng lì de
public holiday 公共假日
gōng gòng jià rì
pudding 布丁 bù dīng
pull 拉, 拖, 拔 lā, tuō, bá
pullover 套衫 tào shān
pump (n) 泵, 抽水机
bèng, chōu shuǐ jī
pump (v) 抽 (水), 抽吸
chōu (shuǐ), chōu xī
puncture (n) 小孔 xiǎo kǒng
puppet show 木偶表演
mù ǒu biǎo yǎn
purple 紫色的 zǐ sè de
purse 钱包 qián bāo
push (v) 推, 推进 tuī, tuī jìn
pushchair 折叠式婴儿车
zhé dié shì yīng ér chē
put 放, 摆, 安置
fàng, bǎi, ān zhì
put up with 忍受, 忍耐, 受苦
rěn shòu, rěn nài, shòu kǔ
pyjamas 睡衣, 宽长裤
shuì yī, kuān cháng kù

Q

quality 质量, 品质, 性质
zhì liàng, pǐn zhì, xìng zhì
quantity 量, 数量
liàng, shù liàng
quarantine 检疫, 隔离, 封锁
jiǎn yì, gé lí, fēng suǒ
quarrel (n) 争论 zhēng lùn
quarrel (v) 争辩 zhēng biàn
quarter 四分之一, 一刻钟
sì fēn zhī yī, yí kè zhōng
quay 码头 mǎ tou
queen 王后, 女王
wáng hòu, nǚ wáng
question (n) 问题, 疑问, 询问
wèn tí, yí wèn, xún wèn
question (v) 询问, 审问
xún wèn, shěn wèn

queue (n) 行列, 队列
háng liè, duì liè
queue (v) 排队 pái duì
quickly 很快地 hěn kuài dì
quiet (adj) 宁静的
níng jìng de
quiet (n) 安静 ān jìng
quilt 被褥 bèi rù
quite 相当, 完全
xiāng dāng, wán quán

R

rabbit 兔, 野兔 tù, yě tù
rabies 狂犬病, 恐水病 kuáng
quǎn bìng, kǒng shuǐ bìng
race (people) 种族 zhǒng zú
race (sport) 赛跑 sài pǎo
race course 跑马场, 跑道
pǎo mǎ chǎng, pǎo dào
racket 球拍 qiú pāi
radiator 散热器, 水箱
sàn rè qì, shuǐ xiāng
radio 收音机 shōu yīn jī
radish 萝卜 luó bo
rag 抹布, 碎屑 mǒ bù, suì xiè
railway 铁道, 铁路
tiě dào, tiě lù
railway station 火车站
huǒ chē zhàn
rain (n) 雨, 下雨 yǔ, xià yǔ
rain (v) 下雨 xià yǔ
raincoat 雨衣 yǔ yī
rake (n) 耙子 pá zi
rake (v) 搜索, 收集
sōu suǒ, shōu jí
rape 掠夺, 强奸
lüě duó, qiáng jiān
rare 稀罕的, 珍贵的
xī han de, zhēn guì de
rash (adj) 轻率的, 匆忙的
qīng shuài de, cōng máng de
raspberry 黑莓 hēi méi
rat 老鼠 lǎo shǔ
rate (of exchange) 汇率
huì lǜ
raw 未加工的, 生的
wèi jiā gōng de, shēng de
razor 剃刀 tì dāo
razor blade 刀片 dāo piàn

read 读，阅读 dú, yuè dú
ready 准备好的
  zhǔn bèi hǎo de
real 真实的，不动产的
  zhēn shí de, bú dòng chǎn de
realize 认识到，了解
  rèn shí dào, liǎo jiě
really 真正地，真的吗
  zhēn zhèng dì, zhēn de ma
rear-view mirror 后视镜
  hòu shì jìng
reasonable 合理的，有道
  理的 hé lǐ de, yǒu dào lǐ de
receipt 收条，收据，收到
  shōu tiáo, shōu jù, shōu dào
receiver (tax) 税务部门
  shuì wù bù mén
receiver (telephone)
  受话器 shòu huà qì
recently 最近 zuì jìn
receptionist 招待员，接待员
  zhāo dài yuán, jiē dài yuán
recharge 再充电
  zài chōng diàn
recipe 处方，食谱
  chǔ fāng, shí pǔ
recognize 认可，承认，认出
  rèn kě, chéng rèn, rèn chū
recommend 推荐，介绍
  tuī jiàn, jiè shào
record (legal) 履历，档案
  lǚ lì, dàng àn
record (music) 唱片
  chàng piàn
red 红色 hóng sè
red wine 红葡萄酒
  hóng pú táo jiǔ
redcurrant 红浆果树丛
  hóng jiāng guǒ shù cóng
reduce 减少，缩小，降低
  jiǎn shǎo, suō xiǎo, jiàng dī
reduction 减少，缩小，降低
  jiǎn shǎo, suō xiǎo, jiàng dī
refund (v) 退还，偿还
  tuì huán, cháng huán
refund (n) 归还，退款
  guī huán, tuì kuǎn
refuse (v) 拒绝，谢绝
  jù jué, xiè jué

region 区域，地方，地区
  qū yù, dì fang, dì qū
register (n) 登记，注册
  dēng jì, zhù cè
register (v) 登记，注册，挂号
  dēng jì, zhù cè, guà hào
registered mail 挂号信
  guà hào xìn
registration form （注册，
  报到，登记）表 (zhù cè, bào
  dào, dēng jì) biǎo
registration number
  （注册，报到，登记）号码 (zhù
  cè, bào dào, dēng jì) hào mǎ
relative (adj) 有关系的
  yǒu guān xi de
relation 关系，联系，亲戚
  guān xi, lián xì, qīn qi
remain 保持，逗留，剩余
  bǎo chí, dòu liú, shèng yú
remember 想起，记得
  xiǎng qǐ, jì dé
rent (v) 租，租借，出租
  zū, zū jiè, chū zū
rent (n) 租金 zū jīn
repair (n) 修理 xiū lǐ
repair (v) 修补 xiū bǔ
repeat (n) 重复 chóng fù
repeat (v) 反复 fǎn fù
reply 答复 dá fù
report (n) 报告 bào gào
report (v) 报导，汇报
  bào dǎo, huì bào
request (n) 要求 yāo qiú
request (v) 请求 qǐng qiú
require 需要，要求，命令
  xū yào, yāo qiú, mìng lìng
rescue (n) 营救 yíng jiù
rescue (v) 援救 yuán jiù
reservation 保留，预定，预约
  bǎo liú, yù dìng, yù yuē
reserve 保留，预定，预约
  bǎo liú, yù dìng, yù yuē
resident (n) 居民 jū mín
resident (adj) 常驻的
  cháng zhù de
resort 度假胜地 dù jià
  shèng dì
rest (relax) 休息 xiū xi

rest (remainder) 其余, 其他
qí yú, qí tā
retired 退休的, 退役的
tuì xiū de, tuì yì de
return (v) 回返, 归还
huí fǎn, guī huán
return ticket 往返票, 来回票
wǎng fǎn piào, lái huí piào
reverse (v) 倒转 dào zhuǎn
reverse gear 倒车档
dǎo chē dàng
reverse-charge call
受话人付款的电话 shòu huà
rén fù kuǎn de diàn huà
revolting 令人厌恶的
lìng rén yàn è de
rheumatism 风湿, 风湿病
fēng shī, fēng shī bìng
rib 肋骨 lèi gǔ
ribbon 缎带, 丝带
duàn dài, sī dài
rich 富有的, 丰富的
fù de, fēng fù de
ride 骑, 乘 qí, chéng
ridiculous 荒谬的, 可笑的
huāng miù de, kě xiào de
right (n) 正确, 权利, 右边
zhèng què, quán lì, yòu bian
right (adj) 正当的, 正确的
zhèng dàng de, zhèng què de
right-hand drive (汽车) 右
侧驾驶 (qì chē) yòu cè jià shǐ
ring (n) 环, 环形物, 铃声,
打电话 huán, huán xíng wù,
líng shēng, dǎ diàn huà
ring (v) 按铃, 敲钟
àn líng, qiāo zhōng
ring road 环形路
huán xíng lù
rip-off 偷窃, 索取高价
tōu qiè, suǒ qǔ gāo jià
ripe 成熟的 chéng shu de
river 河, 江 hé, jiāng
road 道路, 公路, 大道
lù, dào lù, gōng lù, dà dào
road accident 交通事故
车祸 jiāo tōng shì gù, chē huò
road map 公路 (交通) 图
gōng lù (jiāo tōng) tú

road sign 公路 (交通) 标识
gōng lù (jiāo tōng) biāo shì
road works 道路施工
dào lù shī gōng
roll (v) 滚动, 转动
gǔn dòng, zhuǎn dòng
roll (n) (一) 卷, 卷形物
(yì) juǎn, juǎn xíng wù
roof 屋顶, 房顶, 顶
wū dǐng, fáng dǐng, dǐng
roof-rack 车顶行李架
chē dǐng xíng li jià
room 房间, 屋子, 空间
fáng jiān, wū zi, kōng jiān
rope 绳, 索, 绳索
shéng, suǒ, shéng suǒ
rose (flower) 玫瑰, 玫瑰红
méi gui, méi gui hóng
rotten 腐烂的, 恶臭的
fǔ làn de, è chòu de
rough 粗糙的, 粗略的, 大致的
cū cāo de, cū lüè de, dà zhì de
roughly 概略地, 粗糙地
gài lüè dì, cū cāo dì
round (adj) 圆的, 球形的
yuán de, qiú xíng de
roundabout 道路交叉处的环
形岛 (环岛) dào lù jiāo chā
chù de huán xíng lù (huán dǎo)
row (n) 排, 行 pái, háng
row (v) 划 (船) huá (chuán)
royal 王室的, 皇家的
wáng shì de, huáng jiā de
rubber 橡皮, 橡胶
xiàng pí, xiàng jiāo
rubbish 垃圾, 废物, 废话
lā jī, fèi wù, fèi huà
rubella 风疹 fēng zhěn
rudder 舵, 方向舵
duò, fāng xiàng duò
rug (小) 地毯 (xiǎo) dì tǎn
ruin (n) 毁灭 huǐ miè
run (v) 跑, 管理, 运行
pǎo, guǎn lǐ, yùn xíng
rush (v) 冲, 奔, 赶紧
chōng, bēn, gǎn jǐn
rusty 生锈的 shēng xiù de
rye bread 原麦面包
yuán mài miàn bāo

ENGLISH → MANDARIN

S

sad 忧愁的, 悲哀的
yōu chóu de, bēi āi de

saddle 鞍, 鞍状物
ān, ān zhuàng wù

safety belt 安全带
ān quán dài

safety pin 安全 (别针, 栓, 扣)
ān quán (bié zhēn, shuān, kòu)

sail (v) 航行 háng xíng

sailing 航行 háng xíng

salad 沙拉 shā lā

salad dressing 沙拉味调料
shā lā wèi tiáo liào

sale 出售, 卖出
chū shòu, mài chū

sales representative
销售代表 xiāo shòu dài biǎo

salesperson 售货员
shòu huò yuán

same 同一的, 相同的, 上述的
tóng yī de, xiāng tóng de,
shàng shù de

sand 沙, 沙子 shā, shā zi

sandals 凉鞋, 便鞋
liáng xié, biàn xié

sandwich 夹心面包, 三明治
jiá xīn miàn bāo, sān míng zhì

sanitary pads 卫生活具设备
等的 (保洁垫) wèi shēng jié jù
shè bèi děng de (bǎo jié diàn)

Saturday 星期六 xīng qī liù

sauce 酱油, 调味料
jiàng yóu, tiáo wèi liào

save 解救, 保存, 节省
jiě jiù, bǎo cún, jié shěng

savoury (adj) 开胃的, 可口的
kāi wèi de, kě kǒu de

say 说, 讲, 背诵
shuō, jiǎng, bèi sòng

scale 刻度, 衡量, 比例
kè dù, héng liáng, bǐ lì,

scarf 围巾, 头巾
wéi jīn, tóu jīn

scenery 风景, 景色
fēng jǐng, jǐng sè

school 学校, 学院
xué xiào, xué yuàn

scissors 剪刀 jiǎn dāo

Scotland 苏格兰 sū gé lán

scratch (n) 乱写, 刮擦声
luàn xiě, guā cā shēng

scratch (v) 擦, 刮, 搔, 抓
cā, guā, sāo, zhuā

screen 屏, 银幕 píng, yín mù

screw (n) 螺丝钉, 螺杆, 螺孔
luó sī dīng, luó gǎn, luó kǒng

screw (v) 转动, 旋, 拧
zhuǎn dòng, xuán, nǐng

screwdriver 螺丝 (刀) 起子
luó sī (dāo) qǐ zǐ

scrubbing brush 硬毛刷
yìng máo shuā

scuba diving (潜水员用的)
呼吸器 (qián shuǐ yuán yòng
de) hū xī qì

sea 海洋 hǎi yáng

seasick 晕船的 yùn chuán de

season 季, 季节 jì, jì jiē

season ticket 季票 jì piào

seasoning 调味品, 调料
tiáo wèi pǐn, tiáo liào

seat 座, 座位 zuò, zuò wèi

seatbelt 安全带 ān quán dài

seaweed 海草, 海藻
hǎi cǎo, hǎi zǎo

secluded 隐退的, 隐蔽的
yǐn tuì de, yǐn bì de

second (n) 秒, 片刻, 第二者,
二等品 miǎo, piàn kè, dì èr
zhě, èr děng pǐn

second (adj) 另一个, 又一个
lìng yí gè, yòu yí gè

second-class 二等的, 第二
流的, 次劣的 èr děng de,
dì èr liú de, cì liè de

second-hand 二手的, 旧的
èr shǒu de, jiù de

secretary 秘书, 书记, 部长,
大臣 mì shū, shū jì, bù zhǎng,
dà chén

security guard 警卫 jǐng wèi

see 看, 看见, 了解, 领会
kàn, kàn jiàn, liǎo jiě, lǐng huì

self-employed 自己经营的
zì jǐ jīng yíng de

self-service 自助式服务
zì zhù shì fú wù

sell 出售, 卖 chū shòu, mài

sell-by date 最迟销售日期
zuì chí xiāo shòu rì qī

send 送, 寄, 派遣
sòng, jì, pài qiǎn

senior citizen 老年人
lǎo nián rén

sentence (grammar)
句子, 一句话 jù zi, yí jù huà

sentence (law) 判决, 刑罚
pàn jué, xíng fá

separate (adj) 分开的
fēn kāi de

separate (v) 分开, 分别
fēn kāi, fēn bié

September 九月 jiǔ yuè

septic tank 化粪池
huà fèn chí

serious 严肃的, 认真的
yán sù de, rèn zhēn de

service (n) 服务 fú wù

service (v) 保养 bǎo yǎng

service charge 服务费
fú wù fèi

serviette 餐巾 cān jīn

set menu 套餐菜单
tào cān cài dān

several 几个, 个别的
jǐ gè, gè bié de

sex (n) 性别 xìng bié

shade 荫, 阴暗 yīn, yīn àn

shallow 浅的, 浅薄的
qiǎn de, qiǎn bó de

shame 羞耻, 羞愧
xiū chǐ, xiū kuì

shampoo and set 洗头和
做头发 xǐ tóu hé zuò tóu fa

share (n) 共享, 部分, 份额
gòng xiǎng, bù fen, fèn é

share (v) 分享, 均分
fēn xiǎng, jūn fēn

sharp 锐利的, 锋利的
ruì lì de, fēng lì de

shave (v) 剃, 刮, 削刮
tì, guā, xuē guā

shave (n) 刮脸 guā liǎn

she 她 tā

sheep 羊, 绵羊
yáng, mián yáng

sheet (一) 片, (一) 张, 被单
(yí) piàn, (yí) zhāng, bèi dān

shelf 架子, 搁板 jià zi, gē bǎn

shellfish 贝, 甲壳类动物
bèi, jiǎ qiào lèi dòng wù

sheltered 受保护的
shòu bǎo hù de

shine (v) 照耀, 发光
zhào yào, fā guāng

shine (n) 光泽, 光亮
guāng zé, guāng liàng

shingle 鹅卵石, 小招牌
é luǎn shí, xiǎo zhāo pai

shingles 带状疱疹
dài zhuàng pào zhěn

ship (n) 船, 舰 chuán, jiàn

ship (v) 装船, 航运
zhuāng chuán, háng yùn

shirt 衬衣 chèn yī

shock absorber 防震器,
减震器 fáng zhèn qì,
jiǎn zhèn qì

shoe 鞋, 鞋子 xié, xié zǐ

shoelace 鞋带 xié dài

shop (n) 商店, 店铺
shāng diàn, diàn pù

shop assistant 店员
diàn yuán

shop window 商店橱窗
shāng diàn chú chuāng

shopping centre 购物中心
gòu wù zhōng xīn

shore (海, 湖, 河) 岸
(hǎi, hú, hé) àn

short 短的, 矮的, 不足的
duǎn de, ǎi de, bù zú de

short-cut 捷径, 近路
jié jìng, jìn lù

short-sighted 近视眼
jìn shì yǎn

shorts 短裤 duǎn kù

should 应该, 将要
yīng gāi, jiāng yào

shoulder 肩, 肩部
jiān, jiān bù

shout 呼喊, 呼叫
hū hǎn, hū jiào

show (n) 表示, 展览
biǎo shì, zhǎn lǎn

ENGLISH → MANDARIN

show (v) 出示，显示
chū shì, xiǎn shì

shower (n) 阵雨，淋浴
zhèn yǔ, lín yù

shrimp 小虾 xiǎo xiā

shrink (v) 收缩，缩短
shōu suō, suō duǎn

shut (v) 关上，闭上，关闭
guān shàng, bì shàng, guān bì

shutter 百叶窗，快门
bǎi yè chuāng, kuài mén

shy 害羞的 hài xiū de

sick (I'm going to be sick!) 病的 (我快要病了)
bìng de (wǒ kuài yào bìng le)

sick (adj) 不舒服，有病的
bù shū fu, yǒu bìng de

side (n) 边，旁边，面，侧面
biān, páng biān, miàn, cè miàn

side (adj) 旁边的，侧面的
páng biān de, cè miàn de

side dish 正菜外的附加菜
zhèng cài wài de fù jiā cài

sidewalk 人行道 rén xíng dào

sieve (n) 筛 shāi

sight 视力，视野，景象
shì lì, shì yě, jǐng xiàng

sightseeing 观光
guān guāng

sign (n) 标记，符号
biāo jì, fú hào

sign (v) 签名，署名
qiān míng, shǔ míng

signal 信号 xìn hào

signature 签名，署名，信号
qiān míng, shǔ míng, xìn hào

signpost 路标 lù biāo

silence 静，沉默 jìng, chén mò

silk 丝绸 sī chóu

silly 愚蠢的，无聊的
yú chǔn de, wú liáo de

silver 银，银子 yín, yín zi

similar 相似的，类似的
xiāng sì de, lèi sì de

simple 简单的，简易的
jiǎn dān de, jiǎn yì de

sing 唱，演唱 chàng,
yǎn chàng

singer 歌手 gē shǒu

single 单一的，单身的
dān yī de, dān shēn de

single bed 单人床
dān rén chuáng

single room 单人间
dān rén jiān

single ticket 单程票
dān chéng piào

sink (v) 沉下，下沉
chén xià, xià chén

sink (n) 水槽 shuǐ cáo

sister 姐妹，姐 jiě mèi, jiě

sister-in-law 小姑子，
小姨子，嫂子，弟媳，姻姐妹，
妯娌 xiǎo gū zi, xiǎo yí zi, sǎo
zi, dì xí, yīn jiě mèi, zhóu li

sit 就座，坐 jiù zuò, zuò

size 大小，尺寸，尺码
dà xiǎo, chǐ cùn, chǐ mǎ

skate (v) 冰鞋 bīng xié

skating rink 溜冰场，冰球场
liū bīng chǎng, bīng qiú chǎng

ski (n) 滑雪橇 huá xuě qiāo

ski (v) 滑雪 huá xuě

ski boot 滑雪靴 huá xuě xuē

ski jump 跳台滑雪
tiào tái huá xuě

ski slope 滑雪杖
huá xuě zhàng

skin 皮，皮肤 pí, pí fū

skirt 裙子 qún zi

sky 天，天空 tiān, tiān kōng

sledge 雪橇 xuě qiāo

sleep (v) 睡，睡觉
shuì, shuì jiào

sleep (n) 睡眠 shuì mián

sleeper, sleeping car
睡着的人，卧铺车 shuì zhe
de rén, wò pù chē

sleeping bag 睡袋 shuì dài

sleeping pill 安眠药
ān mián yào

sleepy 困乏的，欲睡的
kùn fá de, yù shuì de

slice (n) 薄片 báo piàn

slide (n) 滑，滑动
huá, huá dòng

slip (v) 滑倒，失足
huá dǎo, shī zú

slippers 拖鞋 tuō xié
slippery 滑的, 光滑的
huá de, guāng huá de
slow 慢的, 迟钝的
màn de, chí dùn de
slowly 慢慢地, 迟缓地
màn màn dì, chí huǎn dì
small 小的, 少的
xiǎo de, shǎo de
smell (v) 闻到 wén dào
smoke (n) 烟, 烟尘
yān, yān chén
smoke (v) 抽烟, 吸烟
chōu yān, xī yān
snack 小吃, 快餐
xiǎo chī, kuài cān
snake 蛇 shé
sneeze 打喷嚏 dǎ pēn tì
snore 打鼾 dǎ hān
snorkel (潜水艇或潜水者的)
通气管 (qián shuǐ tǐng huò
qián shuǐ zhě de) tōng qì guǎn
snow 雪 xuě
soaking solution 清洁剂
qīng jié jì
soap 肥皂 féi zào
soap powder 肥皂粉
féi zào fěn
sober 冷静的 lěng jìng de
socket (elec) (电源) 插座
(diàn yuán) chā zuò
socks 短袜, 鞋内衬底
duǎn wà, xié nèi chèn dǐ
soda 苏打, 碳酸水
sū dá, tàn suān shuǐ
soft 软的, 柔软的
ruǎn de, róu ruǎn de
soft drink 软饮料 (不含酒
精的) ruǎn yǐn liào (bù hán
jiǔ jīng de)
sole (fish) 鳎鱼 tǎ yú
sole (shoe) 脚底, 鞋底
jiǎo dǐ, xié dǐ
soluble 可溶解的
kě róng jiě de
some 一些, 少许, 若干
yì xiē, shǎo xǔ, ruò gān
someone 有人, 某人
yǒu rén, mǒu rén

somebody 重要人物,
有名气的人 zhòng yào rén
wù, yǒu míng qì de rén
something 某事, 某物
mǒu shì, mǒu wù
sometimes 不时, 有时
bù shí, yǒu shí
somewhere 某处, 在某处
mǒu chù, zài mǒu chù
son 儿子 ér zi
son-in-law 女婿 nǚ xu
song 歌, 歌曲 gē, gē qǔ
soon 立刻, 不久, 快, 早
lì kè, bù jiǔ, kuài, zǎo
sore (adj) 疼痛的, 痛心的,
剧烈的 téng tòng de,
tòng xīn de, jù liè de
sore (n) 痛的地方, 痛处
tòng de dì fang, tòng chù
sore throat 喉咙痛, 嗓子痛
hóu lóng tòng, sǎng zi tòng
sorry 遗憾的, 对不起的
yí hàn de, duì bù qǐ de
sort (n) 种类, 类别
zhǒng lèi, lèi bié
sort (v) 分类 fēn lèi
sour 酸的, 酸味的
suān de, suān wèi de
south 南部, 南 nán bù, nán
South Africa 南非 nán fēi
souvenir 纪念品 jì niàn pǐn
spade 铲, 铁锹 chǎn, tiě qiāo
spanner 扳手, 扳子
bān shou, bān zi
spare part (机器等的) 备件
(jī qì děng de) bèi jiàn
spare tyre 备胎 bèi tāi
spark plug 火花塞
huǒ huā sāi
sparkling 闪烁的, 发泡的
shǎn shuò de, fā pào de
speak 说话, 演讲
shuō huà, yǎn jiǎng
speciality 特性, 特质
tè xìng, tè zhì
spectacles 眼镜 yǎn jìng
speed 速度, 速率 sù dù,
sù lǜ
speed limit 限速 xiàn sù

ENGLISH → MANDARIN

speedometer 速度表, 里程表 sù dù biǎo, lǐ chéng biǎo

spell 拼写, 拼字 pīn xiě, pīn zì

spend (money) 花费, 消耗 huā fèi, xiāo hào

spend (time) 度过, 消磨 dù guò, xiāo mó

spice 香料, 调味品 xiāng liào, tiáo wèi pǐn

spider 蜘蛛, 三脚架 zhī zhū, sān jiǎo jià

spill (v) 溢出, 涌流, 充满 yì chū, yǒng liú, chōng mǎn

spin-dryer 旋转式脱水机 xuán zhuǎn shì tuō shuǐ jī

spinach 菠菜 bō cài

spine 脊骨, 书脊 jǐ gǔ, shū jǐ

spirit (soul) 精神, 灵魂 jīng shen, líng hún

spirits (drink) 烈性酒 liè xìng jiǔ

splinter 裂片, 尖片, 碎片, 刺 liè piàn, jiān piàn, suì piàn, cì

spoil 宠坏, 溺爱 chǒng huài, nì ài

spoke (of wheel) 刹车 shā chē

sponge 海绵, 棉球, 纱布 hǎi mián, mián qiú, shā bù

sponge cake 松糕 sōng gāo

spoon 匙, 调羹 chí, tiáo gēng

sprain 扭伤 niǔ shāng

spring (season) 春天 chūn tiān

square (adj) 正方形的 zhèng fāng xíng de

stadium 露天大型运动场 lù tiān dà xíng yùn dòng chǎng

stain (n) 污点, 瑕疵 wū diǎn, xiá cī

stain (v) 染污, 沾污 rǎn wū, zhān wū

stairs 楼梯 lóu tī

stale 不新鲜的, 陈腐的 bù xīn xiān de, chén fǔ de

stall 货摊 huò tān

stamp 邮票, 图章 yóu piào, tú zhāng

staple 钉书钉 dìng shū dīng

star 星, 明星 xīng, míng xīng

start (n) 动身, 开始 dòng shēn, kāi shǐ

start (v) 出发, 开始, 起动 chū fā, kāi shǐ, qǐ dòng

starter (car) (汽车) 起动器 (qì chē) qǐ dòng qì

station 位置, ... 局, ... 站 wèi zhi, ... jú, ... zhàn

stationer's 文具商, 文具店 wén jù shāng, wén jù diàn

stationery 文具, 信纸 wén jù, xìn zhǐ

statue 雕像, 塑像 diāo xiàng, sù xiàng

steal 偷, 偷窃 tōu, tōu qiè

steam (n) 蒸汽 zhēng qì

steam (v) 蒸发 zhēng fā

steep 陡峭的, 险峻的 dǒu qiào de, xiǎn jùn de

steer (v) 驾驶, 掌舵 jià shǐ, zhǎng duò

steering wheel 方向盘 fāng xiàng pán

step 脚步, 步骤, 措施, 台阶 jiǎo bù, bù zhòu, cuò shī, tái jiē

stepfather 继父 jì fù

stepmother 继母 jì mǔ

stew (v) 炖, 焖 dùn, mèn

stew (n) 炖肉 (或菜) dùn ròu (huò cài)

stick (n) 棍, 棒, 手杖 gùn, bàng, shǒu zhàng

sticking plaster 膏药, 胶布 gāo yao, jiāo bù

still (yet) 还, 仍, 依然 hái, réng, yī rán

still (quiet) 寂静 jì jìng

sting (n) 刺, 刺痛, 针刺 cì, cì tòng, zhēn cì

stitch (v) 缝, 缝合 féng, féng hé

stock (soup) 清汤 qīng tāng

stocking 长袜 cháng wà

stolen 偷得的, 偷走的 tōu dé de, tōu zǒu de

stomach 胃, 胃部 wèi, wèi bù

ENGLISH → MANDARIN

stomachache 胃痛，肚子痛
wèi tòng, dù zi tòng

stone 石，石头 shí, shí tou

stop (n) 停止，车站，逗留
tíng zhǐ, chē zhàn, dòu liú

stop sign 停止标记 (符号)
tíng zhǐ biāo jì (fú hào)

stopover 中途停留
zhōng tú tíng liú

store (v) 贮藏，贮备
chǔ cáng, chǔ bèi

store (n) 商店 shāng diàn

storey (建) 层 (jiàn) céng

storm 暴风雨，暴风雪
bào fēng yǔ, bào fēng xuě

straight (adv) 直，直接，一直
zhí, zhí jiē, yì zhí

straight on 一直往前走
yì zhíwǎng qián zǒu

strange 陌生的，奇怪的
mò shēng de, qí guài de

stranger 陌生人，门外汉
mò shēng rén, mén wài hàn

strap (n) 带，皮带 dài, pí dài

strap (v) 用带缚住
yòng dài fù zhù

straw 稻草，麦杆
dào cǎo, mài gǎn

stream (n) 溪，川，河流
xī, chuān, hé liú

street 街，街道 jiē, jiē dào

street map 街道交通图
jiē dào jiāo tōng tú

strike (n) 罢工，打击，殴打
bà gōng, dǎ jī, ōu dǎ

string 线，细绳 xiàn, xì shéng

striped 有斑纹的
yǒu bān wén de

stroke (n) 击，敲 jī, qiāo

strong 强，强壮的，强硬的
qiáng, qiáng zhuàng de,
qiáng yìng de

stuck 卡住的 kǎ zhù de

student 学生，研究者
xué sheng, yán jiū zhě

student discount 学生优惠
xué sheng yōu huì

stuffed 已经喂饱了的
yǐ jīng wèi bǎo le de

stupid 愚蠢的 yú chǔn de

subtitle 副题 (书本中的)，
说明，对白的字幕 fù tí (shū
běn zhōng de), shuō míng,
duì bái de zì mù

suburb 市郊，郊区
shì jiāo, jiāo qū

subway 地道，地铁
dì dào, dì tiě

suddenly 突然地 tū rán dì

suede 小山羊皮
xiǎo shān yáng pí

sugar-free 不含糖的
bù hán táng de

suit (v) 合适，适合
hé shì, shì hé

suit (n) 一套衣服 yí tào yī fu

suitcase 手提箱，衣箱
shǒu tí xiāng, yī xiāng

summer 夏季，夏天
xià jì, xià tiān

summit 顶点，最高阶层
dǐng diǎn, zuì gāo jiē céng

sun 太阳，阳光，恒星 tài yáng,
yáng guāng, héng xīng

sunblock 防晒霜
fáng shài shuāng

sunburn 晒斑，晒黑
shài bān, shài hēi

Sunday 星期日 xīng qī rì

sunglasses 太阳镜，墨镜
tài yáng jìng, mò jìng

sunny 阳光充足的
yáng guāng chōng zú de

sunrise 日出 rì chū

sunroof (汽车的) 天窗
(qì chē de) tiān chuāng

sunset 日落，晚年
rì luò, wǎn nián

sunshade 遮阳伞，天棚
zhē yáng sǎn, tiān péng

sunshine 阳光 yáng guāng

sunstroke 日射病，中暑
rì shè bìng, zhòng shǔ

suntan lotion 防晒霜
fáng shài shuāng

supplement (n) 补遗，补充，
附录，增刊 bǔ yí, bǔ chōng,
fù lù, zēng kān

ENGLISH → MANDARIN

sure 对 ... 有把握
duì ... yǒu bǎ wò

surfboard 冲浪板
chōng làng bǎn

surgery (doctor's rooms)
手术室,
诊疗室 shǒu shù shì,
zhěn liáo shì

surgery (procedure)
外科手术 wài kē shǒu shù

surname 姓 xìng

surrounded 被 ... 环绕着的
bèi ... huán rào zhe de

suspension 吊, 悬浮
diào, xuán fú

swallow (v) 吞下, 咽下
tūn xià, yān xià

swear (an oath) 宣誓, 发誓
xuān shì, fā shì

swear (curse) 诅咒
zǔ zhòu

swear word 宣誓词
xuān shì cí

sweat (n) 汗 hàn

sweat (v) 出汗 chū hàn

sweater 厚运动衫, 毛线衫
hòu yùn dòng shān,
máo xiàn shān

sweet (adj) 甜的 tián de

sweet (n) 糖果 táng guǒ

swell 膨胀, 增大
péng zhàng, zēng dà

swelling 肿胀, 肿大, 隆起
zhǒng zhàng, zhǒng dà,
lóng qǐ

swim 游泳, 漂浮
yóu yǒng, piāo fú

swimming costume
游泳衣 yóu yǒng yī

swing (v) 摇摆, 旋转
yáo bǎi, xuán zhuǎn

switch (n) 开关, 电闸
kāi guān, diàn zhá

switch off 关闭 guān bì

switch on 打开 dǎ kāi

swollen 肿胀的
zhǒng zhàng de

synagogue 犹太教会堂
yóu tài jiào huì táng

T

table 桌子, 餐桌, 工作台
zhuō zi, cān zhuō,
gōng zuò tái

table wine 进餐时喝的淡酒
jìn cān shí hē de dàn jiǔ

tablecloth 桌布 zhuō bù

tablespoon 大汤匙
dà tāng chí

tailor 裁缝 cái feng

take 拿, 拿走, 取
ná, ná zǒu, qǔ

take-away food 外卖食品
wài mài shí pǐn

talcum powder 滑石粉
huá shí fěn

talk (v) 谈话, 讲, 谈论
tán huà, jiǎng, tán lùn

tampon 棉球, 止血垫
mián qiú, zhǐ xuè diàn

tangerine 橘子 jú zi

tank 桶, 箱, 罐
tǒng, xiāng, guàn

tape (n) 录音带 lù yīn dài

tape (v) 录音 lù yīn

tape measure 卷尺
juǎn chǐ

tape recorder 录音机
lù yīn jī

taste (v) 品尝, 辨味
pǐn cháng, biàn wèi

taste (n) 味道, 味觉
wèi dào, wèi jué

tax 税, 税款 shuì, shuì kuǎn

taxi 出租汽车 chū zū qì chē

taxi driver 出租汽车司机
chū zū qì chē sī jī

taxi rank 出租车候客处
chū zū chē hòu kè chù

tea 茶, 茶叶 chá, chá yè

tea bag 茶叶袋 chá yè dài

teach 讲授, 教授
jiǎng shòu, jiào shòu

teacher 教师 jiào shī

team 队, 组 duì, zǔ

teapot 茶壶 chá hú

teaspoon 茶匙 chá chí

teat (bottle) 奶嘴 nǎi zuǐ

teeth 牙齿 yá chǐ

telephone (n) 电话, 电话机
diàn huà, diàn huà jī

telephone call (来) 电话
(lái) diàn huà

telephone directory
电话簿 diàn huà bù

television 电视, 电视机
diàn shì, diàn shì jī

tell 告诉, 说 gào su, shuō

temperature 温度 wēn dù

temple 庙, 寺, 神殿
miào, sì, shén diàn

temporary 暂时的, 临时的
zàn shí de, lín shí de

tendon 腱, 筋 jiàn, jīn

tennis 网球 wǎng qiú

tennis court 网球场
wǎng qiú chǎng

tennis racket 网球拍
wǎng qiú pāi

tent 帐篷 zhàng peng

tent peg 帐篷桩
zhàng péng zhuāng

terminal (n) 终点站, 终端
zhōng diǎn zhàn, zhōng duān

thank 感谢, 谢谢
gǎn xiè, xiè xie

that 那, 那个 nà, nà gè

the 那 nà

theatre 剧场, 戏院
jù chǎng, xì yuàn

theft 偷, 行窃 tōu, xíng qiè

there 在那里 zài nà lǐ

thermometer 温度计,
体温计 wēn dù jì, tǐ wēn jì

they 他们 tā men

thick 厚的, 粗的
hòu de, cū de

thief 小偷, 贼 xiǎo tōu, zéi

thigh 大腿, 股 dà tuǐ, gǔ

thin 薄的, 细的, 瘦的
báo de, xì de, shòu de

thing 东西, 事情
dōng xi, shì qíng

think 想, 思索, 认为
xiǎng, sī suǒ, rèn wéi

third-party insurance
第三者责任险
dì sān zhě zé rèn xiǎn

thirsty 口渴的 kǒu kě de

this 这, 这个 zhè, zhè ge

this morning 今天早上 (晨)
jīn tiān zǎo shang (chén)

this way 这里, 这边
这条路 ... zhè lǐ, zhè biān,
zhè tiáo lù ...

this week 这星期, 本周
zhè xīng qī, běn zhōu

thorn 刺, 荆棘 cì, jīng jí

those 那些 nà xiē

thousand 一千, 一千个
yì qiān, yì qiān gè

thread (n) 线, 细丝
xiàn, xì sī

throat 咽喉, 喉咙
yān hóu, hóu lóng

throat lozenges 润喉糖,
止咳糖 rùn hóu táng,
zhǐ ké táng

through (prep) 穿过, 通过
chuān guò, tōng guò

through (adj) 直达的,
直通的 zhí dá de, zhí tōng de

throw (n) 投, 掷 tóu, zhì

throw (v) 扔, 抛 rēng, pāo

thumb 拇指 mǔ zhǐ

thunder (n) 雷, 雷声
轰隆声 léi, léi shēng,
hōng lóng shēng

thunder (v) 打雷, 雷鸣
dǎ léi, léi míng

thunderstorm 雷雨, 雷暴雨
léi yǔ, léi bào yǔ

Thursday 星期四 xīng qī sì

ticket 票, 入场券
piào, rù chǎng quàn

ticket collector 收票员,
检票员 shōu piào yuán,
jiǎn piào yuán

ticket office 售票处
shòu piào chù

tide, low tide, high tide
潮, 潮汐, 潮流, 趋势, (低潮)
(高潮) cháo, cháo xī, cháo
liú, qū shì (dī cháo)
(gāo cháo)

tie (n) 带子, 线, 鞋带
dài zi, xiàn, xié dài

tight 紧的，绷紧的
jǐn de, bēng jǐn de

tights 贴身衬衣，紧身衣
tiē shēn chèn yī, jǐn shēn yī

till (cash register)
放钱的抽屉，备用现金
fàng qián de chōu ti, bèi
yòng xiàn jīn

till (until) 直到，在 ... 以前，迄
zhí dào, zài ... yǐ qián, qì

time 时间，时侯，时机
shí jiān, shí hòu, shí jī

timetable 时间表
shí jiān biǎo

tin (n) 锡，马口铁，罐
xī, mǎ kǒu tiě, guàn

tin opener 开罐器
kāi guàn qì

tinfoil 锡纸 xī zhǐ

tiny 很少的，微小的
hěn shǎo de, wēi xiǎo de

tip (n) 顶，尖端，小费
dǐng, jiān duān, xiǎo fèi

tired 疲劳的，累的
pí láo de, lèi de

tissue 薄纸，棉纸
báo zhǐ, mián zhǐ

to (prep) 向，往，给...于...，
直到 ...为止，在 ... 之前，比，
对，(表示程度、范围) 到，达
xiàng, wǎng, gěi..., yú ..., zhí
dào ... wéi zhǐ, zài ... zhī qián,
bǐ, duì, (biǎo shì chéng dù,
fàn wéi) dào, dá

toad 蟾蜍，癞蛤蟆
chán chú, lài há ma

today 今天，现今
jīn tiān, xiàn jīn

toe 趾，脚趾，足尖
zhǐ, jiǎo zhǐ, zú jiān

together 共同，一起
gòng tóng, yì qǐ

toilet 厕所，卫生间
cè suǒ, wèi shēng jiān

tolerate 忍受，容忍
rěn shòu, róng rěn

toll (toll road) 公路收费站
(收费公路) gōng lù shōu fèi
zhàn (shōu fèi gōng lù)

tomato 番茄，西红柿
fān qié, xī hóng shì

tomato juice
番茄汁，西红柿汁
fān qié zhī, xī hóng shì zhī

tomorrow 明天，未来
míng tiān, wèi lái

**tomorrow morning /
afternoon / evening**
明天上午 / 下午 / 晚上
míng tiān shàng wǔ / xià wǔ /
wǎn shang

tongue 舌头，舌状物
shé tou, shé zhuàng wù

tonight 今晚，今夜
jīn wǎn, jīn yè

tonsillitis 扁桃腺炎
biǎn táo xiàn yán

too 也，太过份
yě, tài guò fèn

too much 多，太多的
duō, tài duō de

tool 工具，用具
gōng jù, yòng jù

toolkit 工具包，工具箱
gōng jù bāo, gōng jù xiāng

tooth 牙齿 yá chǐ

toothache 牙痛 yá tòng

toothbrush 牙刷 yá shuā

toothpick 牙签 yá qiān

top (n) 顶部，极点
dǐng bù, jí diǎn

top (adj) 最高的，头等的
zuì gāo de, tóu děng de

top floor (建筑物的) 顶层
(jiàn zhù wù de) dǐng céng

topless 裸露上身的
luǒ lù shàng shēn de

torch 手电筒，火炬
shǒu diàn tǒng, huǒ jù

torn 撕裂，扯破，sī liè,
chě pò

total 总数，合计
zǒng shù, hé jì

tough 强硬的，强壮的 qiáng
yìng de, qiáng zhuàng de

tour (n) 旅行，旅游
lǚ xíng, lǚ yóu

tour guide 导游 dǎo yóu

ENGLISH → MANDARIN

tour operator
包价旅游承办商 bāo jià lǚ
yóu chéng bàn shāng

tow 拖, 拉, 牵引
tuō, lā, qiān yǐn

towel 手巾, 毛巾
shǒu jīn, máo jīn

tower 塔, 城堡 tǎ, chéng bǎo

town 市镇, 城镇
shì zhèn, chéng zhèn

town hall 市政厅
shì zhèng tīng

toy 玩具 wán jù

tracksuit 径赛服 jìng sài fú

traffic 交通, 通行, 运输
jiāo tōng, tōng xíng, yùn shū

traffic jam 塞车, 交通拥堵
sāi chē, jiāo tōng yōng dǔ

traffic light 交通信号灯
jiāo tōng xìn hào dēng

trailer 拖车 tuō chē

train (n) 火车, 列车
huǒ chē, liè chē

train (v) 训练 xùn liàn

tram 有轨电车
yǒu guǐ diàn chē

tranquillizer 镇定剂
zhèn dìng jì

translate 翻译, 解释
fān yì, jiě shì

translation 翻译, 译文
fān yì, yì wén

translator 翻译者 fān yì zhě

trash 垃圾, 废物 lā jī, fèi wù

travel (v) 旅行, 传播
lǚ xíng, chuán bō

travel agent 旅行社
lǚ xíng shè

travel documents 旅行文件
（证明）lǚ xíng wén jiàn
(zhèng míng)

travel sickness 旅行疾病
lǚ xíng jí bìng

traveller's cheque
旅行支票 lǚ xíng zhī piào

tray 盘, 碟 pán, dié

tree 树 shù

trolley 手推车, 手摇车
shǒu tuī chē, shǒu yáo chē

trouble 烦恼, 麻烦, 动乱
fán nǎo, má fan, dòng luàn

trousers 裤子, 长裤
kù zi, cháng kù

trout 鲑鱼 guī yú

truck 卡车 kǎ chē

true 真实的, 真正的
zhēn shí de, zhēn zhèng de

trunk (of car) 汽车后备箱
qì chē hòu bèi xiāng

try (n) 尝试 cháng shì

try (v) 试, 试验 shì, shì yàn

try on 试穿, 试验
shì chuān, shì yàn

tube 管, 管子, 地铁
guǎn, guǎn zi, dì tiě

tuna 金枪鱼 jīn qiāng yú

tunnel 隧道, 地道
suì dào, dì dào

turkey 火鸡 huǒ jī

turn (n) 转动, 旋转
zhuǎn dòng, xuán zhuǎn

turn around 回转, 转向
huí zhuǎn, zhuǎn xiàng

turn off 关掉 guān diào

turquoise 绿宝石
lǜ bǎo shí

tweezers 镊子, 小钳
niè zi, xiǎo qián

twice 两次, 两倍
liǎng cì, liǎng bèi

twin beds 一对单人床
yí duì dān rén chuáng

twins 双胞胎 shuāng bāo tāi

type (n) 类型, 典型
lèi xíng, diǎn xíng

type (v) 打字 dǎ zì

typical 典型的 diǎn xíng de

tyre 轮胎 lún tāi

tyre pressure 轮胎气压
lún tāi qì yā

U

ugly 丑陋的, 难看的
chǒu lòu de, nán kàn de

ulcer 溃疡, 腐烂物
kuì yáng, fǔ làn wù

umbrella 伞, 雨伞
sǎn, yǔ sǎn

ENGLISH → MANDARIN

uncle 伯父, 叔父, 姨丈
bó fù, shū fù, yí zhàng
uncomfortable 不舒服的
bù shū fu de
unconscious 不省人事
bù xǐng rén shì
under 在 …之下 zài … zhī xià
underdone 半生不熟的
bàn shēng bù shú de
underground (adj) 地下的
dì xià de
underground (subway)
地铁 dì tiě
underpants 男用短内裤,
衬裤 nán yòng duǎn nèi kù,
chèn kù
understand 懂, 了解
dǒng, liǎo jiě
underwear 内衣裤 nèi yī kù
unemployed 失业的
shī yè de
United Kingdom 英国
yīng guó
United States 美国 měi guó
university 大学 dà xué
unleaded petrol 无铅汽油
wú qiān qì yóu
unlimited 无限的 wú xiàn de
unlock 开 …锁, 开启
kāi … suǒ, kāi qǐ
unpack 打开包裹 (或行李等)
dǎ kāi bāo guǒ (huò xíng li
děng)
unscrew 旋开, 旋松
xuán kāi, xuán sōng
until 到 …为止, 在 … 以前
dào … wéi zhǐ, zài … yǐ qián
unusual 不寻常的
bù xún cháng de
up 向上, 在上
xiàng shàng, zài shàng
up-market 高档的
gāo dàng de
upside down 颠倒, 混乱
diān dǎo, hùn luàn
upstairs 向楼上, 在楼上
xiàng lóu shàng, zài lóu shàng
urgent 紧急的 jǐn jí de
us 我们 wǒ men

use (v) 使用, 利用
shǐ yòng, lì yòng
useful 有用的 yǒu yòng de
usual 平常的, 通常的
píng cháng de,
tōng cháng de
usually 通常, 大抵
tōng cháng, dà dǐ

V
vacancy 空额, 空缺, 空闲
kòng é, kòng quē, kòng xián
vacation 假期, 休假
jià qī, xiū jià
vaccine 疫苗 yì miáo
vacuum cleaner 吸尘器
xī chén qì
valid 有效的 yǒu xiào de
valley (山) 谷, 流域
(shān) gǔ, liú yù
valuable 贵重的
guì zhòng de
value 价值, 估价
jià zhí, gū jià
valve 阀, 电子管
fá, diàn zǐ guǎn
van 有篷货车, 面包车
yǒu péng huò chē,
miàn bāo chē
VAT 增值税 zēng zhí shuì
veal 小牛肉 xiǎo niú ròu
vegetables 蔬菜, 植物
shū cài, zhí wù
vegetarian 素食者
sù shí zhě
vehicle 交通工具
jiāo tōng gōng jù
vein 血管, 静脉
xuè guǎn, jìng mài
vending machine
自动售货机
zì dòng shòu huò jī
venereal disease 性病
xìng bìng
very 很, 非常 hěn, fēi cháng
vest 汗衫, 背心, 内衣
hàn shān, bèi xīn, nèi yī
vet (veterinarian) 兽医
shòu yī

136

via 经, 通过, 经由
jīng, tōng guò, jīng yóu
view 景色, 观点
jǐng sè, guān diǎn
village 乡村, 村庄
xiāng cūn, cūn zhuāng
vinegar 醋 cù
vineyard 葡萄园
pú tao yuán
violet 紫罗兰 zǐ luó lán
virus 病毒 bìng dú
visa 签证 qiān zhèng
visit (v) 拜访, 访问, 参观,
访问, 参观 bài fǎng, fǎng
wèn, cān guān, fǎng wèn,
cān guān
visiting hours （访问, 参观）
时间 (fǎng wèn, cān guān)
shí jiān
visitor 访问者, 游客
fǎng wèn zhě, yóu kè
voice 声音, 嗓音
shēng yīn, sǎng yīn
volcano 火山 huǒ shān
voltage 电压, 伏特数
diàn yā, fú tè shù
vomit (v) 吐出, 呕吐
tǔ chū, ǒu tù
voucher 代金券
dài jīn quàn

W
wage (n) 工资 gōng zī
waist 腰部, 腰 yāo bù, yāo
waistcoat 背心, 马甲
bèi xīn, mǎ jiǎ
wait (v) 等待, 等候
děng dài, děng hòu
waiter / waitress
服务员 / 女服务员
fú wù yuán / nǚ fú wù yuán
waiting room
等候室, 候诊室
děng hòu shì, hòu zhěn shì
wake up (v) 醒来 xǐng lái
wake-up call 叫起,
唤醒电话 jiào qǐ,
huàn xǐng diàn huà
Wales 威尔士 wēi ěr shì

walk (v) 步, 行, 走
bù, xíng, zǒu
wallet 皮夹, 钱
pí jiā, qián jiā
walnut 胡桃, 胡桃木
hú táo, hú táo mù
want (v) 想要, 要
xiāng yào, yào
war 战争 zhàn zhēng
ward (hospital) 病房
bìng fáng
wardrobe 衣柜, 衣橱
yī guì, yī chú
warehouse 仓库
cāng kù
warm (adj) 暖和的, 暖的
nuǎn huo de, nuǎn de
wash (v) 洗, 洗涤 xǐ, xǐ dí
washbasin 脸盆 liǎn pén
washing powder 洗衣粉
xǐ yī fěn
washing-up liquid 洗涤液
xǐ dí yè
wasp 黄蜂 huáng fēng
waste (n) 废物, 浪费的
fèi wù, làng fèi de
waste (v) 浪费, 消耗
làng fèi, xiāo hào
waste bin 垃圾箱
lā jī xiāng
watch (v) 看, 观看
kàn, guān kàn
watch (n) 手表 shǒu biǎo
watch strap 表带
biǎo dài
water 水, 雨水, 海水
shuǐ, yǔ shuǐ, hǎi shuǐ
watermelon 西瓜 xī guā
waterproof (adj) 防水的,
不透水的 fáng shuǐ de,
bú tòu shuǐ de
water-skiing 水上电动滑船
shuǐ shàng diàn dòng huá
chuán
wave (n) 波, 波浪
bō, bō làng
we 我们 wǒ men
weak 不牢固的, 虚弱的
bù láo gù de, xū ruò de

ENGLISH → MANDARIN

wear (v) 穿, 戴 chuān, dài

weather 天气, 气候, 气象
tiān qì, qì hòu, qì xiàng

weather forecast 天气预报
tiān qì yù bào

web 网 wǎng

wedding 婚礼, 结婚典礼
hūn lǐ, jié hūn diǎn lǐ

wedding present
结婚礼物（品）
jié hūn lǐ wù (pǐn)

wedding ring 结婚戒指
jié hūn jiè zhi

Wednesday 星期三
xīng qī sān

week 星期 xīng qī;
last week 上星期
（上周）zhōu – shàng xīng qī
(shàng zhōu);
this week 这星期（这周）
zhè xīng qī (zhè zhōu);
next week 下星期（下周）
xià xīng qī (xià zhōu);
a week ago 一星期
（一周）前 yì xīng qī
(yì zhōu) qián

weekday 平日 píng rì

weekend 周末
zhōu mò

weekly (adj) 每星期的,
一周的 měi xīng qī de,
yì zhōu de

weekly (adv) 每周一次
měi zhōu yí cì

weigh 称 ... 重量, 称
chēng ... zhòng liàng, chēng

weight 重力, 重量, 分量
zhòng lì, zhòng liàng,
fèn liàng

weird 古怪的, 离奇的
gǔ guài de, lí qí de

welcome 欢迎
huān yíng

well (adv) 好, 对,
令人满意地, 适当 hǎo, duì,
lìng rén mǎn yì dì, shì dàng

Welsh 威尔士的 wēi ěr shì de

west 西方, 西部
xī fāng, xī bù

wet 湿的, 潮湿的
shī de, cháo shī de

wetsuit 紧身潜水衣
jǐn shēn qián shuǐ yī

What? 什么? shén me?

What is wrong?
有什么不对? 什么错了?
yǒu shén me bú duì?
shén me cuò le?

What's the matter?
什么事? shén me shì?

What's the time?
什么时间? 几点了?
shén me shí jiān?
jǐ diǎn le?

wheel (n) 轮, 车轮, 轮子
lún, chē lún, lún zi

wheel clamp 轮锁, 轮夹
lún suǒ, lún jiá

wheelchair 轮椅 lún yǐ

When? 什么时候,
... 的时候 ... shén me shí
hou, ... de shí hou ...

Where? 什么地方?
shén me dì fang?

Which? 哪个, 哪几个
nǎ gè, nǎ jǐ gè

while (n) 一会儿 yì huìr

while (conj) 当 ... 的时候
dāng ... de shí hou

whipped cream 生奶油
shēng nǎi yóu

white 白色, 白种人
bái sè, bái zhǒng rén

Who? 谁? 哪 ... 的（人）?
shuí? nǎ ... de (rén)?

whole (n) 全部, 整体
quán bù, zhěng tǐ

wholemeal bread
全麦面包
quán mài miàn bāo

Whose? 谁的? 哪（些）人的?
shuí de? nǎ (xiē) rén de?

Why? 为什么? wèi shén me?

wide 宽的, 广阔的
kuān de, guǎng kuò de

widower, widow 鳏夫, 寡妇
guān fū, guǎ fu

wife 妻子 qī zi

wig 假发　jiǎ fà
win 赢, 胜利　yíng, shèng lì
wind (n) 风　fēng
window 窗, 窗口
chuāng, chuāng kǒu
window seat 靠窗的坐位
kào chuāng de zuò wèi
windscreen 风档玻璃
fēng dǎng bō li
windscreen wiper 雨刮器
yǔ guā qì
windy 有风的, 刮风的
yǒu fēng de, guā fēng de
wine 葡萄酒, 酒
pú tao jiǔ, jiǔ
wine glass 玻璃酒杯
bō li jiǔ bēi
winter 冬, 冬季
dōng, dōng jì
wire (n) 金属丝, 电线
jīn shǔ sī, diàn xiàn
wish (n) 愿望, 心愿, 请求
yuàn wàng, xīn yuàn,
qīng qiú
with 有, 以, 用, 同 ..., 由于,
和 ...　yǒu, yǐ, yòng, tóng ...,
yóu yú, hé ...
without 没有, 不
méi yǒu, bù
witness (n) 证人, 证词
zhèng rén, zhèng cí
wolf (n) 狼　láng
woman 女人, 妇女
nǚ rén, fù nǚ
wood 木头, 木材
mù tou, mù cái
wool 羊毛, 毛织品
yáng máo, máo zhī pǐn
word 字, 词, 话
zì, cí, huà
work (n) 工作, 劳动, 操作
gōng zuò, láo dòng, cāo zuò
world (n) 世界　shì jiè
world (adj) 世界的
shì jiè de
worried 烦恼的, 焦虑的
fán nǎo de, jiāo lù de
worse 更坏的, 更恶劣的
gèng huài de, gèng è liè de

worth 价值, 财产, 值钱的
jià zhí, cái chǎn, zhí qián de
wrap up 包, 裹, 卷
bāo, guǒ, juǎn
wrapping paper 包装纸,
包装材料　bāo zhuāng zhǐ,
bāo zhuāng cái liào
wrinkle (n) 皱纹　zhòu wén
wrinkle (v) 使皱　shǐ zhòu
wrist 手腕, 腕关节
shǒu wàn, wàn guān jié
write 写, 写信, 写作, 作曲
xiě, xiě xin, xiě zuò, zuò qǔ
writing paper 书写纸
shū xiě zhǐ

X
X-ray 放射线, X光线
fàng shè xiàn, X guāng xiàn

Y
yacht (n) 游艇, 快艇
yóu tǐng, kuài tǐng
year 年, 年龄, 年岁
nián, nián líng, nián suì
yellow (n) 黄色　huáng sè
yellow (adj) 黄色的
huáng sè de
yellow pages 电话簿, 黄页
diàn huà bù, huáng yè
yes 是　shì
yesterday 昨天　zuó tiān
yolk 蛋黄　dàn huáng
you 你, 你们　nǐ, nǐ men
young 年轻的
nián qīng de
your 你的, 你们的
nǐ de, nǐ men de
youth hostel 青年旅馆
qīng nián lǚ guǎn

Z
zero 零, 零点, 零度
líng, líng diǎn, líng dù
zipper, zip fastener
拉链, 拉锁　lā liàn, lā suǒ
zone (n) 地域, 地带, 地区
dì yù, dì dài, dì qū
zoo 动物园　dòng wù yuán

ENGLISH → MANDARIN

MANDARIN → ENGLISH

A

ái, dú liú 癌, 毒瘤 cancer
ǎi shù cóng 矮树丛 bush
ài, rè ài, ài qíng, ài hào 爱, 热爱, 爱情, 爱好 love (n)
ài ěr lán 爱尔兰 Ireland
ān, ān zhuàng wù 鞍, 鞍状物 saddle
ān jìng 安静 quiet (n)
ān mián yào 安眠药 sleeping pill
ān pái 安排 arrange
ān quán (bié zhēn, shuān, kòu) 安全 (别针, 栓, 扣) safety pin
ān quán chū kǒu 安全出口 fire exit
ān quán dài 安全带 life belt, safety belt, seatbelt
àn dàn de, mó hu de 暗淡的, 模糊的 dull
àn dè 暗 dark (adj)
àn líng, qiāo zhōng 按铃, 敲钟 ring (v)
āng zāng de, bēi bǐ de 肮脏的, 卑鄙的 dirty
āng zāng de, xià liú de 肮脏的, 下流的 nasty
áng guì de 昂贵的 expensive
áng guì de, qīn ài de 昂贵的, 亲爱的 dear
(āo tū) jìng piàn, yì zǔ tòu jìng (凹凸) 镜片, 一组透镜 lenses

B

bǎ ... guān (suǒ) zài lǐ miàn 把 ... 关 (锁) 在里面 lock in
bǎ ... guān zài wài miàn 把 ... 关在外面 lock out
bǎ ... pái chú zài wài, bù bǎ ... bāo kuò zài nèi 把 ... 排除在外, 不把 ... 包括在内 exclude
bǎ wò 把握 hold (n)
bà gōng, dǎ jī, ōu dǎ 罢工, 打击, 殴打 strike (n)
bái lán dì jiǔ 白兰地酒 brandy
bái sè, bái zhǒng rén 白色, 白种人 white

bǎi dù, dù chuán, dù kǒu 摆渡, 渡船, 渡口 ferry
bǎi huò shāng diàn 百货商店 department store
bǎi yè chuāng, kuài mén 百叶窗, 快门 shutter
bài fǎng, fǎng wèn, cān guān, fǎng wèn, cān guān 拜访, 访问, 参观, 访问, 参观 visit (v)
bān jí, jiē jí, zhǒng lèi 班级, 阶级, 种类 class
bān jiā 搬家 move house
bān shou, bān zī 扳手, 扳子 spanner
bàn dǎo 半岛 peninsula
bàn gōng shì, bàn shì chù 办公室, 办事处 office
bàn shēng bù shú de 半生不熟的 underdone
bāng máng 帮忙 help (n)
bàng, yīng bàng 磅, 英镑 pound
bàng bàng táng 棒棒糖 lollipop
bàng wǎn, wǎn jiān 傍晚, 晚间 evening
bāo, guǒ, juǎn 包, 裹, 卷 wrap up
bāo, xuē, bō luò 剥, 削, 剥落 peel (v)
bāo jī, bāo zū fēi jī 包机, 包租飞机 charter flight
bāo jià lǚ yóu chéng bàn shāng 包价旅游承办商 tour operator
bāo kuò de, nèi cáng de 包括的, 内藏的 included
bāo náng, páng guāng, náng zhǒng 包囊, 膀胱, 囊肿 cyst
bāo zhā yòng pǐn 包扎用品 dressing (bandage)
bāo zhuāng 包装 pack (v)
bāo zhuāng zhǐ, bāo zhuāng cái liào 包装纸, 包装材料 wrapping paper
báo de, xì de, shòu de 薄的, 细的, 瘦的 thin
báo kǎo bǐng 薄烤饼 pancake

báo piàn 薄片 slice (n)

báo zhǐ, mián zhǐ 薄纸, 棉纸 tissue

bǎo chí, bǎo cún 保持, 保存 keep (v)

bǎo chí, dòu liú, shèng yú 保持, 逗留, 剩余 remain

bǎo jiàn shí pǐn shāng diàn 保健食品商店 health food shop

bǎo jiàn shí pǔ, jié shí 保健食谱, 节食 diet (n)

bǎo lěi, yào sài 堡垒, 要塞 fortress

bǎo liú, yù dìng, yù yuē 保留, 预定, 预约 reserve, reservation

bǎo mǔ, nǎi mā 保姆, 奶妈 nanny

bǎo xiǎn, bǎo xiǎn yè 保险, 保险业 insurance

bǎo xiān mó 保鲜膜 cling film

bǎo xiǎn sī 保险丝 fuse

bǎo yǎng 保养 service (v)

bǎo zhèng shū, dān bǎo 保证书, 担保 guarantee

bào dǎo, huì bào 报导, 汇报 report (v)

bào fā, bào zhà 爆发, 爆炸 explosion

bào fēng yǔ, bào fēng xuě 暴风雨, 暴风雪 storm

bào gào 报告 report (n)

bào lù, jiē lù, pù guāng 暴露, 揭露, 曝光 exposure

bào tān, bào kān tíng 报摊, 报刊亭 news stand

bào yuàn, bēi tàn, tóu sù 抱怨, 悲叹, 投诉 complain

bào zhà, bào fā 爆炸, 爆发 burst

bào zhǐ 报纸 newspaper

bēi zi, jiǔ bēi, jiǎng bēi 杯子, 酒杯, 奖杯 cup

bēi zi (yǒu bǐng de) 杯子 (有柄的) mug

běi, běi fāng, běi bù 北, 北方, 北部 north

bèi, bàng lèi 贝, 蚌类 mussel

bèi, jiǎ qiào lèi dòng wù 贝, 甲壳类动物 shellfish

bèi bù, hòu mian 背部, 后面 back (n)

bèi dān hé zhěn tào 被单和枕套 bed linen

bèi ... huán rào zhe de 被 ... 环绕着的 surrounded

bèi kǎ zhù de 被卡住的 jammed

bèi rù 被褥 quilt

bèi tāi 备胎 spare tyre

bèi tòng 背痛 backache

bèi xīn, mǎ jiǎ 背心, 马甲 waistcoat

běn jī, fèn dǒu 畚箕, 粪斗 dustpan

běn zhì de, shí zhì de, jī běn de 本质的, 实质的, 基本的 essential

bēng dài 绷带 bandage

bèng, chōu shuǐ jī 泵, 抽水机 pump (n)

bí 鼻 nose

bǐ jì, duǎn xìn, biàn tiáo 笔记, 短信, 便条 note

bǐ jì běn 笔记本 notebook

bǐ sài, jìng sài 比赛, 竞赛 match (sports)

bǐ sài, yóu xì, yùn dòng huì 比赛, 游戏, 运动会 game

bǐ yǒu 笔友 penfriend

bì miǎn, xiāo chú 避免, 消除 avoid

bì xū, yīng dāng 必须, 应当 must

bì xū zuò de, bèi qiáng zhì de 必须做的, 被强制的 compulsory

bì yào de, bì xū de 必要的, 必需的 necessary

bì yùn de 避孕的 contraceptive (adj)

bì yùn huán 避孕环 coil (contraceptive)

bì yùn yòng jù 避孕用具 contraceptive (n)

bì yùn tào 避孕套 condom

biān, páng biān, miàn, cè miàn 边, 旁边, 面, 侧面 side (n)

MANDARIN → ENGLISH

141

biān, yuán 边，缘 hem
biān jiè, guó jiè 边界，国界
  border
biān jiè, (yóu zhǐ) shì jiāo 边界，
  (尤指) 市郊 outskirts
biān zhī, mì jiē 编织，密接
  knit
biān zhī zhēn 编织针
  knitting needle
biǎn táo xiàn yán 扁桃腺炎
  tonsillitis
biàn cān chē 便餐车
  buffet car
biàn cháo shī, zēng jiā shuǐ fèn
  变潮湿，增加水分
  moisturize
biàn dào, rào lù 便道，绕路
  detour
biàn lì de, fāng biàn de 便利的，
  方便的 convenient
biàn sè 变色 colour (v)
biàn sù gǎn 变速杆
  gear lever
biàn sù xiāng 变速箱
  gearbox
biàn xié xiǎo chuáng 便携小床
  carry-cot
biàn zi 辫子 plait
biāo jì, fú hào 标记，符号
  sign (n)
biāo qiān, biāo zhì 标签，标志
  label (n)
biǎo dài 表带 watch strap
biǎo gé 表格 form
  (document)
biǎo shì, zhǎn lǎn 表示，展览
  show (n)
bīng 冰 ice
bīng báo 冰雹 hail (n)
bīng hé 冰河 glacier
bīng kā fēi 冰咖啡 iced
  coffee
bīng jī líng 冰激凌
  ice cream
bīng xiāng 冰箱 freezer
bīng xié 冰鞋 skates, ice
  skates
bǐng, bǎ shǒu 柄，把手
  handle (n)

bǐng gān, xiǎo diǎn xin 饼干，
  小点心 biscuit
bìng de (wǒ kuài yào bìng le)
  病的 (我快要病了) sick
  (I'm going to be sick!)
bìng dú 病毒 virus
bìng fáng 病房 ward
  (hospital)
bìng rén 病人 patient (n)
bō 拨 dial (v)
bō, bō làng 波，波浪 wave (n)
bō cài 菠菜 spinach
bō hào yīn 拨号音
  dialling tone
bō li bēi 玻璃杯 glass
  (tumbler)
bō li jiǔ bēi 玻璃酒杯 wine
  glass
bó fù, shū fù, yí zhàng 伯父，
  叔父，姨丈 uncle
bó mǔ, ā yí 伯母，阿姨 aunt
bó wù 薄雾 mist
bó wù guǎn 博物馆 museum
bó zi, jǐng 脖子，颈 neck
bò he, bò he táng 薄荷，
  薄荷糖 mint
bú fèi lì de, qīng sōng
  不费力的，轻松 easily
bú jiàn de, shī luò de 不见的，
  失落的 missing
bú yào jǐn, méi guān xi, bú
  zhòng yào ... 不要紧，
  没关系，不重要 ...
  matter – it doesn't matter
bú zhèng shì de 不正式的
  informal
bǔ huò, gǎn shang (chē chuán
  děng), gǎn rǎn (jí bìng)
  捕获，赶上 (车船等)，感染
  (疾病) catch (v)
bǔ yá tián liào 补牙填料
  filling (tooth)
bǔ yí, bǔ chōng, fù lù, zēng kān
  补遗，补充，附录，增刊
  supplement (n)
bù 不 not
bù, bú shì 不，不是 no
bù, jú, chù, kē, bù mén 部，局，
  处，科，部门 department

bù, xíng, zǒu 步,行,走
walk (v)
bù, zhī wù, yī liào 布,织物,
衣料 cloth
bù cháng, dà chén 部长,大臣
minister
bù dé bù, zhǐ hǎo 不得不,只好
have to
bù dīng 布丁 pudding
bù fen, jú bù, líng jiàn 部分,
局部,零件 part (n)
bù gào pái 布告牌
noticeboard
bù hán táng de 不含糖的
sugar-free
bù jié de 不洁的 filthy
bù kě néng de 不可能的
impossible
bù láo gù de, xū ruò de
不牢固的,虚弱的
weak
bù néng 不能 couldn't
bù shí, yǒu shí 不时,有时
sometimes
bù shū fu, yǒu bìng de 不舒服,
有病的 sick (adj)
bù shū fu de 不舒服的
uncomfortable
bù tóng de 不同的 different
bù xīn xiān de, chén fǔ de
不新鲜的,陈腐的 stale
bù xǐng rén shì 不省人事
unconscious
bù xíng zhě 步行者
pedestrian
bù xún cháng de 不寻常的
unusual

C
cā, guā, sāo, zhuā 擦,刮,搔,
抓 scratch (v)
cā dié gān bù 擦碟干布
dishtowel
**cā liàng, fā liàng, mó guāng,
tuī qiāo** 擦亮,发亮,磨光,
推敲 polish (v)
cái feng 裁缝 tailor
cái liào, yuán liào, sù cái 材料,
原料,素材 material

cǎi sè yīng piàn (jiāo juǎn)
彩色影片 (胶卷) colour film
cài dān 菜单 menu
cān hòu tián diǎn 餐后甜点
dessert
cān hòu tián jiǔ 餐后甜酒
port (wine)
cān jīn 餐巾 serviette
cān jīn, cān jīn zhǐ 餐巾,
餐巾纸 paper napkins
cān jīn, xiǎo máo jīn 餐巾,
小毛巾 napkin
cān jù 餐具 cutlery
cán jí rén 残疾人
handicapped (n)
cán liú, yí wù 残留,遗物
hangover
cāng bái de 苍白的 pale
cāng kù 仓库 warehouse
cāng yíng 苍蝇 fly (n)
cáo zá de 嘈杂的 noisy
cǎo 草 grass
cè suǒ, wèi shēng jiān 厕所,
卫生间 lavatory, toilet
chā xíng wù 叉形物 fork
chā yì, chā bié, fēn qí 差异,
差别,分歧 difference
chá, chá yè 茶,茶叶 tea
chá chí 茶匙 teaspoon
chá hú 茶壶 teapot
chá yè dài 茶叶袋 tea bag
chái yóu jī 柴油机 diesel
chán chú, lài há ma 蟾蜍,
癞蛤蟆 toad
chǎn, tiě qiāo 铲,铁锹
spade
cháng cháng, jīng cháng
常常,经常 often
cháng de, cháng qī de 长的,
长期的 long
cháng jǐng píng 长颈瓶 flask
cháng shì 尝试 try (n)
cháng tú diàn huà 长途电话
long-distance call
cháng tú qì chē, jiào liàn
长途汽车,教练 coach
cháng wà 长袜 stocking
cháng zhù de 常驻的
resident (adj)

MANDARIN → ENGLISH

chàng, yǎn chàng 唱, 演唱 sing

chàng piàn 唱片 record (music)

chàng shī bān 唱诗班 choir

chāo zhòng xíng li 超重行李 excess luggage

cháo, wō 巢, 窝 nest

cháo, cháo xī, cháo liú, qū shì (dī cháo) (gāo cháo) 潮, 潮汐, 潮流, 趋势, (低潮) (高潮) tide, low tide, high tide

cháo shī de 潮湿的 damp, humid

chē dǐng xíng li jià 车顶行李架 roof-rack

chē hào pái 车号牌 number plate

chē liàng bǎo xiǎn 车辆保险 car insurance

chén xià, xià chén 沉下, 下沉 sink (v)

(chèn shān xiù kǒu de) liàn kòu (衬衫袖口的) 链扣 cufflinks

chèn yī 衬衣 shirt

chēng ... zhòng liàng, chēng 称 ... 重量, 称 weigh

chéng bǎo 城堡 castle

chéng běn, jià qián, dài jià 成本, 价钱, 代价 cost (n)

chéng chuán lǚ xíng 乘船旅行 boat trip

chéng fèn, yīn sù 成分, 因素 ingredient

chéng kè, lǚ kè 乘客, 旅客 passenger

chéng rén, chéng nián rén 成人, 成年人 adult (n)

chéng shì, dū shì 城市, 都市 city

chéng shí de, zhèng zhí de 诚实的, 正直的 honest

chéng shì zhōng xīn 城市中心 city centre

chéng shu de 成熟的 ripe

chéng zhī 橙汁 orange juice

chī, fǔ shí 吃, 腐蚀 eat

chí 池 pool

chí, tiáo gēng 匙, 调羹 spoon

chí de, xīn jìn de 迟的, 新近的 late (adj)

chí xù, wéi chí 持续, 维持 last (v)

chǐ cùn, liáng dù qì 尺寸, 量度器 measure

chǐ lún, chuán dòng zhuāng zhì 齿轮, 传动装置 gear

chōng, bēn, gǎn jǐn 冲, 奔, 赶紧 rush (v)

chōng làng bǎn 冲浪板 surfboard

chōng mǎn de, wán quán de, xiáng jìn de 充满的, 完全的, 详尽的 full

chōng zú, zú gòu 充足, 足够 enough (n)

chóng fù 重复 repeat (n)

chóng xīn qǔ huí xíng li 重新取回行李 baggage reclaim

chóng yǎo 虫咬 insect bite

chǒng huài, nì ài 宠坏, 溺爱 spoil

chǒng wù 宠物 pet

chōu jīn, jīng luán 抽筋, 痉挛 cramp

chōu (shuǐ), chōu xī 抽 (水), 抽吸 pump (v)

chōu ti, zhì tú yuán 抽屉, 制图员 drawer

chōu yān, xī yān 抽烟, 吸烟 smoke (v)

chōu yān guǎn, pái yān guǎn 抽烟管, 排烟管 pipe (smoking)

chǒu lòu de, nán kàn de 丑陋的, 难看的 ugly

chū chāi 出差 business trip

chū fā, kāi shǐ, qǐ dòng 出发, 开始, 起动 start (v)

chū hàn 出汗 sweat (v)

chū kǒu 出口 export (v)

chū kǒu, tài píng mén 出口, 太平门 exit (n)

chū nà yuán 出纳员 cashier

chū shēng 出生 born

chū shēng, chū shēn 出生, 出身 birth

chū shēng rì 出生日 date of birth

chū shēng zhèng 出生证 birth certificate

chū shì, xiǎn shì 出示, 显示 show (v)

chū shòu, mài 出售, 卖 sell

chū shòu, mài chū 出售, 卖出 sale

(chū xué huá xuě zhě de) liàn xí pō dì (初学滑雪者的) 练习坡地 nursery slope

chū xué zhě 初学者 beginner

chū zū 出租 let, hire, lease

chū zū chē hòu kè chù 出租车 候客处 taxi rank

chū zū qì chē, jì chéng chē 出租汽车, 计程车 cab, taxi

chū zū qì chē sī jī 出租汽 车司机 taxi driver

chú fáng 厨房 kitchen

chú fáng yòng jù 厨房用具 cooking utensils

chú le ... zhī wài, chú fēi 除了 ... 之外, 除非 except

chú shī 厨师 chef, cook (n)

chú xī 除夕 Chinese New Year's Eve

chǔ cáng, chǔ bèi 贮藏, 贮备 store (v)

chǔ fāng, shí pǔ 处方, 食谱 recipe

chǔ lǐ 处理 handle (v)

chù lǐ, yìng fu 处理, 应付 deal (v)

chuān, dài 穿, 戴 wear (v)

chuān guò, tōng guò 穿过, 通过 through (prep)

chuán, jiàn 船, 舰 ship (n)

chuán dān, dān yè xuān chuán pǐn 传单, 单页宣传品 leaflet

chuán rǎn, chuán rǎn bìng 传染, 传染病 infection

chuán zhēn 传真 fax

chuàn, shù 串, 束 bunch

chuāng, chuāng kǒu 窗, 窗口 window

chuāng lián, mén lián 窗帘, 门帘 curtain

chuáng, cháng shā fā yǐ 床, 长沙发椅 couch

chuáng dān, chuáng zhào 床单, 床罩 bedspread

chuáng diàn, qì diàn 床垫, 气垫 mattress

chuǎng rù, fēi fǎ jìn rù 闯入, 非法进入 break-in

chuī fēng jī 吹风机 hairdryer

chuī jù, lú zi 炊具, 炉子 cooker

chūn tiān 春天 spring (season)

cí pán, cí dié piàn 磁盘, 磁碟片 disk

cí tǐ, cí tiě 磁体, 磁铁 magnet

cì, cì tòng, zhēn cì 刺, 刺痛, 针刺 sting (v)

cì, jīng jí 刺, 荆棘 thorn

cì xù, zhì xù, mìng lìng, dìng gòu 次序, 秩序, 命令, 定购 order (n)

cōng míng de 聪明的 intelligent

cóng, jīn hòu 从, 今后 from (time)

cū cāo de, cū luè de, dà zhì de 粗糙的, 粗略的, 大致的 rough

cù 醋 vinegar

cuì de, yì suì de 脆的, 易碎的 crisp

cún kuǎn, yā jīn, bǎo zhèng jīn 存款, 押金, 保证金 deposit (n)

cuō suì de 搓碎的 grated

cuò 锉 file (v)

cuò dāo 锉刀 file (tool)

cuò wù, guò shī 错误, 过失 error, mistake

cuò wù de 错误的 false

D

dā biàn chē 搭便车 hitchhike

dā yìng 答应 promise (n)

dá àn, huí dá 答案, 回答 answer (n)

dá fù 答复 reply

dǎ fān, sōu chá, chī diào 打翻,
搜查, 吃掉 knock over

dǎ hān 打鼾 snore

dǎ huǒ jī 打火机 cigarette
lighter

dǎ jī, dǎ, pèng zhuàng
打击, 打, 碰撞 hit (n)

dǎ jià, zhàn dòu 打架, 战斗
fight (n)

dǎ kāi 打开 switch on

dǎ kāi, gōng kāi, kāi fàng 打开,
公开, 开放 open (v)

**dǎ kāi bāo guǒ (huò xíng li
děng)** 打开包裹 (或行李等)
unpack

dǎ léi, léi míng 打雷, 雷鸣
thunder (v)

dǎ liè, liè qǔ, sōu xún 打猎,
猎取, 搜寻 hunt (n)

dǎ pēn tì 打喷嚏 sneeze

dǎ pò, wéi fàn, zhé duàn 打破,
违犯, 折断 break

dǎ rǎo, rǎo luàn 打扰, 扰乱
disturb

dǎ sǎo 打扫 clean (v)

dǎ zhàng, bó dòu, dǎ jià 打仗,
搏斗, 打架 fight (v)

dǎ zì 打字 type (v)

dà bā lǚ xíng chē 大巴旅行车
caravan

**dà bā lǚ xíng chē zhàn diǎn
(yíng dì)** 大巴旅行车站点
(营地) caravan site

dà de, jù dà de 大的, 巨大的
large

**dà de, zhòng yào de, liàng dà
de** 大的, 重要的, 量大的
big

dà duō shù, dà bù fen 大多数,
大部分 most (n)

dà gài, huò xǔ 大概, 或许
maybe, probably

dà hǎi, hǎi yáng 大海, 海洋
ocean

dà jiào táng 大教堂
cathedral

dà lǐ shí 大理石 marble

dà mén 大门 gate

dà shǐ guǎn 大使馆 embassy

dà suàn 大蒜 garlic

dà tāng chí 大汤匙
tablespoon

dà tīng, xiū xi shì 大厅,
休息室 lobby

dà tuǐ, gǔ 大腿, 股 thigh

dà xiǎo, chǐ cùn, chǐ mǎ 大小,
尺寸, 尺码 size

dà xué 大学 university

dài, pí dài 带, 皮带 strap (n)

dài bǔ 逮捕 arrest

dài jīn quàn 代金券 voucher

dài lái, yǐn rù 带来, 引入
bring in

dài mǎ, qū hào 代码, 区号
dialling code

dài mǎ, mì mǎ, biān mǎ 代码,
密码, 编码 code

**dài tì, gǎi wéi, dǐ zuò, gēng
huàn** 代替, 改为, 抵作,
更换 instead

dài tóu rén, biāo bīng 带头人,
标兵 pacemaker

dài zhuàng pào zhěn 带状疱疹
shingles

dài zi 带子 belt

dài zi 袋子 bag

dài zi, xiàn, xié dài 带子, 线,
鞋带 tie (n)

dān chéng piào 单程票
single ticket

dān dú de, dú zì de 单独的,
独自的 alone

dān ge 耽搁 delay (v)

dān rén chuáng 单人床
single bed

dān rén jiān 单人间
single room

dān xiàng xíng shǐ jiē dào 单向
行驶街道 one-way street

dān yī de, dān shēn de 单一的,
单身的 single

dǎn zi 掸子 duster

dàn, jī dàn, luǎn 蛋, 鸡蛋, 卵
egg

dàn bái yǔ táng de hùn hé wù
蛋白与糖的混合物 meringue

dàn gāo, bǐng 蛋糕, 饼 cake

dàn gāo diàn, xī bǐng diàn 蛋糕店, 西饼店 cake shop

dàn huáng 蛋黄 yolk

dàn huáng jiàng 蛋黄酱 mayonnaise

dàn pí jiǔ 淡啤酒 lager

dāng ... de shí hou 当 ... 的时候 while (conj)

dāng qián de, tōng yòng de 当前的, 通用的 current

dǎng, zhèng dǎng 党, 政党 party (political)

dāo, cān dāo 刀, 餐刀 knife

dāo kǒu, lì rèn, yōu shì 刀口, 利刃, 优势 edge

dāo piàn 刀片 razor blade

dǎo, dǎo yǔ 岛, 岛屿 island

dǎo chē dàng 倒车档 reverse gear

dǎo tā, bēng kuì, xū tuō 倒塌, 崩溃, 虚脱 collapse (n)

dǎo tā, bēng kuì, bìng dǎo 倒塌, 崩溃, 病倒 collapse (v)

dǎo xià, luò xià, xià diē 倒下, 落下, 下跌 fall (v)

dǎo yóu 导游 tour guide

dǎo yóu, xiàng dǎo, zhǐ nán 导游, 向导, 指南 guide (n)

dào cǎo, mài gǎn 稻草, 麦杆 straw

dào dá, dǐ dá 到达, 抵达 arrive

dào lái, dào dá 到来, 到达 arrival

dào ... lǐ, jìn rù dào ... zhī nèi 到 ... 里, 进入到 ... 之内 into

dào lù jiāo chā chù de huán xíng lù (huán dǎo) 道路交叉处的环形路 (环岛) roundabout

dào lù shī gōng 道路施工 road works

dào qiàn 道歉 apology

dào ... wéi zhǐ, zài ... yǐ qián 到 ... 为止, 在 ... 以前 until

dào zhuǎn 倒转 reverse (v)

... de, yóu ... zhì chéng de, lí ... 的, 由 ... 制成的, 离 of

dēng 灯 lamp

dēng jì, bào dào 登记, 报到 check in (v)

dēng jì, yù dìng 登记, 预订 book (v)

dēng jì, zhù cè 登记, 注册 register (n)

dēng jì, zhù cè, guà hào 登记, 注册, 挂号 register (v)

dēng jī kǎ 登机卡 boarding card

dēng pào 灯泡 light bulb

dēng shān 登山 mountaineering

děng dài, děng hòu 等待, 等候 wait (v)

děng hòu shì, hòu zhěn shì 等候室, 候诊室 waiting room

dī chē, diǎn dī 滴, 点滴 drop (n)

dī de, qiǎn de 低的, 浅的 low

dī fèi lǜ 低费率 cheap rate

dī liè de, bēi bǐ de 低劣的, 卑鄙的 mean (nasty)

dī xià, luò xià, xià jiàng 滴下, 落下, 下降 drop (v)

dī yǎn jì, yǎn yào shuǐ 滴眼剂, 眼药水 eye drops

dī zhī fáng de 低脂肪的 low fat

dí què, dāng rán 的确, 当然 certainly

dǐ piàn 底片 negative (photo)

dǐ piàn chǔ lǐ 底片处理 film processing

dì dào, dì tiě 地道, 地铁 subway

dì èr céng lóu, èr lóu 第二层楼, 二楼 first floor

dì fang, dì diǎn 地方, 地点 place

dì fang de, dāng dì de, jú bù de 地方的, 当地的, 局部的 local

dì jiào, jiǔ jiào 地窖, 酒窖 cellar

dì miàn, dì bǎn 地面, 地板 floor (of room)

dì miàn, tǔ dì 地面, 土地 ground (n)

MANDARIN → ENGLISH

dì qiú, (diàn) jiē dì 地球，
（电）接地 earth

dì sān zhě zé rèn xiǎn
第三者责任险
third-party insurance

dì sòng, chén shù, jiāo fù
递送，陈述，交付 deliver

dì sòng, jiāo fù, fēn miǎn 递送，
交付，分娩 delivery

dì tǎn 地毯 carpet

dì tiě 地铁 underground
(subway)

dì tú, tú 地图，图 map

dì xià de 地下的
underground (adj)

dì xià shì, qiáng jiǎo 地下室，
墙脚 basement

dì xià tiě dào 地下铁道
metro

dì yù, dì dài, dì qū 地域，地带，
地区 zone (n)

dì zhèn 地震 earthquake

diān dǎo, hùn luàn 颠倒，混乱
upside down

diān xián zhèng 癫痫症
epilepsy

diān xián huàn zhě 癫痫患者
epileptic (n)

diǎn rán, diǎn rán 点火，点燃
light (v), ignition

diǎn huǒ kāi guān 点火开关
ignition key

diǎn xíng de 典型的 typical

diàn bīng xiāng 电冰箱
fridge

diàn dēng pào 电灯泡
bulb (light)

diàn dòng de, diàn qì 电动的，
电气 electric

diàn dòng fú tī 电动扶梯
escalator

diàn gōng, diàn xué jiā 电工，
电学家 electrician

diàn huà, diàn huà jī 电话，
电话机 telephone (n)

(diàn huà) bō hào pán （电话）
拨号盘 dial (n)

diàn huà bù 电话簿
telephone directory

diàn huà bù, huáng yè 电话簿，
黄页 yellow pages

(diàn huà) guà jī （电话）挂机
hang up (phone)

diàn huà hào mǎ 电话号码
phone number

(diàn huà) jiē xiàn yuán （电话）
接线员 operator (phone)

diàn huà kǎ 电话卡 phone
card

diàn huà tíng 电话亭 phone
booth

(diàn huà) zhàn xiàn （电话）
占线 engaged (occupied)

diàn liàng jí dī de diàn chí 电
量极低的电池 flat battery

diàn liú, diàn, diàn xué 电流，
电，电学 electricity

diàn shì, diàn shì jī 电视，
电视机 television

diàn tī, dā chē 电梯，搭车
lift (n)

diàn tī, shēng jiàng jī 电梯，
升降机 elevator

diàn yā, fú tè shù 电压，伏特数
voltage

diàn yǐng yuàn 电影院 cinema

diàn yuán 店员 shop
assistant

(diàn yuán) chā tóu （电源）
插头 plug (elec)

(diàn yuán) chā zuò （电源）
插座 socket (elec)

diàn zi, ruǎn diàn, chèn diàn
垫子，软垫，衬垫 cushion

diāo xiàng, sù xiàng 雕像，塑像
statue

diào, xuán fú 吊，悬浮
suspension

diào chá, yán jiū 调查，研究
investigation

(diào yú, bǔ yú) xǔ kě zhèng
（钓鱼，捕鱼）许可证
fishing permit

diào yú gān 钓鱼竿
fishing rod

**dīng, xiāo, shuān, dà tóu zhēn,
bié zhēn** 钉，销，栓，大头针，
别针 pin

dĭng, jiān duān, xiǎo fèi 顶, 尖端, 小费 tip (n)

dĭng bù, jí diǎn 顶部, 极点 top (n)

dĭng diǎn, zuì gāo jiē céng 顶点, 最高阶层 summit

dìng, shuān, zhuāng, xiāo zi 钉, 栓, 桩, 销子 peg

dìng hūn 定婚 engaged (to be married)

dìng shū dīng 钉书钉 staple

dìng yuē 订约 contract (v)

dōng, dōng jì 冬, 冬季 winter

dōng fāng, dōng 东方, 东 east (n)

dōng fāng de 东方的 east (adj)

dōng xi, shì qíng 东西, 事情 thing

dǒng, liǎo jiě 懂, 了解 understand

dòng, kǒng 洞, 孔 hole

dòng jié de, lěng bīng de 冻结的, 冷冰的 frozen

dòng shēn, kāi shǐ 动身, 开始 start (v)

dòng wù 动物 animal

dòng wù yuán 动物园 zoo

dòng xuè, yáo dòng 洞穴, 窑洞 cave

dǒu qiào de, xiǎn jùn de 陡峭的, 险峻的 steep

dòu, dòu xíng guǒ shí 豆, 豆形果实 bean

dú, yuè dú 读, 阅读 read

dú mù zhōu, qīng zhōu 独木舟, 轻舟 canoe

dú yào, dú hài 毒药, 毒害 poison (n)

dǔ, dǎ dǔ 赌, 打赌 bet (n)

dǔ, dǔ qián 赌, 赌钱 bet (v)

dù guò, xiāo mó 度过, 消磨 spend (time)

dù jì de, jì dù de 妒忌的, 嫉妒的 jealous

dù jià shèng dì 度假胜地 resort

dù mì yuè 度蜜月 honeymoon (v)

dù shù, dù 度数, 度 degree (measurement)

duǎn de, ǎi de, bù zú de 短的, 矮的, 不足的 short

duǎn kù 短裤 shorts

duǎn kù, dēng long kù 短裤, 灯笼裤 knickers

duǎn shàng yī, jiá kè 短上衣, 夹克 jacket

duǎn wà, xié nèi chèn dǐ 短袜, 鞋内衬底 socks

duǎn yǔ jí 短语集 phrase book

duàn dài, sī dài 缎带, 丝带 ribbon

duì, zǔ 队, 组 team

duì fāng fù fèi diàn huà 对方付费电话 collect call

(duì shāng huàn zhě de) jí jiù (对伤患者的) 急救 first aid

duì xiā, dà xiā 对虾, 大虾 prawn

duì xiàn 兑现 cash (v)

duì ... xíng xiōng qiǎng jié 对 ... 行凶抢劫 mugged

duì ... yǒu bǎ wò 对 ... 有把握 sure

dùn, mèn 炖, 焖 stew (v)

dùn de, shēng yìng de 钝的, 生硬的 blunt

dùn ròu (huò cài) 炖肉 (或菜) stew (n)

duō, tài duō de 多, 太多的 too much

duō shǎo? jǐ gè? 多少? 几个? How many?

duō zhī de, yóu wū de 多脂的, 油污的 greasy

duò, fāng xiàng duò 舵, 方向舵 rudder

duò suì, kǎn 剁碎, 砍 chop (v)

E

é, cí é 鹅, 雌鹅 goose

é, zhù chóng 蛾, 蛀虫 moth

é luǎn shí, xiǎo zhāo pai 鹅卵石, 小招牌 shingle

é wài de 额外的 extra

è, xià ba 颚, 下巴 jaw

ér shì, dàn shì 而是, 但是 but

ér xí fù 儿媳妇 daughter-in-law

ér zi 儿子 son

ěr, yòu huò wù 饵, 诱惑物 bait

ěr duo, qīng tīng, tīng jué 耳朵, 倾听, 听觉 ear

ěr duo tòng 耳朵痛 earache

ěr huán, ěr shì 耳环, 耳饰 earring

ěr jī 耳机 earphone

èr děng de, dì èr liú de, cì liè de 二等的, 第二流的, 次劣的 second-class

èr shǒu de, jiù de 二手的, 旧的 second-hand

èr yuè 二月 February

F

fā diàn jī 发电机 dynamo

fā dòng jī, diàn dòng jī 发动机, 电动机 motor

fā dòng jī, jī chē 发动机, 机车 engine

fā piào, fā huò dān 发票, 发货单 invoice (n)

fā shāo, fā rè 发烧, 发热 fever

fā shēng, pèng qiǎo, ǒu rán 发生, 碰巧, 偶然 happen

fā xiàn, fā jué 发现, 发觉 discover

fā yǎng 发痒 itch (n)

fā yīn, xuān gào, duàn yán 发音, 宣告, 断言 pronounce

fā zhǎn, fā dá, jìn bù 发展, 发达, 进步 develop

fá, diàn zǐ guǎn 阀, 电子管 valve

fá jīn 罚金 fine (n)

fǎ guān, shěn pàn yuán, jiàn shǎng jiā 法官, 审判员, 鉴赏家 judge (n)

fǎ lǜ, fǎ xué 法律, 法学 law

fà shuā 发刷 hairbrush

fān jīn dǒu 翻筋斗 flip flops

fān qié, xī hóng shì 番茄, 西红柿 tomato

fān qié zhī, xī hóng shì zhī 番茄汁, 西红柿汁 tomato juice

fān xiū wū dǐng 翻修屋顶 hip replacement

fān yì, jiě shì 翻译, 解释 translate

fān yì, yì wén 翻译, 译文 translation

fān yì zhě 翻译者 translator

fán nǎo, má fan, dòng luàn 烦恼, 麻烦, 动乱 trouble

fán nǎo de, jiāo lǜ de 烦恼的, 焦虑的 worried

fǎn fù 反复 repeat (v)

fǎn wèi, yūn chuán, ě xīn 反胃, 晕船, 恶心 nausea

fàn tīng 饭厅 dining room

fàn wéi, dì qū 范围, 地区 area

fàn zuì, fàn zuì xíng wéi, zuì xíng 犯罪, 犯罪行为, 罪行 crime

fāng xiāng, xiāng shuǐ 芳香, 香水 perfume

fāng xiàng, zhǐ dǎo, shuō míng (shū) 方向, 指导, 说明 (书) direction

fāng xiàng pán 方向盘 steering wheel

fáng dì chǎn dài lǐ shāng 房地产代理商 estate agent

fáng dōng, lǎo bǎn 房东, 老板 landlord

fáng jiān, wū zi, kōng jiān 房间, 屋子, 空间 room

fáng shài shuāng 防晒霜 sunblock, suntan lotion

fáng shuǐ de, bú tòu shuǐ de 防水的, 不透水的 waterproof (adj)

fáng wèi wù, dǎng ní bǎn 防卫物, 挡泥板 fender

(fáng wū de) zhèng miàn (房屋的) 正面 façade

fáng zhèn qì, jiǎn zhèn qì 防震器, 减震器 shock absorber

fáng zi, zhù zhái, kù fáng 房子, 住宅, 库房 house

(fǎng wèn, cān guān) shí jiān (访问, 参观) 时间 visiting hours

fǎng wèn zhě, yóu kè 访问者, 游客 visitor

fàng, bǎi, ān zhì 放, 摆, 安置 put

fàng dà 放大 enlargement

fàng dà jìng 放大镜 magnifying glass

fàng dú, xià dú 放毒, 下毒 poison (v)

fàng qián de chōu ti, bèi yòng xiàn jīn 放钱的抽屉, 备用 现金 till (cash register)

fàng shè xiàn, X guāng xiàn 放射线, X光线 X-ray

fàng sōng de 放松的 laxative (adj)

fēi cháng de, tè bié de 非常的, 特别的 extraordinary

fēi jī 飞机 aeroplane

fēi jī piào 飞机票 air ticket

fēi xiáng 飞翔 fly (v)

fēi xíng, bān jī 飞行, 班机 flight

fēi xíng yuán, lǐng háng yuán 飞行员, 领航员 pilot

féi zào 肥皂 soap

féi zào fěn 肥皂粉 soap powder

fèi, hū xī qì 肺, 呼吸器 lung

fèi diǎn, fèi téng 沸点, 沸腾 boil (n)

fèi wù, làng fèi de 废物, 浪费的 waste (n)

fèi yòng, kāi zhī 费用, 开支 expenses

fèi yòng, yùn fèi, chē fèi 费用, 运费, 车费 fare

fèi yong, zhǔ guǎn, chōng diàn 费用, 主管, 充电 charge (n)

fēn, fēn zhōng, piàn kè 分, 分钟, 片刻 minute (n)

fēn bù, fēn diàn, fēn gōng sī 分部, 分店, 分公司 branch (office)

fēn kāi, fēn bié 分开, 分别 separate (v)

fēn kāi de 分开的 separate (adj)

fēn lèi 分类 sort (v)

fēn lí de, duàn kāi de 分离的, 断开的 disconnected

fēn xiǎng, jūn fēn 分享, 均分 share (v)

fěn, fěn mò 粉, 粉末 powder

fěn hóng sè 粉红色 pink

fēng 风 wind (n)

fēng fù, dà liàng 丰富, 大量 plenty

fēng dǎng bō li 风挡玻璃 windscreen

fēng jǐng, jǐng sè 风景, 景色 scenery

fēng kuáng de, kuáng rè de 疯狂的, 狂热的 crazy

fēng kuáng de, yú chǔn de 疯狂的, 愚蠢的 mad

fēng mì 蜂蜜 honey

fēng shàn pí dài 风扇皮带 fanbelt

fēng shī, fēng shī bìng 风湿, 风湿病 rheumatism

fēng suǒ de, lián suǒ de 封锁的, 连锁的 blocked

fēng zhěn 风疹 German measles, rubella

féng, féng hé 缝, 缝合 stitch (v)

fū hé qī de xiōng dì, nèi xiōng, nèi dì, yīn xiōng, yīn dì, jiě fu, mèi fu 夫和妻的兄弟, 内兄, 内弟, 姻兄, 姻弟, 姐夫, 妹夫 brother-in-law

fū rén 夫人 Mrs

fú shǒu yǐ zi 扶手椅子 armchair

fú wù 服务 service (n)

fú wù fèi 服务费 cover charge, service charge

fú wù yuán / nǚ fú wù yuán 服务员 / 女服务员 waiter / waitress

fǔ làn de, è chòu de 腐烂的, 恶臭的 rotten

fǔ wèi zhě 抚慰者 pacifier

fù běn, mó fǎng 副本, 摹仿 copy (n)

fù de, fēng fù de 富的, 丰富的 rich

fù jìn, dà yuē, zuǒ yòu, zhōu
  wéi 附近, 大约, 左右, 周围
  about (adv)
fù jìn de, lín jìn de 附近的,
  邻近的 nearby
fù kuǎn, zhī fù 付款, 支付
  payment
fù kuǎn tái, shōu yín tái
  付款台, 收银台 cash
  desk
fù nǚ chuān de tào tóu wài yī,
  gōng zuò fú 妇女穿的套头
  外衣, 工作服 jumper
(fù nǚ huò ér tóng de) duǎn
  chèn kù （妇女或儿童的)
  短衬裤 panties
fù nǚ tiē shēn nèi yī
  妇女贴身内衣 lingerie
fù qin, zhǎng bèi, shén fù
  父亲, 长辈, 神父 father
fù qīn (huò mǔ qīn) 父亲
  (或母亲) parent
fù tí (shū běn zhōng de), shuō
  míng, duì bái de zì mù 副题
  (书本中的), 说明, 对白的字幕
  subtitle
fù xiè 腹泻 diarrhoea
fù yǒu jīng yàn de 富有经验的
  experienced
fù zhì, chāo xí 复制, 抄袭
  copy (v)

G

gǎi biàn, biàn gé, duì huàn
  改变, 变革, 兑换 change (v)
gǎi biàn, biàn huà, zhǎo huí de
  líng qián 改变, 变化,
  找回的零钱 change (n)
gǎi jìn, gǎi liáng, bǔ dīng 改进,
  改良, 补丁 mend
gǎi shàn, gǎi jìn 改善, 改进
  improve
gǎi zhèng, jiū zhèng 改正, 纠正
  correct (v)
gài luè dì, cū cāo dì 概略地,
  粗糙地 roughly
gài zi, yǎn jiǎn 盖子, 眼睑 lid
gān, jú, chéng 柑, 桔, 橙
  orange

gān de, gān zào de 干的,
  干燥的 dry (adj)
gān (hóng, bái) pú tao jiǔ
  干 (红, 白) 葡萄酒
  medium dry wine
gān jìng de, qīng bái de
  干净的, 清白的 clean (adj)
gān xǐ yī diàn 干洗衣店
  dry cleaner's
gān yī jī, gān zào jì 干衣机,
  干燥剂 dryer
gān zàng 肝脏 liver
gān zào 干燥 dry (v)
gǎn, gàng gǎn 杆, 杠杆 lever
gǎn jī de, gǎn xiè de 感激的,
  感谢的 grateful
gǎn jǐn, jiā sù 赶紧, 加速
  hurry (v)
gǎn jué, yǐ wéi 感觉, 以为 feel
gǎn lǎn shù, gǎn lǎn 橄榄树,
  橄榄 olive
gǎn lǎn yóu 橄榄油 olive oil
gǎn xiè, xiè xie 感谢, 谢谢
  thank
gāng bǐ 钢笔 pen
gāng qín 钢琴 piano
gǎng kǒu 港口 port (harbour)
gāo dàng de 高档的
  up-market
gāo de, áng guì de 高的,
  昂贵的 high
gāo dù, gāo dì 高度, 高地
  height
gāo ěr fū qiú chǎng
  高尔夫球场 golf course
gāo ěr fū qiú gǎn 高尔夫球杆
  golf club (stick)
gāo ěr fū qiú jù lè bù 高尔夫球
  俱乐部 golf club (place)
gāo jiǎo yǐ zi 高脚椅子
  high chair
gāo shēng de, xuān chǎo de
  高声的, 喧吵的 loud
gāo sù gōng lù 高速公路
  freeway, motorway
gāo xìng de, lè yì de 高兴的,
  乐意的 glad
gāo xìng de, mǎn zú de
  高兴的, 满足的 pleased

gāo xuè yā 高血压 high blood pressure

gāo yao, jiāo bù 膏药, 胶布 sticking plaster

gào su, shuō 告诉, 说 tell

gē, gē qǔ 歌, 歌曲 song

gē jù 歌剧 opera

gē shǒu 歌手 singer

gē tè shì de 哥特式的 Gothic

gè chù, dào chù 各处, 到处 everywhere

(gè zhǒng de) guā (各种的) 瓜 melon

gè zì de, měi gè de 各自的, 每个的 each (adj)

gěi, shòu yǔ, juān zhù 给, 授予, 捐助 give

(gěi ...) chuān yī (给 ...) 穿衣 dress (v)

(gěi ...) dǎ diàn huà (给 ...) 打电话 phone (v)

gěi lǚ kè cā pí xié de rén 给旅客擦皮鞋的人 boots

gēng yī shì, shì yī jiān 更衣室, 试衣间 changing room

gèng, gèng duō 更, 更多 more (adv)

gèng chí de, gèng hòu de 更迟的, 更后的 later (adj)

gèng duō de 更多的 more (adj)

gèng huài de, gèng è liè de 更坏的, 更恶劣的 worse

gèng pián yi de, gèng bù zhí qián de 更便宜的, 更不值钱的 cheaper

gèng xǐ huan, nìng yuàn 更喜欢, 宁愿 prefer

gèng yuǎn de, gèng duō de 更远的, 更多的 further

gōng ān jú, jǐng chá jú 公安局, 警察局 police station

gōng chǎng, zhì zào chǎng 工厂, 制造厂 factory

gōng chéng shī, jì shī 工程师, 技师 engineer

gōng diàn 宫殿 palace

gōng gong, yuè fù 公公, 岳父 father-in-law

gōng gòng jià rì 公共假日 public holiday

gōng gòng qì chē 公共汽车 bus

gōng gòng qì chē zhàn 公共汽车站 bus stop

gōng jī 攻击 attack (v)

gōng jīn 公斤 kilo

gōng jù, yòng jù 工具, 用具 tool

gōng jù bāo, gōng jù xiāng 工具包, 工具箱 toolkit

gōng kè, (yì jié) kè, kè chéng 功课, (一节) 课, 课程 lesson

gōng lǐ 公里 kilometre

gōng lù (jiāo tōng) biāo shì 公路 (交通) 标识 road sign

gōng lù (jiāo tōng) tú 公路 (交通) 图 road map

gōng lù shōu fèi zhàn (shōu fèi gōng lù) 公路收费站 (收费公路) toll (toll road)

gōng píng dì, gōng zhèng dì 公平地, 公正地 fair (just)

gōng sī, péi bàn 公司, 陪伴 company

gōng wén bāo 公文包 briefcase

gōng yì, shǒu yì 工艺, 手艺 craft

gōng yù lóu, zhù zhái qún 公寓楼, 住宅群 block of flats

gōng yù zhù zhái, dān yuán zhù zhái 公寓住宅, 单元住宅 apartment

gōng yuán, tíng chē chǎng 公园, 停车场 park (n)

gōng zhèng dì, zhèng dāng de, gōng píng dì 公正地, 正当的, 公平地 fairly

gōng zhòng 公众 public (n)

gōng zhòng de, gōng lì de 公众的, 公立的 public (adj)

gōng zī 工资 wage (n)

gōng zuò 工作 job

gōng zuò, láo dòng, cāo zuò 工作, 劳动, 操作 work (n)

gòng shàn jì sù chù 供膳寄宿处 boarding house

MANDARIN → ENGLISH

MANDARIN → ENGLISH

gòng tóng, yì qǐ 共同，一起
together

gòng tóng de, lián hé de 共同的，联合的 joint (adj)

gòng xiǎng, bù fen, fèn é 共享，部分，份额 share (n)

gǒu, quǎn 狗，犬 dog

gòu wù dài 购物袋
carrier bag

gòu wù zhōng xīn 购物中心
shopping centre

gǔ 骨 bone

gǔ cāng, chù péng 谷仓，畜棚
barn

gǔ guài de, lí qí de 古怪的，离奇的 weird

gù dìng, xiū lǐ, ān zhuāng 固定，修理，安装 fix (v)

gù dìng bú biàn de 固定不变的
locked in

gù kè, kè hù, wěi tuō rén 顾客，客户，委托人 client

gù kè, zhǔ gù 顾客，主顾
custom

gù qǐng 雇请 hire (v)

gù yì dì 故意地 deliberately

guā liǎn 刮脸 shave (n)

guà hào xìn 挂号信
registered mail

guà suǒ 挂锁 padlock

guǎi zhàng, zhī chēng 拐杖，支撑 crutch

guān bì 关闭 switch off

guān bì de 关闭的 closed

guān diào 关掉 turn off

guān fū, guǎ fu 鳏夫，寡妇
widower, widow

guān guāng 观光
sightseeing

guān shàng, bì shàng, guān bì 关上，闭上，关闭 shut (v)

guān xi, lián xì, qīn qi 关系，联系，亲戚 relation

guǎn, guǎn zi, dì tiě 管，管子，地铁 tube

guǎn lǐ zhě, kān guǎn zhě 管理者，看管者 caretaker

guǎn xián yuè duì 管弦乐队
orchestra

guàn tóu, guàn (píng) qǐ zi 罐头，罐（瓶）起子 can opener

guàn tóu, tiě guàn 罐头，铁罐 can (n)

guàn yòng zuǒ shǒu de, zuǒ piě zi 惯用左手的，左撇子 left-handed

guàn zhù, qīng xiè, yǒng rù 灌注，倾泻，涌入 pour

guāng, rì guāng, fā guāng tǐ 光，日光，发光体 light (n)

guāng zé, guāng liàng 光泽，光亮 shine (n)

guǎng gào, zuò guǎng gào 广告，做广告 advertisement

guī dìng, mìng lìng, yào fāng 规定，命令，药方 prescription

guī huán, huī fù, hòu tuì 归还，恢复，后退 give back

guī huán, tuì kuǎn 归还，退款 refund (n)

guī yú 鲑鱼 trout

guì zhòng de 贵重的 valuable

gǔn dòng, zhuàn dòng 滚动，转动 roll (v)

gùn, bàng, shǒu zhàng 棍，棒，手杖 stick (n)

guó jí, mín zú 国籍，民族
nationality

guó jì de, shì jiè de 国际的，世界的 international

guó jì xiàng qí 国际象棋
chess

guó jiā, xiāng cūn 国家，乡村
country

guó jiā de, mín zú de 国家的，民族的 national

guó wáng, jūn zhǔ 国王，君主
king

guǒ jiàng, yōng jǐ, dǔ sè 果酱，拥挤，堵塞 jam

guǒ zhī 果汁 fruit juice

guǒ zi dòng 果子冻 jelly

guò chéng, kè chéng, yí dào cài 过程，课程，一道菜 course

guò cuò, quē diǎn, gù zhàng 过错，缺点，故障 fault

guò lǜ qì 过滤器 filter (n)

guò qù, wǎng shí 过去, 往时
past (n)

guò rè, jiā rè guò dù 过热,
加热过度 overheat

H

hái, réng, yī rán 还, 仍, 依然
still (yet)

hái zi, ér nǚ 孩子, 儿女 child

(hǎi, hú, hé) àn (海, 湖, 河) 岸
shore

hǎi àn 海岸 coast

hǎi bào, zhāo tiē 海报, 招贴
poster

hǎi cǎo, hǎi zǎo 海草, 海藻
seaweed

hǎi gǎng 海港 harbour

hǎi jūn 海军 navy

hǎi mián, mián qiú, shā bù
海绵, 棉球, 纱布 sponge

hǎi tān 海滩 beach

hǎi wān 海湾 bay

hǎi xiá, xìn dào, pín dào 海峡,
信道, 频道 channel

hǎi yáng 海洋 sea

hài pà, dān xīn 害怕, 担心
afraid

hài xiū de 害羞的 shy

hán lěng, shāng fēng, gǎn mào
寒冷, 伤风, 感冒 cold (n)

hán lěng de 寒冷的 cold (adj)

hǎn shēng, fǎng wèn, tōng huà
喊声, 访问, 通话 call (n)

hàn bǎo bāo 汉堡包
hamburger

hàn shān, bèi xīn, nèi yī 汗衫,
背心, 内衣 vest

**hàn shì, tóng qíng; nà shì tíng
yí hàn de!** 憾事, 同情; 那是
挺遗憾的! pity, It's a pity!

háng kōng yóu jiàn 航空邮件
airmail

háng liè, duì liè 行列, 队列
queue (n)

háng xíng 航行 sail (v),
sailing

**hǎo, duì, lìng rén mǎn yì dì, shì
dāng** 好, 对, 令人满意地,
适当 well (adv)

hǎo, hǎo shì 好, 好事
good (n)

hǎo, liáng hǎo 好, 良好
all right

hǎo rì zi 好日子 good day

hào jìn de, pí bèi de 耗尽的,
疲惫的 exhausted

hào kè, shèng qíng 好客, 盛情
hospitality

hē, hē jiǔ 喝, 喝酒 drink (v)

hē gān, hào jìn 喝干, 耗尽
drain (v)

hē zuì le de 喝醉了的 drunk

hé, jiāng 河, 江 river

hé huǒ rén, gǔ dōng 合伙人,
股东 partner (business)

hé lǐ de, yǒu dào lǐ de 合理的,
有道理的 reasonable

hé shì, shì hé 合适, 适合
suit (v)

hé shì de, qià dāng de 合适的,
恰当的 fit (healthy)

hé tong, qì yuē 合同, 契约
contract (n)

hé zi, hé shì cí dài 盒子,
盒式磁带 cassette

hé zi, xiāng 盒子, 箱 box

hè sè de 褐色的 brown

hēi àn de, yīn chén de 黑暗的,
阴沉的 gloomy

hēi sè de 黑色的 black

hěn, fēi cháng 很, 非常 very

**hěn gāo xing rèn shí nǐ! hěn
gāo xìng jiàn dào nǐ!**
很高兴认识你! 很高兴见到你!
Pleased to meet you!

hěn hǎo de, hái bú cuò de
很好的, 还不错的 OK

hěn kuài dì 很快地 fast (adv),
quickly

hěn shǎo de, wēi xiǎo de
很少的, 微小的 tiny

hěn shǎo de, xiǎo de 很少的,
小的 little

hěn shǎo shù (shǎo xǔ) 很少数
(少许) few, a few

hěn yuǎn 很远 far (adv)

héng yuè, jiāo chā kǒu 横越,
交叉口 crossing

hóng jiāng guǒ shù cóng 红浆果树丛 redcurrant

hóng pú táo jiǔ 红葡萄酒 red wine

hóng sè 红色 red

hóng shuǐ 洪水 flood

hóu lóng tòng, sǎng zi tòng 喉咙痛, 嗓子痛 sore throat

hòu de, cū de 厚的, 粗的 thick

hòu jī (chē, chuán děng) shì 候机 (车, 船等) 室 departure lounge

hòu lái de, hòu mian de 后来的, 后面的 after (adv)

hòu mian de, zài hòu mian 后面的, 在后面 back (adj)

hòu shì jìng 后视镜 rear-view mirror

hòu yùn dòng shān, máo xiàn shān 厚运动衫, 毛线衫 sweater

hū hǎn, hū jiào 呼喊, 呼叫 shout

hū jiào, zhào jí, dǎ diàn huà 呼叫, 召集, 打电话 call (v)

hū xī, fā chū 呼吸, 发出 breathe

hú 湖 lake

hú, guàn 壶, 罐 kettle

hú dié 蝴蝶 butterfly

hú dié lǐng jié 蝴蝶领结 bow tie

hú jiāo fěn 胡椒粉 pepper (spice)

hú li, hú pí 狐狸, 狐皮 fox

hú luó bo 胡萝卜 carrot

hú táo, hú táo mù 胡桃, 胡桃木 walnut

hú xū 胡须 beard

hù mù jìng 护目镜 goggles

hù shi 护士 nurse

hù zhào 护照 passport

hù zhào, tōng xíng zhèng, jí gé 护照, 通行证, 及格 pass (n)

huā, huā huì 花, 花卉 flower

huā fèi 花费 cost (v)

huā fèi, xiāo hào 花费, 消耗 spend (money)

huā fěn rè 花粉热 hay fever

huā shēng 花生 peanut

huā yuán 花园 garden

huá, huá dòng 滑, 滑动 slide (n)

huá (chuán) 划 (船) row (v)

huá dǎo, shī zú 滑倒, 失足 slip (v)

huá de, guāng huá de 滑的, 光滑的 slippery

huá dòng xuán guà de 滑动悬挂的 hang-gliding

huá shí fěn 滑石粉 talcum powder

huá xuě 滑雪 ski (v)

huá xuě qiāo 滑雪橇 ski (n)

huá xuě xuē 滑雪靴 ski boot

huá xuě zhàng 滑雪杖 ski slope

huà, huì 画, 绘 paint (v)

huà, tú huà, zhào piàn 画, 图画, 照片 picture

huà fèn chí 化粪池 septic tank

huà xué jiā, yào jì shī 化学家, 药剂师 chemist

huái 踝 ankle

huái yùn de 怀孕的 pregnant

huài diào de 坏掉的 broken

huān lè, xǐ yuè, kuài lè 欢乐, 喜悦, 快乐 joy

huān yíng 欢迎 welcome

huán, huán xíng wù, líng shēng, dǎ diàn huà 环, 环形物, 铃声, 打电话 ring (n)

huán xíng lù 环形路 ring road

huàn biàn mì zhèng de 患便秘症的 constipated

huāng miù de, kě xiào de 荒谬的, 可笑的 ridiculous

huáng dǎn bìng 黄疸病 jaundice

huáng fēng 黄蜂 wasp

huáng guā 黄瓜 cucumber

huáng jīn, jīn bì 黄金, 金币 gold (n)

huáng sè 黄色 yellow (n)

huáng sè de 黄色的 yellow (adj)

huáng yóu, niú yóu 黄油, 牛油 butter

huǎng huà, huǎng yán 谎话, 谎言 lie (n)

huī chén, chén tǔ 灰尘, 尘土 dust (n)

huī sè de, huī bái de 灰色的, 灰白的 grey

huí dá shuō 回答说 reply (v)

huí fǎn, guī huán 回返, 归还 return (v)

huí lái, huí fù, huí fù 回来, 恢复, 回复 come back

huí qù 回去 go back

huí zhuǎn, zhuǎn xiàng 回转, 转向 turn around

huǐ miè 毁灭 ruin (n)

huì huà, yóu huà 绘画, 油画 painting

huì kuǎn dān 汇款单 money order

huì lǜ 汇率 rate (of exchange)

huì pò de, yì suì de 会破的, 易碎的 breakable

huì táng 会堂 hall

huì yì, jí huì, huì jiàn 会议, 集会, 会见 meeting

huì yì, tǎo lùn huì 会议, 讨论会 conference

hūn lǐ, jié hūn diǎn lǐ 婚礼, 结婚典礼 wedding

hūn yūn, hūn dǎo 昏晕, 昏倒 faint (v)

hùn hé 混和 mix (v)

hùn luàn, zá luàn 混乱, 杂乱 mix-up

hùn luàn de zhuàng kuàng huò shì lì, hú tu 混乱的状况或事例, 糊涂 mix up

huó po de, huó yuè de 活泼的, 活跃的 lively

huó zhe, shēng huó 活着, 生活 live (v)

huǒ, huǒ zāi 火, 火灾 fire (n)

huǒ chē, liè chē 火车, 列车 train (n)

huǒ chē wò pù 火车卧铺 couchette

huǒ chē zhàn 火车站 railway station

(huǒ chē zhàn de) zhàn tái (火车站的) 站台 platform

huǒ huā sāi 火花塞 spark plug

huǒ jī 火鸡 turkey

huǒ shān 火山 volcano

huǒ tuǐ 火腿 ham

huò, huò zhě 或, 或者 or

huò bì, liú tōng 货币, 流通 currency

huò bì, qián, jīn qián 货币, 钱, 金钱 money

huò bì duì huàn chù 货币兑换处 bureau de change

huò dé, biàn chéng 获得, 变成 get

huò dé, dé dào 获得, 得到 obtain

huò tān 货摊 stall

huò xǔ, duō bàn 或许, 多半 perhaps

J

jī, jī ròu 鸡, 鸡肉 chicken

jī, qiāo 击, 敲 stroke (n)

jī chǎng 机场 airport

jī dǎo, chāi xiè, pāi mài chū 击倒, 拆卸, 拍卖出 knock down

jī dòng, chōng jī 激动, 冲击 concussion

jī è de 饥饿的 hungry

jī hū, chà bù duō 几乎, 差不多 almost

jī hū, mì qiè dì 几乎, 密切地 nearly

jī hū bù, jiǎn zhí bù 几乎不, 简直不 hardly

jī ling de, cōng ming de 机灵的, 聪明的 clever

(jī qì děng de) bèi jiàn (机器等的) 备件 spare part

jī qì, jī xiè 机器, 机械 machine

jī ròu, shòu ròu 肌肉, 瘦肉 muscle

jī shù de, dān shù de 奇数的，单数的 odd (number)

jí bìng, bì bìng 疾病，弊病 disease

jí bìng, shēng bìng 疾病，生病 illness

jí huì, jù huì, yàn huì 集会，聚会，宴会 party (celebration)

jí jiù kē, qiǎng jiù shì 急救科，抢救室 casualty department

jí jiù xiāng (bāo) 急救箱 (包) first-aid kit

jí tā, liù xián qín 吉他，六弦琴 guitar

jǐ gè, gè bié de 几个，个别的 several

jǐ gǔ, shū jǐ 脊骨，书脊 spine

jì, jì jiē 季，季节 season

jì bù ... yòu bù, yě bù 既不 ... 又不，也不 neither ... nor

jì fù 继父 stepfather

jì gōng, jī xiū gōng 技工，机修工 mechanic

jì jìng 寂静 still (quiet)

jì liáng qì, yí biǎo 计量器，仪表 meter

jì mǔ 继母 stepmother

jì niàn bēi 纪念碑 monument

jì niàn pǐn 纪念品 souvenir

jì piào 季票 season ticket

jì shàng ān quán dài 系上安全带 fasten seatbelt

jì suàn, zhàng mù, shuō míng, gū jì 计算，帐目，说明，估计 account (n)

jì suàn jī, diàn nǎo 计算机，电脑 computer

jì suàn qì 计算器 calculator

jì suàn qì, guì tái 计算器，柜台 counter

jì xù, lián xù, yán shēn 继续，连续，延伸 continue

jiā, zhù zhái, jiā xiāng 家，住宅，家乡 home

jiā jù 家具 furniture

jiā lún 加仑 gallon

jiā niàng pú tao jiǔ 家酿葡萄酒 house wine

jiā rè 加热 heat (v)

jiā rè qì, fā rè qì 加热器，发热器 heater

jiā tíng, jiā zú 家庭，家族 family

jiā tíng de, guó nèi de 家庭的，国内的 domestic

jiā wù shì 家务事 housework

jiā yóu zhàn 加油站 petrol station

jiá, hòu yán 颊，厚颜 cheek

jiá xīn miàn bāo, sān míng zhì 夹心面包，三明治 sandwich

jiǎ de 假的 fake (adj)

jiǎ de, xū gòu de 假的，虚构的 dummy (adj)

jiǎ fà 假发 wig

jiǎ huò, qī piàn 假货，欺骗 fake (n)

jià chē, qū shǐ, dòng lì 驾车，驱使，动力 drive (v)

jià gé, jià qián 价格，价钱 price

jià qī, xiū jià 假期，休假 vacation

jià shǐ, zhǎng duò 驾驶，掌舵 steer (v)

jià shǐ yuán, sī jī 驾驶员，司机 driver

jià shǐ zhèng 驾驶证 driving licence

jià zhí, cái chǎn, zhí qián de 价值，财产，值钱的 worth

jià zhí, gū jià 价值，估价 value

jià zi, gē bǎn 架子，搁板 shelf

jiān, jiān bù 肩，肩部 shoulder

jiān dàn 煎蛋 omelette

jiān guǒ 坚果 nut

jiān yù 监狱 prison

jiǎn chá 检查 check (v)

jiǎn chá, shì chá 检查，视察 inspect

jiǎn dān de, jiǎn yì de 简单的，简易的 simple

jiǎn dāo 剪刀 scissors

jiăn shăo, suō xiăo, jiàng dī 减少, 缩小, 降低 reduce, reduction

jiăn yì, gé lí, fēng suŏ 检疫, 隔离, 封锁 quarantine

jiàn, jīn 腱, 筋 tendon

(jiàn) céng (建) 层 floor (storey)

jiàn gé, jù lí 间隔, 距离 interval

jiàn zào, jiàn, chē xiāng 间隔间, 车厢 compartment

jiàn kāng de 健康的 healthy

jiàn zào, jiàn zhù 建造, 建筑 build

jiàn zhù wù 建筑物 building

(jiàn zhù wù de) dĭng céng (建筑物的) 顶层 top floor

jiăng, lŭ 桨, 橹 oar

jiăng shòu, jiāo shòu 讲授, 教授 teach

jiàng yóu, tiáo wèi liào 酱油, 调味料 sauce

jiāo, jiāo shuĭ 胶, 胶水 glue (n)

jiāo chā de 交叉的 cross (adj)

jiāo dài 胶带 adhesive tape

jiāo juăn 胶卷 film (n)

jiāo liú 交流 exchange (n)

jiāo tōng, tōng xíng, yùn shū 交通, 通行, 运输 traffic

jiāo tōng gōng jù 交通工具 vehicle

jiāo tōng shì gù, chē huò 交通事故, 车祸 road accident

jiāo tōng xìn hào dēng 交通信号灯 traffic light

jiāo yì, măi mai 交易, 买卖 deal (n)

jiăo, chù jiăo 角, 触角 horn (animal)

jiăo, yīng chĭ 脚, 英尺 feet

jiăo bù, bù zhòu, cuò shī, tái jiē 脚步, 步骤, 措施, 台阶 step

jiăo dĭ, xié dĭ 脚底, 鞋底 sole (shoe)

jiăo hòu gēn, zhŏng 脚后跟, 踵 heel

jiăo luò, guăi jiăo chù 角落, 拐角处 corner

jiăo tà chē, zì xíng chē 脚踏车, 自行车 bicycle

jiào hăo de 较好的 better (adj)

jiào míng, míng zi 教名, 名字 first name

jiào qĭ, huàn xĭng diàn huà 叫起, 唤醒电话 wake-up call

jiào shī 教师 teacher

jiē, jiē dào 街, 街道 street

jiē dào jiāo tōng tú 街道交通图 street map

jiē hé chù, jiē hé diăn 接合处, 接合点 joint (n)

jiē lái, dài lái 接来, 带来 fetch

jiē shòu, rèn kě, chéng dān 接受, 认可, 承担 accept

jié gòu 结构 frame (n)

jié hūn lĭ wù (pĭn) 结婚礼物 (品) wedding present

jié hūn jiè zhi 结婚戒指 wedding ring

jié jìng, jìn lù 捷径, 近路 short-cut

jié mù, chéng xù, jì huà 节目, 程序, 计划 programme (n)

jié rì, xĭ qìng rì 节日, 喜庆日 festival

jié shù, yuè guò, cóng tóu dào wěi 结束, 越过, 从头到尾 over (adv)

jiě jiù, băo cún, jié shěng 解救, 保存, 节省 save

jiě mèi, jiě 姐妹, 姐 sister

jiè, jiè rù, jiè yòng 借, 借入, 借用 borrow

jiè cài, jiè mo 芥菜, 芥末 mustard

jiè gěi, dài (kuăn) 借给, 贷 (款) lend

jiè shào, yĭn jìn 介绍, 引进 introduce

jiě shì, shuō míng 解释, 说明 explain

jīn qiāng yú 金枪鱼 tuna

jīn shŭ sī, diàn xiàn 金属丝, 电线 wire (n)

jīn tiān, xiàn jīn 今天, 现今
today

jīn tiān zǎo shang (chén) 今天
早上 (晨) this morning

jīn shǔ 金属 metal

jīn wǎn, jīn yè 今晚, 今夜
tonight

jǐn de, bēng jǐn de 紧的, 绷紧的
tight

jǐn jí chū kǒu 紧急出口
emergency exit

jǐn jí de 紧急的 urgent

jǐn jí qíng kuàng 紧急情况
emergency

jǐn jǐn, zhǐ bú guò 仅仅, 只不过
only (adv)

jǐn shēn qián shuǐ yī 紧身潜
水衣 wetsuit

jìn cān shí hē de dàn jiǔ
进餐时喝的淡酒 table wine

jìn gōng 进攻 attack (n)

jìn kǒu shuì, hǎi guān 进口税,
海关 customs

jìn lái 进来 come in

jìn rù, dēng lù 进入, 登录 enter

jìn shì yǎn 近视眼
short-sighted

jìn sì de, dà yuē 近似地, 大约
approximately

jìn zhǐ, zǔ zhǐ 禁止, 阻止
prohibit

jìn zhǐ de, yán jìn de 禁止的,
严禁的 forbidden

jīng, tōng guò, jīng yóu
经, 通过, 经由 via

jīng jì, jīng jì tǐ xì 经济,
经济体系 economy

jīng jì cāng, pǔ tōng zuò wèi
经济舱, 普通座位
economy class

jīng lǐ 经理 manager

jīng què dì, què qiè dì 精确地,
确切地 exactly

jīng shen, líng hún 精神, 灵魂
spirit (soul)

jǐng chá 警察 police

jǐng chá / nǚ jǐng chá 警察 /
女警察 policeman/
woman

jǐng sè, guān diǎn 景色, 观点
view

jǐng wèi 警卫 security guard

jìng, chén mò 静, 沉默 silence

jìng de, píng jìng de 静的,
平静的 calm

jìng sài fú 径赛服 tracksuit

jìng zhí de, zhí jiē de 径直的,
直接的 direct (adj)

jìng zi 镜子 mirror

jiǔ, qīng suàn, jiǔ cōng
韭, 青蒜, 韭葱 leek

jiǔ yuè 九月 September

jiù hù chē 救护车 ambulance

jiù mìng 救命 help (v)

jiù shēng yī 救生衣 life jacket

jiù shēng yuán 救生员
lifeguard

jiù yuán chē, qiǎng xiū chē
救援车, 抢修车
breakdown van

jiù zuò, zuò 就座, 坐 sit

jū mín 居民 resident (n)

jú zi 橘子 tangerine

jù chǎng, xì yuàn 剧场, 戏院
theatre

jù jué, xiè jué 拒绝, 谢绝
refuse (v)

jù lí, yuǎn lí 距离, 远离
distance

jù zi, yí jù huà 句子, 一句话
sentence (grammar)

juǎn chǐ 卷尺 tape measure

juǎn qū de, juǎn máo de
卷曲的, 卷毛的 curly

jué bù, cóng wèi 决不, 从未
never

jué dìng, jué xīn, jué yì 决定,
决心, 决议 decision

jué dìng, pàn jué 决定, 判决
decide

K

kā fēi, kā fēi shù 咖啡, 咖啡树
coffee

kǎ chē 卡车 truck

kǎ chē, tiě lù huò chē 卡车,
铁路货车 lorry

kǎ zhù de 卡住的 stuck

kāi chē, qū gǎn 开车, 驱赶
drive (v)

kāi chē qù 开车去
go (by car)

kāi guān, diàn zhá 开关, 电闸
switch (n)

kāi guàn qi 开灌器
tin opener

kāi jīn yáng máo shān
开襟羊毛衫 cardigan

kāi sāi zuàn, luó sī zhuī
开塞钻, 螺丝锥 corkscrew

kāi shǐ, zuì chū, dì yī 开始,
最初, 第一 first, at first

kāi ... suǒ, kāi qǐ 开 ... 锁, 开启
unlock

kāi wèi de, kě kǒu de 开胃的,
可口的 savoury (adj)

**kāi zhe de, yíng yè zhe de, wèi
jué dìng de** 开着的, 营业着
的, 未决定的 open (adj)

kān mén de rén 看门的人
doorman

kǎn, pái gǔ 砍, 排骨 chop (n)

kàn, kàn jiàn, liǎo jiě, lǐng huì
看, 看见, 了解, 领会 see

kàn, kǎo lǜ 看, 考虑 look at

kàn, guān kàn 看, 观看
watch (v)

kāng kǎi de, dà fang de 慷慨
的, 大方的 generous

kàng suān jì 抗酸剂 antacid

kǎo de 烤的 grilled

kǎo shì, jiǎn chá 考试, 检查
examination

kǎo xiāng, kǎo lú 烤箱, 烤炉
oven

kào chuāng de zuò wèi 靠窗的
坐位 window seat

kào guò dào zuò wèi 靠过道
座位 aisle seat

ké sou 咳嗽 cough

ké sou yào shuǐ 咳嗽药水
cough mixture

kě ài de, yǒu qù de 可爱的,
有趣的 lovely

kě kě yǐn liào, kě kě dòu
可可饮料, 可可豆 cocoa

kě lè 可乐 Coke

kě néng, yě xǔ, kě yǐ 可能,
也许, 可以 may

kě néng de 可能的 possible

kě pà de, tǎo yàn de 可怕的,
讨厌的 dreadful

kě pà de, zāo gāo de 可怕的,
糟糕的 awful

kě róng jiě de 可溶解的
soluble

kě yòng dào de, yǒu kòng de
可用到的, 有空的 available

kè 克 gram

kè dù, héng liáng, bǐ lì, 刻度,
衡量, 比例 scale

kè rén, lái bīn, lǚ kè
客人, 来宾, 旅客 guest

kè tīng, qǐ jū shì 客厅, 起居室
living room

kōng de 空的 empty (adj)

kōng qì, tiān kōng 空气, 天空 air

**kōng qì tiáo jiē zhuāng zhì
(kōng tiáo)** 空气调节装置
(空调) air conditioning

kōng xiǎng, qū 空想, 蛆
maggot

kòng é, kòng quē, kòng xián
空额, 空缺, 空闲 vacancy

kǒu, zuǐ 口, 嘴 mouth

kǒu hóng, chún gāo 口红, 唇膏
lipstick

kǒu kě de 口渴的 thirsty

kǒu qiāng kuì yáng 口腔溃疡
mouth ulcer

kǒu xiāng táng 口香糖
chewing gum

kǒu yì yuán, jiǎng jiě yuán
口译员, 讲解员 interpreter

kòu chú, yǎn yì 扣除, 演绎
deduct

kòu zhù, shuān jǐn 扣住, 拴紧
fasten

kū 哭 cry (v)

kū qì 哭泣 cry (n)

kǔ nǎo, sāo rǎo 苦恼, 骚扰
annoy

kù zi, cháng kù 裤子, 长裤
trousers

kù zi, duǎn kù 裤子, 短裤
pants

kuài, jiàn, piàn, piān, zhāng 块, 件, 片, 篇, 张 piece (measure word)

kuài lè de, xìng fú de 快乐的, 幸福的 happy

kuài sù huǒ chē 快速火车 express train

kuān dà, guǎng kuò de 宽的, 广阔的 wide

kuān sōng de, sǎn màn de 宽松的, 散漫的 loose

kuān sōng de nǚ chèn yī 宽松的女衬衣 blouse

kuáng quǎn bìng, kǒng shuǐ bìng 狂犬病, 恐水病 rabies

kuàng quán shuǐ 矿泉水 mineral water

kuì yáng, fǔ làn wù 溃疡, 腐烂物 ulcer

kūn chóng 昆虫 insect

kùn fá de, yù shuì de 困乏的, 欲睡的 sleepy

kùn huò de, fán nǎo de 困惑的, 烦恼的 confused

kùn nan de, jiān nán de 困难的, 艰难的 difficult

L

lā, tuō, bá 拉, 拖, 拔 pull

lā jī 垃圾 litter (n), trash

lā jī, fèi wù, fèi huà 垃圾, 废物, 废话 rubbish

lā jī xiāng 垃圾箱 dustbin, waste bin

lā liàn, lā suǒ 拉链, 拉锁 zipper, zip fastener

lǎ ba 喇叭 horn (car)

là zhú 蜡烛 candle

lái, lái (zì) 来, 来 (自) come (v)

(lái) diàn huà (来) 电话 telephone call

lái zì, yóu yú 来自, 由于 from (origin)

lán, kuāng 篮, 筐 basket

lán sè de 蓝色的 blue

lán wěi yán, máng cháng yán 阑尾炎, 盲肠炎 appendicitis

lǎn chē 缆车 cable car

lǎn duò de 懒惰的 lazy

láng 狼 wolf (n)

làng fèi, xiāo hào 浪费, 消耗 waste (v)

lǎo nián rén 老年人 senior citizen

lǎo shì de, guò shí de 老式的, 过时的 old-fashioned

lǎo shǔ 老鼠 rat

léi, léi shēng, hōng lóng shēng 雷, 雷声, 轰隆声 thunder (n)

léi yǔ, léi bào yǔ 雷雨, 雷暴雨 thunderstorm

lèi gǔ 肋骨 rib

lèi xíng, diǎn xíng 类型, 典型 type (n)

lěng cáng dài, lěng cáng xiāng 冷藏袋, 冷藏箱 cool bag, cool box

lěng jìng de 冷静的 sober

lí hé qì 离合器 clutch (car)

lí kāi, dòng shēn, shèng xià, wěi tuō 离开, 动身, 剩下, 委托 leave (v)

lí kāi, qǐ chéng 离开, 起程 depart

lí kāi, zài yuǎn fāng 离开, 在远方 off

lí mǐ, gōng fēn 厘米, 公分 centimetre

lí míng, pò xiǎo 黎明, 破晓 dawn

lí qù, zǒu 离去, 走 go

lǐ fà 理发 haircut

lǐ fà diàn 理发店 hairdresser's

lǐ fà guǎn, fà láng 理发馆, 发廊 barber's shop

lǐ miàn, nèi bù 里面, 内部 inside (n)

lǐ wù, xiàn zài 礼物, 现在 present (n)

lì jí, mǎ shàng 立即, 马上 immediately

lì kè, bù jiǔ, kuài, zǎo 立刻, 不久, 快, 早 soon

lì kǒu jiǔ 利口酒 liqueur

lì shǐ, lì shǐ xué 历史, 历史学 history

lì shǐ shàng zhù míng de 历史上著名的 historic

lì zi 栗子 chestnut

lì zi, shí lì 例子, 实例 example, for example

lián jiē, jiāo chā diǎn, huì hé chù 连接, 交叉点, 汇合处 junction

lián jiē, jié hé, cān jiā, jiā rù 连接, 结合, 参加, 加入 join

lián jiē, jiē xiàn 连接, 接线 connection (elec)

lián xì 联系 contact (v)

liǎn, zhèng miàn 脸, 正面 face

liǎn hóng de rén 脸红的人 blusher

liǎn pén 脸盆 washbasin

liàn xí, shí xí, shí jiàn 练习, 实习, 实践 practise

liáng shuǎng, lěng jìng de 凉爽, 冷静的 cool

liáng xié, biàn xié 凉鞋, 便鞋 sandals

liǎng bèi 两倍 double (n)

liǎng bèi de 两倍的 double (adj)

liǎng cì, liǎng bèi 两次, 两倍 twice

liǎng xīng qī 两星期 fortnight

liǎng zhě, shuāng fāng de 两者, 双方的 both

liǎng zhě zhī yī 两者之一 either ... or

liàng, shù liàng 量, 数量 quantity

liào kào, shǒu kào 镣铐, 手铐 iron (metal)

liè piàn, jiān piàn, suì piàn, cì 裂片, 尖片, 碎片, 刺 splinter

liè xìng jiǔ 烈性酒 spirits (drink)

liè zhì de, huài de 劣质的, 坏的 bad

lín jū 邻居 neighbour

lín yīn dào, dà jiē 林荫道, 大街 avenue

líng, líng diǎn, líng dù 零, 零点, 零度 zero

líng, zhōng 铃, 钟 bell

líng qián bú yòng zhǎo le! 零钱不用找了! Keep the change!

lǐng dǎo, lǐng xiān 领导, 领先 lead (n)

lǐng dǎo, yǐn dǎo 领导, 引导 lead (v)

lǐng shì, lǐng shì guǎn 领事, 领事馆 consulate

lǐng yǎng lǎo jīn zhě 领养老金者 old-age pensioner

lìng rén jīng yì de 令人惊异的 amazing

lìng rén xīng fèn de 令人兴奋的 exciting

lìng rén yàn è de 令人厌恶的 revolting

lìng wài, fǒu zé 另外, 否则 otherwise

lìng wài de, yòu yí, bù tóng de 另外的, 又一, 不同的 another

lìng yí gè, yòu yí gè 另一个, 又一个 second (adj)

liū bīng chǎng 溜冰场 ice rink

liū bīng chǎng, bīng qiú chǎng 溜冰场, 冰球场 skating rink

liú chǎn, duò tāi, shī bài 流产, 堕胎, 失败 abortion

liú gǎn 流感 flu

liú lì de, liú chàng de 流利的, 流畅的 fluent

liú xíng de, shí máo de 流行的, 时髦的 fashionable

liù yuè 六月 June

lóng de 聋的 deaf

lóng xiā 龙虾 lobster

lóu tī 楼梯 stairs

lòu, xiè lòu 漏, 泄漏 leak (v)

lòu dòng, lòu, xiè lòu 漏洞, 漏, 泄漏 leak (n)

lù, dào lù, gōng lù, dà dào 路, 道路, 公路, 大道 road

lù biāo 路标 signpost

lù dì, guó tǔ 陆地, 国土 land

MANDARIN → ENGLISH

163

(lù shang de) kēng, wā (路上的) 坑, 洼 pothole

lù tiān dà xíng yùn dòng chǎng 露天大型运动场 stadium

lù yīn 录音 tape (v)

lù yīn dài 录音带 tape (n)

lù yīn jī 录音机 tape recorder

lù yíng, zhā yíng 露营, 扎营 camp (v)

lù yíng dì 露营地 camp site

lǚ lì, dàng àn 履历, 档案 record (legal)

lǚ xíng 旅行 journey (v)

lǚ xíng, chuán bō 旅行, 传播 travel (v)

lǚ xíng, lǚ chéng 旅行, 旅程 journey (n)

lǚ xíng, lǚ yóu 旅行, 旅游 tour (v)

lǚ xíng jí bìng 旅行疾病 travel sickness

lǚ xíng shè 旅行社 travel agent

(lǚ xíng shè ān pái yí qiè de) yì lǎn zǐ lǚ yóu (旅行社安排一切的) 一揽子旅游 package holiday

lǚ xíng wén jiàn (zhèng míng) 旅行文件 (证明) travel documents

lǚ xíng zhī piào 旅行支票 traveller's cheque

lǜ bǎo shí 绿宝石 turquoise

lǜ qì, lòu guō 滤器, 漏锅 colander

lǜ sè 绿色 green (n)

lǜ sè de 绿色的 green (adj)

lǜ shī 律师 lawyer

luàn xiě, guā cā shēng 乱写, 刮擦声 scratch (n)

luě duó, qiáng jiān 掠夺, 强奸 rape

lún, chē lún, lún zi 轮, 车轮, 轮子 wheel (n)

lún suǒ, lún jiá 轮锁, 轮夹 wheel clamp

lún tāi 轮胎 tyre

(lún tāi de) nèi tāi (轮胎的) 内胎 inner tube

lún tāi qì yā 轮胎气压 tyre pressure

lún yǐ 轮椅 wheelchair

lùn jí, tí jí 论及, 提及 mention

luó bo 萝卜 radish

luó mǔ, luó mào 螺母, 螺帽 nut (for bolt)

luó pán, zhǐ nán zhēn 罗盘, 指南针 compass

luó sī (dāo) qǐ zǐ 螺丝 (刀) 起子 screwdriver

luó sī dīng, luó gǎn, luó kǒng 螺丝钉, 螺杆, 螺孔 screw (n)

luǒ lù shàng shēn de 裸露上身的 topless

luǒ tǐ yù hǎi tān 裸体浴海滩 nudist beach

M

má fan, bù fāng biàn zhī chù 麻烦, 不方便之处 inconvenience

má zhěn, fēng zhěn 麻疹, 风疹 measles

má zuì jì 麻醉剂 anaesthetic

mǎ 马 horse

mǎ shù, qí shù 马术, 骑术 horse riding

mǎ tou 码头 quay

mǎ yǐ 蚂蚁 ant

mǎi 买 buy

màn de, chí dùn de 慢的, 迟钝的 slow

màn màn dì, chí huǎn dì 慢慢地, 迟缓地 slowly

máng lù de 忙碌的 busy

māo 猫 cat

māo tóu yīng 猫头鹰 owl

máo pí, máo 毛皮, 毛 fur

máo pí wài tào (dà yī) 毛皮外套 (大衣) fur coat

mào zi 帽子 cap, hat

méi 煤 coal

méi gui, méi gui hóng 玫瑰, 玫瑰红 rose (flower)

méi qì de lún tāi 没气的轮胎 flat tyre

méi qì lú 煤气炉 gas cooker

méi shén me bié de, méi shén me jǐn yào de 没什么别的, 没什么紧要的 nothing else

méi yǒu, bù 没有, 不 without

měi, měi yī, yóu, jīng 每, 每一, 由, 经 per

měi gè 每个 each (adv)

měi gè de, měi gé ... de 每个的, 每隔 ... 的 every

měi gè rén, rén rén 每个人, 人人 everyone

měi guó 美国 United States

měi hǎo de 美好的 fine (adj)

měi hǎo de, hé ǎi de 美好的, 和蔼的 nice

měi jiàn shì wù, rèn hé shì 每件事物, 任何事 everything

měi lì de, hěn hǎo de 美丽的, 很好的 beautiful

měi rì de, rì cháng de 每日的, 日常的 daily

měi róng yuàn 美容院 beauty salon

měi shù chén liè shì, huà láng, tú kù 美术陈列室, 画廊, 图库 gallery

měi wèi de 美味的 delicious

měi xiǎo shí de 每小时的 hourly

měi xīng qī de, yì zhōu de 每星期的, 一周的 weekly (adj)

měi yuè de 每月的 monthly (adj)

měi yuè yí cì 每月一次 monthly (adv)

měi zhōu mán 美洲鳗 eel

měi zhōu yí cì 每周一次 weekly (adv)

mén, tōng dào 门, 通道 door

mén líng 门铃 doorbell

mén zhěn bù, lín chuáng 门诊部, 临床 clinic

mǐ, gōng chǐ 米, 公尺 metre

mì fēng 蜜蜂 bee

mì mǎ 密码 pin number

mì shū, shū jì, bù zhǎng, dà chén 秘书, 书记, 部长, 大臣 secretary

mì yuè 蜜月 honeymoon (n)

mián huā, mián xiàn 棉花, 棉线 cotton

mián qiú, zhǐ xuè diàn 棉球, 止血垫 tampon

miǎn hǎi guān shuì de 免海关税的 duty-free

miàn bāo, shēng jì 面包, 生计 bread

miàn bāo diàn 面包店 bakery

miàn fěn 面粉 flour

miàn fěn gāo bǐng, xiàn bǐng pí 面粉糕饼, 馅饼皮 pastry

miàn jù, yǎn shì 面具, 掩饰 mask

miáo pǔ 苗圃 nursery (plants)

miáo xiě, xíng róng, miáo shù 描写, 形容, 描述 describe, description

miǎo, piàn kè, dì èr zhě, èr děng pǐn 秒, 片刻, 第二者, 二等品 second (n)

miào, sì, shén diàn 庙, 寺, 神殿 temple

miè huǒ qì 灭火器 fire extinguisher

míng bai de, qīng xī de 明白的, 清晰的 plain (adj)

míng liàng de, cōng míng de 明亮的, 聪明的 bright

míng què dì, gān cuì dì 明确地, 干脆地 definitely

míng tiān, wèi lái 明天, 未来 tomorrow

míng tiān shàng wǔ / xià wǔ / wǎn shang 明天上午 / 下午 / 晚上 tomorrow morning / afternoon / evening

míng xìn piàn 明信片 postcard

míng zi, míng chēng, xìng míng 名字, 名称, 姓名 name

mìng lìng, dìng gòu 命令, 定购 order (n)

mó gu 蘑菇 mushroom

mó guāng, guāng zé, shàng guāng jì 磨光, 光泽, 上光剂 polish (n)

MANDARIN → ENGLISH

mó tuō chē 摩托车 motorbike
mó tuō tǐng 摩托艇
   motorboat
mǒ bù, suì xiè 抹布, 碎屑 rag
mò duān, jié shù 末端, 结束
   end (n)
mò shēng de, qí guài de
   陌生的, 奇怪的 strange
mò shēng rén, mén wài hàn
   陌生人, 门外汉 stranger
mò shuǐ 墨水 ink
mǒu chù, zài mǒu chù 某处,
   在某处 somewhere
mǒu shì, mǒu wù 某事, 某物
   something
mǔ niú 母牛 cow
mǔ qīn, mā ma 母亲, 妈妈
   mother
mǔ zhǐ 拇指 thumb
mù dì, gōng mù 墓地, 公墓
   cemetery
mù dì dì 目的地 destination
mù jiang 木匠 carpenter
mù lù, míng dān, míng xì biǎo
   目录, 名单, 明细表 list
mù ǒu biǎo yǎn 木偶表演
   puppet show
mù shī 牧师 priest
mù sī lín 穆斯林 Muslim
mù tàn 木炭 charcoal
mù tou, mù cái 木头, 木材
   wood
mù yù, yù pén, yù gāng 沐浴,
   浴盆, 浴缸 bath

N
ná, ná zǒu, qǔ 拿, 拿走, 取
   take
ná lái, dài lái 拿来, 带来 bring
nǎ gè, nǎ jǐ gè 哪个, 哪几个
   Which?
nà 那 the
nà, nà gè 那, 那个 that
nà lǐ 那里 over there
nà xiē 那些 those
nǎi fěn 奶粉 powdered milk
nǎi yóu dàn gēng, nǎi yóu dòng
   奶油蛋羹, 奶油冻 custard
nǎi zuǐ 奶嘴 teat (bottle)

nài rè de 耐热的 ovenproof
nài xīn de 耐心的
   patient (adj)
nán bù, nán 南部, 南 south
nán cè (xǐ shǒu jiān) 男厕
   (洗手间) gents' toilet
nán de, xióng de, nán xìng
   男的, 雄的, 男性 male
nán fēi 南非 South Africa
nán fú (zhuāng) 男服 (装)
   menswear
nán hái, ér zi 男孩, 儿子 boy
nán péng you, qíng láng
   男朋友, 情郎 boyfriend
nán rén, rén lèi, rén 男人,
   人类, 人 man
nán rén (men) 男人 (们) men
nán yǐ zhì xìn de 难以置信的
   incredible
nán yòng duǎn nèi kù, chèn kù
   男用短内裤, 衬裤
   underpants
nǎo mó yán 脑膜炎
   meningitis
nèi bù de 内部的 inside (adj)
nèi yī kù 内衣裤 underwear
ní, ní jiāng 泥, 泥浆 mud
nǐ, nǐ men 你, 你们 you
nǐ de, nǐ men de 你的, 你们的
   your
nǐ hǎo 你好 How do you do?
nǐ hǎo ma? 你好吗?
   How are you?
nián, nián líng, nián suì
   年, 年龄, 年岁 year
nián lǎo de, chén jiù de
   年老的, 陈旧的 old
nián líng, chéng nián 年龄,
   成年 age (n)
nián qīng de 年轻的 young
niàng jiǔ chǎng 酿酒厂
   brewery
niǎo 鸟 bird
niào bù 尿布 diaper, nappy
niè zi, xiǎo qián 镊子, 小钳
   tweezers
níng méng 柠檬 lemon
níng jìng de 宁静的
   quiet (adj)

níng méng shuǐ 柠檬水
lemonade
niú ròu 牛肉 beef
niǔ kòu 纽扣 button
niǔ shāng 扭伤 sprain
nóng chǎng, nóng zhuāng
农场, 农庄 farm
nóng fū, nóng chǎng zhǔ 农夫,
农场主 farmer
nóng shě, nóng jiā 农舍, 农家
farmhouse
nóng zhǒng, shā yǎn 脓肿,
砂眼 abscess
nǚ cè suǒ, nǚ xǐ shǒu jiān 女厕
所, 女洗手间 ladies' toilet
nǚ ér 女儿 daughter
nǚ fáng dōng, lǎo bǎn niáng
女房东, 老板娘 landlady
nǚ fú (zhuāng) 女服 (装)
ladies' wear
nǚ fú, tóng zhuāng 女服, 童装
dress (n)
nǚ hái, shào nǚ 女孩, 少女 girl
nǚ péng you 女朋友 girlfriend
nǚ rén, fù nǚ 女人, 妇女
woman
nǚ shì, fū rén, xiǎo jiě 女士,
夫人, 小姐 lady
nǚ xìng de, cí de 女性的, 雌的
female
nǚ xìng tóng xìng liàn zhě
女性同性恋者 lesbian
nǚ xu 女婿 son-in-law
(nǚ yòng) lián kù wà (女用)
连裤袜 pantyhose
**(nǚ zǐ de) hūn qián xìng, niáng
jiā xìng** (女子的) 婚前姓,
娘家姓 maiden name
nuǎn huo de, nuǎn de 暖和的,
暖的 warm (adj)
nuǎn qì 暖气 heating (n)
nuǎn shuǐ píng 暖水瓶
hot-water bottle

O

ōu zhōu 欧洲 Europe
ōu zhōu de, ōu zhōu rén de
欧洲的, 欧洲人的
European (adj)

ōu zhōu rén 欧洲人
European (n)

P

pá shǒu 扒手 pickpocket
pá zi 耙子 rake (n)
pái, háng 排, 行 row (n)
pái duì 排队 queue (v)
pái qi guǎn 排气管
exhaust pipe
pān dēng, pá 攀登, 爬
climb (v)
pán, dié 盘, 碟 tray
**pán, dié, dié xíng wèi xīng
tiān xiàn** 盘, 碟, 碟形卫星
天线 dish
pán zi, jīn shǔ bǎn, tú bǎn
盘子, 金属板, 图版 plate
pàn jué, xíng fá 判决, 刑罚
sentence (law)
pàn wàng, qī dài 盼望, 期待
hope, look forward to
páng biān de, cè miàn de
旁边的, 侧面的 side (adj)
páng guāng yán 膀胱炎
cystitis
páng lù 旁路 bypass (road)
páng xiè 螃蟹 crab
pǎo, guǎn lǐ, yùn xíng 跑, 管理,
运行 run (v)
pǎo mǎ chǎng, pǎo dào
跑马场, 跑道 race course
pèi yào zhě, yào jì shī 配药者,
药剂师 pharmacist
pēng tiáo, zhǔ 烹调, 煮
cook (v)
péng you 朋友 friend
péng zhàng, zēng dà 膨胀,
增大 swell
pèng zhuàng 碰撞 crash (n)
pí, pí fū 皮, 皮肤 skin
pí gé 皮革 leather
pí jiā, qián jiā 皮夹, 钱 wallet
pí jiǔ 啤酒 beer
pí láo de, lèi de 疲劳的, 累的
tired
pí xià zhù shè zhēn tóu
皮下注射针头
hypodermic needle

MANDARIN → ENGLISH

pǐ pèi 匹配 matches
(for lighting)
piān tóu tòng 偏头痛 migraine
pián yi de, bù zhí qián de
便宜的, 不值钱的 cheap
piào, rù chǎng quàn 票, 入场券
ticket
piào liang de, kě ài de 漂亮的,
可爱的 pretty
pīn xiě, pīn zì 拼写, 拼字 spell
pín qióng de, kě lián de
贫穷的, 可怜的 poor
(impecunious)
pǐn cháng, biàn wèi 品尝, 辨味
taste (v)
píng, yín mù 屏, 银幕 screen
píng cháng de, tōng cháng de
平常的, 通常的 usual
píng dǐ guō 平底锅 pan
píng gài qǐ zi 瓶盖起子
bottle opener
píng jūn de 平均的 average
**píng miàn, fēi jī, shuǐ píng,
chéng dù** 平面, 飞机, 水平,
程度 plane
píng miàn jiāo chā (lù kǒu)
平面交叉 (路口)
level crossing
píng rì 平日 weekday
píng tǎn de, biǎn píng de
平坦的, 扁平的 flat (adj)
píng zi 瓶子 bottle
pó pó huò yuè mǔ 婆婆或岳母
mother-in-law
pò liè, gǔ zhé 破裂, 骨折
fracture (n)
pú tao, pú tao shù 葡萄,
葡萄树 grapes
pú tao jiǔ, jiǔ 葡萄酒, 酒
wine
pú tao yuán 葡萄园 vineyard
pǔ tōng, jiāng jūn, gài yào
普通, 将军, 概要 general

Q

qī dài, yù qī, pàn wàng 期待,
预期, 盼望 expect
qī mǎn, zhōng zhǐ 期满, 终止
expire

qī yuè 七月 July
qī zi 妻子 wife
qí, chéng 骑, 乘 ride
qí dǎo, kěn qiú, qǐng
祈祷, 恳求, 请 pray
qí guài de, bù xún cháng de
奇怪的, 不寻常的
odd (strange)
qí tā de, lìng wài de 其他的,
另外的 other
qí tè de, hǎn jiàn de 奇特的,
罕见的 peculiar
qí yú, qí tā 其余, 其他 rest
(remainder)
qǐ chéng, chū fā, lí kāi 启程,
出发, 离开 departure
qǐ chuáng 起床 get up
qǐ zhòng qì, qiān jīn dǐng
起重器, 千斤顶 jack (car)
qì chē, (tiě) chē xiāng 汽车,
(铁) 车厢 car
(qì chē de) tiān chuāng
(汽车的) 天窗 sunroof
qì chē fā dòng jī zhào 汽车发
动机罩 bonnet (car)
qì chē hòu bèi xiāng 汽车后
备箱 trunk (of car)
qì chē huài le 汽车坏了
breakdown (of car)
qì chē lún dù (chuán) 汽车轮渡
(船) car ferry
qì chē pèi jiàn 汽车配件
car parts
(qì chē) qǐ dòng qì (汽车)
起动器 starter (car)
**(qì chē qián hòu de) bǎo xiǎn
gàng** (汽车前后的) 保险杠
bumper
qì chē yào shi 汽车钥匙
car keys
qì chē yòng ér tóng zuò yǐ
汽车用儿童坐椅
child car seat
(qì chē) yòu cè jià shǐ (汽车)
右侧驾驶 right-hand drive
qì chē zhào (qì yī) 汽车罩
(车衣) hood (car)
(qì chē) zuǒ cè jià shǐ (汽车)
左侧驾驶 left-hand drive

qì diàn chuán 气垫船 hovercraft

qì hòu 气候 climate

qì huà qì (huà yóu qì) 汽化器 (化油器) carburettor

qì tǐ, méi qì, dú qì, qì yóu 气体、煤气、毒气、汽油 gas

qì yóu 汽油 petrol

qì yóu tǒng 汽油桶 petrol can

qiān, chōu qiān, xǔ duō 签、抽签、许多 lot

qiān bǐ 铅笔 pencil

qiān kè 千克 kilogram

qiān míng, shǔ míng 签名、署名 sign (v)

qiān míng, shǔ míng, xìn hào 签名、署名、信号 signature

qiān zhàng kǎ, shōu fèi kǎ 签帐卡、收费卡 charge card

qiān zhèng 签证 visa

qián bāo 钱包 purse

qián dēng, wéi dēng 前灯、桅灯 headlight/s

qián é 前额 forehead

qián mian, kāi tóu 前面、开头 front

qián mian de, yù xiān de, yù fù (kuǎn xiàng) 前面的、预先的、预付(款项) advance (adj)

qián shuǐ 潜水 dive (v)

(qián shuǐ tǐng huò qián shuǐ zhě de) tōng qì guǎn (潜水艇或潜水者的) 通气管 snorkel

(qián shuǐ yuán yòng de) hū xī qì (潜水员用的) 呼吸器 scuba diving

qián zi 钳子 pliers

qiǎn de, qiǎn bó de 浅的、浅薄的 shallow

qiǎn sè de, dàn sè de 浅色的、淡色的 light (colour)

qiàn (zhài děng) 欠(债等) owe

qiāng 枪 gun

qiáng, qiáng zhuàng de, qiáng yìng de 强、强壮的、强硬的 strong

qiáng yìng de, qiáng zhuàng de 强硬的、强壮的 tough

qiāo, qiāo dǎ, qiāo jī 敲、敲打、敲击 knock

qiáo, bí liáng, qiáo pái 桥、鼻梁、桥牌 bridge

qiǎo kè lì, qiǎo kè lì sè 巧克力、巧克力色 chocolate

qiē duàn diàn yuán 切断电源 power cut

qiē (gē xuē) 切 (割削) cut (v)

qiē xiāo, xuē jiǎn, shān jié 切削、削减、删节 cut (n)

qīn jìn de, qīn mì de 亲近的、亲密的 near

qín cài 芹菜 celery

qīng biàn xiǎo chuáng 轻便小床 cot

qīng biàn zhé dié tǎng yǐ 轻便折叠躺椅 deck chair

qīng chu de, kōng kuàng de 清楚的、空旷的 clear (adj)

qīng de 轻的 light (weight)

qīng jiāo 青椒 pepper (vegetable)

qīng jié jì 清洁剂 cleaning solution, soaking solution

qīng jié jì, qù gòu jì 清洁剂、去垢剂 detergent

qīng lǐ fáng jiān de nǚ fú wù yuán 清理房间的女服务员 chambermaid

qīng nián lǚ guǎn 青年旅馆 youth hostel

qīng shuài de, cōng máng de 轻率的、匆忙的 rash (adj)

qīng tāng 清汤 stock (soup)

qīng tuī, qīng zhuàng, màn bù 轻推、轻撞、漫步 jog (n)

qīng wā 青蛙 frog

qīng zhēn sì 清真寺 mosque

qíng bào, zī liào, xìn xī 情报、资料、信息 information

qǐng 请 please (v)

qǐng nín yuán liàng! bào qiàn! 请您原谅! 抱歉! Excuse me!

qǐng qiú 请求 request (v)

qiū tiān 秋天 autumn

qiú pāi 球拍 racket
(qū) shā chóng jì (驱) 杀虫剂 insect repellent
qū yù, dì fang, dì qū 区域，地方，地区 region
qū yù, xíng zhèng qū 区域，行政区 district
qǔ xiāo 取消 cancellation
qǔ xiāo, shān qù 取消，删去 cancel
quán bù, zhěng tǐ 全部，整体 whole (n)
quán mài miàn bāo 全麦面包 wholemeal bread
quán shàn, gōng yìng sān cān fàn 全膳，供应三餐饭 full board
quán shuǐ 泉水 fountain
quàn gào, zhōng gào, jǐng gào, jiàn yì 劝告，忠告，警告，建议 advise
quē diǎn, liè wén, xiá cī 缺点，裂纹，瑕疵 flaw
què dìng, pī zhǔn 确定，批准 confirm
què dìng de, bì rán de 确定的，必然的 certain
qún zi 裙子 skirt

R

rán hòu, hòu lái de 然后，后来地 afterwards
rán liào 燃料 fuel
rán yóu biǎo, yóu liàng jì 燃油表，油量计 fuel gauge
rǎn 染 dye (v)
rǎn liào, rǎn sè 染料，染色 dye (n)
rǎn méi mao yóu 染眉毛油 mascara
rǎn wū, zhān wū 染污，沾污 stain (v)
... ràng ... ... 让 ... let (allow)
ràng bù 让步 concession
rào lù ér xíng 绕路而行 detour (v)
rè, rè dù 热，热度 heat (n)
rè de, là de 热的，辣的 hot

rén 人 person
rén, rén men 人，人们 people
rén cí de, qīn qiè de 仁慈的，亲切的 kind (adj)
rén kǒu 人口 population
rén men, qīn shǔ, mín zú 人们，亲属，民族 folk
rén qún 人群 crowd
rén shòu bǎo xiǎn 人寿保险 life insurance
rén xíng dào 人行道 pavement, sidewalk
rén xíng dào, xiǎo lù 人行道，小路 footpath
rén xíng héng dào 人行横道 pedestrian crossing
rěn shòu, rěn nài, shòu kǔ 忍受，忍耐，受苦 put up with
rěn shòu, róng rěn 忍受，容忍 tolerate
rèn hé rén, zhòng yào rén wù 任何人，重要人物 anybody
rèn hé shì, rèn hé dōng xi 任何事，任何东西 anything
rèn kě, chéng rèn, rèn chū 认可，承认，认出 recognize
rèn shi dào, liǎo jiě 认识到，了解 realize
rēng, pāo 扔，抛 throw (v)
rì chū 日出 sunrise
rì luò, wǎn nián 日落，晚年 sunset
rì qī, rì zi, nián dài 日期，日子，年代 date (of year)
rì shè bìng, zhòng shǔ 日射病，中暑 sunstroke
róng huà 融化 melt
róng qià xiāng chǔ, jìn zhǎn 融洽相处，进展 get on
róng yì de, ān yì de 容易的，安逸的 easy
ròu piàn 肉片 fillet
ròu xiàn 肉馅 minced meat
ròu zhī, ròu tāng 肉汁，肉汤 gravy
rú guǒ, yào shì 如果，要是 if
rú guǒ bù 如果不 if not
rŭ, niú nǎi 乳，牛奶 milk

rŭ lào, nǎi yóu, (hù fū) miàn shuāng 乳酪, 奶油, (护肤) 面霜 cream

rŭ zhào 乳罩 bra

rù chǎng fèi 入场费 entrance fee

rù huì fèi 入会费 admission fee

rù kǒu, mén kǒu 入口, 门口 entrance

rù shì xíng qiè 入室行窃 burglary

ruǎn de, róu ruǎn de 软的, 柔软的 soft

ruǎn mù sāi, ruǎn mù 软木塞, 软木 cork

ruǎn yǐn liào (bù hán jiǔ jīng de) 软饮料 (不含酒精的) soft drink

ruì lì, fēng lì de 锐利的, 锋利的 sharp

rùn hóu táng, zhǐ ké táng 润喉糖, 止咳糖 throat lozenges

S

sāi chē, jiāo tōng yōng dǔ 塞车, 交通拥堵 traffic jam

sāi xiàn yán 腮腺炎 mumps

sài mǎ 赛马 horse racing

sài pǎo 赛跑 race (sport)

sān míng zhì xiàn 三明治馅 filling (sandwich)

sān yuè 三月 March

sǎn, yǔ sǎn 伞, 雨伞 umbrella

sàn rè qì, shuǐ xiāng 散热器, 水箱 radiator

sào zhou 扫帚 broom

sè máng de 色盲的 colour blind

sēn lín 森林 forest

shā, shā zi 沙, 沙子 sand

shā chē 刹车 spoke (of wheel), brake (v)

shā chē dēng 刹车灯 brake light

shā lā 沙拉 salad

shā lā wèi tiáo liào 沙拉味调料 salad dressing

shā mò 沙漠 desert (n)

shā sǐ, huǐ diào 杀死, 毁掉 kill

shāi 筛 sieve (n)

shài bān, shài hēi 晒斑, 晒黑 sunburn

shài yī jiā 晒衣夹 clothes peg

shài yī shéng 晒衣绳 clothes line

shān, shān mài 山, 山脉 mountain

shān bēng 山崩 landslide

shān dì jiù yuán 山地救援 mountain rescue

shān dǐng, dǐng diǎn, zuì gāo fēng 山顶, 顶点, 最高峰 peak

(shān) gǔ, liú yù (山) 谷, 流域 valley

shān yáng 山羊 goat

shǎn diàn 闪电 lightning, flash of lightning

shǎn shuò de, fā pào de 闪烁的, 发泡的 sparkling

shàn qì, tuō cháng 疝气, 脱肠 hernia

shàn zi, gǔ fēng jī 扇子, 鼓风机 fan

shāng cán de 伤残的 disabled

shāng diàn 商店 store (n)

shāng diàn, diàn pù 商店, 店铺 shop (n)

shāng diàn chú chuāng 商店橱窗 shop window

shāng hài, wǔ rǔ 伤害, 侮辱 injury

shāng pǐn zhǎn lǎn huì 商品展览会 fair (fête)

shāng tòng, shāng hài 伤痛, 伤害 hurt (n)

shāng yè, shēng yi, shì qing 商业, 生意, 事情 business

shāo, shāo jiāo 烧, 烧焦 burn

shāo hòu, suí hòu 稍后, 随后 later (adv)

shǎo de, xiǎo de 少的, 小的 less (adj)

shǎo nǚ, nǚ pú 少女, 女仆
maid

shē chǐ, huá guì 奢侈, 华贵
luxury

shé 蛇 snake

shé tou, shé zhuàng wù 舌头,
舌状物 tongue

shè bèi, qì cái 设备, 器材
equipment

shè shì wēn dù de 摄氏温度的
Centigrade

shēn de, zòng shēn de 深的,
纵深的 deep

shēn fèn zhèng 身份证
identity card

shēn lán sè, záng qīng sè
深蓝色, 藏青色 navy blue

shēn tǐ, ròu tǐ, shī tǐ 身体,
肉体, 尸体 body

shén, shàng dì, shén xiàng 神,
上帝, 神像 God

shén me? 什么? What?

shén me dì fang? 什么地方?
Where?

shén me shì? 什么事? What's
the matter?

**shén me shí hou, ... de shí
hou ...** 什么时候, ... 的时候 ...
When?

shén me shí jiān? jǐ diǎn le?
什么时间? 几点了?
What's the time?

shén me yě méi yǒu, wú
什么也没有, 无 nothing

shén shèng de, shèng jié de
神圣的, 圣洁的 holy

shèn, yāo zi 肾, 腰子 kidney

shèn zhì (... yě), jí shǐ 甚至
(... 也), 即使 even (adv)

shēng jiàng yǐ, jià kōng huá chē
升降椅, 架空滑车 chair lift

shēng mìng, shēng huó 生命,
生活 life

shēng nǎi yóu 生奶油
whipped cream

shēng pí jiǔ 生啤酒
draught beer

shēng qì de, fèn nù de 生气的,
愤怒的 angry

shēng rì 生日 birthday

shēng rì hè kǎ 生日贺卡
birthday card

shēng rì lǐ wù 生日礼物
birthday present

shēng (róng liàng dān wèi)
升 (容量单位) litre

shēng xiù de 生锈的 rusty

shēng yīn, sǎng yīn 声音, 嗓音
voice

shéng, suǒ, shéng suǒ 绳, 索,
绳索 rope

shéng, xiàn lù 绳, 线路 line

shī de, cháo shī de 湿的,
潮湿的 wet

shī dì, zhǎo zé 湿地, 沼泽
marsh

shī mián, shī mián zhèng
失眠, 失眠症 insomnia

shī qù de, sàng shī de 失去的,
丧失的 lost

shī wàng de 失望的
disappointed

shī yè de 失业的
unemployed

shī zi 狮子 lion

shí, shí tou 石, 石头 stone

shí cháng fā shēng de
时常发生的 frequent

shí chú, wǎn dié chú 食橱,
碗碟橱 cupboard

shí fēn, wán quán dì 十分,
完全地 completely

**shí gāo, huī ní, gāo yao, xiàng
pí gāo** 石膏, 灰泥, 膏药,
橡皮膏 plaster

shí jiān, shí hòu, shí jī 时间,
时候, 时机 time

shí jiān biǎo 时间表
timetable

shí máo dì, háo huá de 时髦地,
豪华的 posh

shí pǐn shāng diàn 食品商店
food shop

**shí qī, zhōu qī, (fù nǚ de) jīng
qī** 时期, 周期, (妇女的)
经期 period

shí wù, yǎng liào 食物, 养料
food

172

shí wù zhòng dú 食物中毒 food poisoning

shí xíng, shí jiàn, liàn xí 实行, 实践, 练习 practice

shí yí yuè 十一月 November

shí yuè 十月 October

shí zhōng 时钟 clock

shí zì, jiāo chā 字, 交叉 cross (n)

shí zì lù, shí zì lù kǒu 十字路, 十字路口 crossroad

shí zì lù kǒu 十字路口 intersection

shǐ chū xuè, fàng xuè 使出血, 放血 bleed

shǐ yòng, lì yòng 使用, 利用 use (v)

shǐ yòng shǒu cè, zhǐ nán 使用手册, 指南 manual (n)

shǐ zhòu 使皱 wrinkle (v)

shì 是 is, yes

shì, bìng lì, àn lì, qíng xíng, chǎng hé 事, 病例, 案例, 情形, 场合 case

shì, shì yàn 试, 试验 try (v)

shì, zài 是, 在 am, are

shì, zài, cún zài 是, 在, 存在 be

shì chǎng, xiāo lù, háng qíng 市场, 销路, 行情 market

shì chuān, shì yàn 试穿, 试验 try on

shì dài, duàn dài, xié dài 饰带, 缎带, 鞋带 lace

shì dāng dì, wán quán dì 适当地, 完全地 properly

shì jì, bǎi nián 世纪, 百年 century

shì jiàn, wèn tí, yuán yīn 事件, 问题, 原因 matter (n)

shì jiāo, jiāo qū 市郊, 郊区 suburb

shì jiè 世界 world (n)

shì jiè de 世界的 world (adj)

shì lì, shì yě, jǐng xiàng 视力, 视野, 景象 sight

shì mín, gōng mín 市民, 公民 citizen

shì nèi yóu yǒng chí 室内游泳池 indoor pool

shì pèi qì, gǎi biān zhě 适配器, 改编者 adapter

shì yī jiān 试衣间 fitting room

shì zhèn, chéng zhèn 市镇, 城镇 town

shì zhèng tīng 市政厅 town hall

shōu fèi 收费 charge (v)

shōu huò, shōu cheng 收获, 收成 harvest (v)

shōu jí, jí zhōng, sōu jí 收集, 集中, 搜集 collect (v)

shōu jù, piào 收据, 票 parking ticket

shōu kuǎn (yín) jī 收款 (银) 机 cash register

shōu piào yuán, jiǎn piào yuán 收票员, 检票员 ticket collector

shōu suō, suō duǎn 收缩, 缩短 shrink (v)

shōu tiáo, shōu jù, shōu dào 收条, 收据, 收到 receipt

shōu yīn jī 收音机 radio

shǒu 手 hand

shǒu biǎo 手表 watch (n)

shǒu céng lóu, yī lóu 首层楼, 一楼 ground floor

shǒu diàn tǒng 手电筒 flashlight

shǒu diàn tǒng, huǒ jù 手电筒, 火炬 torch

shǒu dū, shǒu fǔ 首都, 首府 capital (city)

shǒu gōng de 手工的 handmade

shǒu jī, yí dòng diàn huà 手机, 移动电话 mobile phone

shǒu jīn, máo jīn 手巾, 毛巾 towel

shǒu liè xǔ kě zhèng 狩猎许可证 hunting permit

shǒu pà 手帕 handkerchief

shǒu shù shì, zhěn liáo shì 手术室, 诊疗室 surgery (doctor's rooms)

shǒu tào 手套 glove

MANDARIN → ENGLISH

shŏu tí bāo, shŏu dài 手提包, 手袋 handbag
shŏu tí xiāng, yī xiāng 手提箱, 衣箱 suitcase
shŏu tí xíng li 手提行李 hand luggage
shŏu tuī chē, shŏu yáo chē 手推车, 手摇车 trolley
shŏu wàn, wàn guān jiē 手腕, 腕关节 wrist
shŏu wèi, jǐng jiè 守卫, 警戒 guard (n)
shŏu zhá 手闸 handbrake
shŏu zhǐ 手指 finger
shŏu zhuó 手镯 bracelet
shòu bǎo hù de 受保护的 sheltered
shòu huà qì 受话器 receiver (telephone)
shòu huà rén fù kuǎn de diàn huà 受话人付款的电话 reverse-charge call
shòu huò yuán 售货员 salesperson
shòu kǒu shuǐ, xǐ kǒu yào 漱口水, 洗口药 mouthwash
shòu pí, pí gé 兽皮, 皮革 hide
shòu piào chù 售票处 ticket office
shòu shāng de 受伤的 injured
shòu yī 兽医 vet (veterinarian)
shū, zhàng bù, míng cè 书, 帐簿, 名册 book (n)
shū cài, zhí wù 蔬菜, 植物 vegetables
shū cài shuǐ guǒ shāng 蔬菜水果商 greengrocer's
shū diàn 书店 bookshop
shū (fà) 梳 (发) comb (v)
(shū kān de) yè, (bào zhǐ de) bǎn (书刊的)页, (报纸的)版 page (in)
shū shì de 舒适的 comfortable
shū xiě zhǐ 书写纸 writing paper
shū zhuō, bàn gōng zhuō 书桌, 办公桌 desk

shū zi 梳子 comb (n)
shǔ, hào zi 鼠, 耗子 mouse
shù 树 tree
shù, shù zì, shù liàng, hào mǎ 数, 数字, 数量, 号码 number
shù liàng 数量 amount
shuā zi, máo shuā 刷子, 毛刷 brush (n)
shuāi ruò de, ruǎn ruò de 衰弱的, 软弱的 faint (adj)
shuāng bāo tāi 双胞胎 twins
shuāng dòng 霜冻 frost
shuāng rén chuáng 双人床 double bed
shuāng rén fáng 双人房 double room
shuāng yǎn wàng yuǎn jìng 双眼望远镜 binoculars
shuí? nǎ ... de (rén)? 谁? 哪 ... 的 (人)? Who?
shuí de? nǎ (xiē) rén de? 谁的? 哪 (些) 人的? Whose?
shuí yě bù, wú rén 谁也不, 无人 nobody
shuǐ, yǔ shuǐ, hǎi shuǐ 水, 雨水, 海水 water
shuǐ cáo 水槽 sink (n)
shuǐ dòu 水痘 chicken pox
shuǐ guǎn, guǎn dào shè bèi 水管, 管道设备 pipe (plumbing)
shuǐ guǒ, guǒ shí, guǒ lèi 水果, 果实, 果类 fruit
(shuǐ guǒ) zhī, yè (水果)汁, 液 juice
shuǐ hú 水壶 jug
shuǐ mǔ 水母 jellyfish
shuǐ pào 水泡 blister
shuǐ shàng diàn dòng huá chuán 水上电动滑船 water-skiing
shuǐ shàng jǐng chá 水上警察 coastguard
shuǐ tǎ, xù shuǐ chí 水塔, 蓄水池 cistern
shuǐ yì, shuǐ yì tǐng 水翼, 水翼艇 hydrofoil

shuì, shuì jiào 睡，睡觉
  sleep (v)
shuì, shuì kuǎn 税，税款 tax
shuì dài 睡袋 sleeping bag
shuì mián 睡眠 sleep (n)
shuì wù bù mén 税务部门
  receiver (tax)
shuì yī, chén yī 睡衣，晨衣
  dressing gown
shuì yī, kuān cháng kù 睡衣，
  宽长裤 pyjamas
shuì zhe de rén, wò pù chē
  睡着的人，卧铺车 sleeper,
  sleeping car
shuō, jiǎng, bèi sòng 说，讲，
  背诵 say
shuō huà, yǎn jiǎng 说话，演讲
  speak
sī chóu 丝绸 silk
sī liè, chě pò 撕裂，扯破 torn
sī rén de, sī yǒu de 私人的，
  私有的 private
sī rén jiā tíng lǚ diàn 私人家
  庭旅店 guesthouse
sǐ, sǐ wáng 死，死亡 death
sǐ de, wú gǎn jué de 死的，
  无感觉的 dead
sǐ wáng, xiāo shì 死亡，消逝
  die (v)
sì fēn zhī yī, yí kè zhōng 四分
  之一，一刻钟 quarter
sì lún qū dòng qì chē 四轮驱动
  汽车 four-wheel drive
sōng gāo 松糕 sponge cake
sòng, jì, pài qiǎn 送，寄，派遣
  send
sōu suǒ, shōu jí 搜索，收集
  rake (v)
sū dá, tàn suān shuǐ 苏打，
  碳酸水 soda
sū gé lán 苏格兰 Scotland
sù dù, sù lǜ 速度，速率 speed
sù dù biǎo, lǐ chéng biǎo 速度
  表，里程表 speedometer
sù jiāo de 塑胶的 plastic
sù kǔ, bào yuan, láo sāo 诉苦，
  抱怨，牢骚 complaint
sù liào (jiāo) dài 塑料（胶）袋
  plastic bag

sù róng kā fēi 速溶咖啡
  instant coffee
sù shè, lǚ diàn 宿舍，旅店
  hostel
sù shí zhě 素食者
  vegetarian
suān chéng, shí huī 酸橙，
  石灰 lime
suān de, suān wèi de 酸的，
  酸味的 sour
suī rán, jǐn guǎn 虽然，尽管
  although
suì dào, dì dào 隧道，地道
  tunnel
sūn nǚ, wài sūn nǚ 孙女，
  外孙女 granddaughter
sūn zi, wài sūn zi 孙子，外孙子
  grandson
sǔn hài, shāng hài 损害，伤害
  damage (n)
suǒ 锁 lock (n)
suǒ dào 索道 funicular
suǒ gǔ 锁骨 collarbone
**suǒ jià guò gāo, guò dù chōng
  diàn** 索价过高，过度充电
  overcharge (v)
suǒ shàng, suǒ zhù 锁上，锁住
  lock (v)
suǒ yǒu zhě, yè zhǔ 所有者，
  业主 owner

T

tā 他 he, him, she
tā 它 it
tā de 他的 his
tā de, tā 她的，她 her
tā men 他们 they
tǎ, chéng bǎo 塔，城堡 tower
tǎ yú 鳎鱼 sole (fish)
tà bǎn 踏板 pedal (n)
**tài yáng, yáng guāng, héng
  xīng** 太阳，阳光，恒星 sun
tài yáng jìng, mò jìng 太阳镜，
  墨镜 sunglasses
tán huà, jiǎng, tán lùn 谈话，讲，
  谈论 talk (v)
tán xìng de 弹性的
  elastic (adj)
tǎn zi 毯子 blanket

táng, shí táng 糖，食糖 sugar
táng guǒ 糖果 sweet (n)
táng guǒ, bīng táng 糖果，
冰糖 candy
táng niào bìng de 糖尿病的
diabetic (adj)
**táng xiōng dì zǐ mèi, biǎo xiōng
dì zǐ mèi** 堂兄弟姊妹，
表兄弟姊妹 cousin
tǎng, píng fàng 躺，平放 lie (v)
tǎng xià 躺下 lie down
tàng fà 烫发 perm
tàng píng, yùn 烫平，熨
iron (v)
táo, táo wáng, táo pǎo 逃，
逃亡，逃跑 escape (n)
táo qì 陶器 pottery
táo qì, wǎ qì 陶器，瓦器
crockery
táo tuō, bì kāi, liū zǒu 逃脱，
避开，溜走 escape (v)
tào cān cài dān 套餐菜单
set menu
tào shān 套衫 pullover
tè bié 特别 especially
tè bié xǐ ài de, zhòng yì de 特
别喜爱的，中意的 favourite
tè xìng, tè zhì 特性，特质
speciality
téng kōng, téng chū lái 腾空，
腾出来 empty (v)
téng tòng de, tòng kǔ de
疼痛的，痛苦的 painful
**téng tòng de, tòng xīn de,
jù liè de** 疼痛的，痛心的，
剧烈的 sore (adj)
tī 踢 kick
tī zi, jiē tī 梯子，阶梯 ladder
tǐ yù guǎn, tǐ cāo 体育馆，
体操 gym
tì, guā, xuē guā 剃，刮，削刮
shave (v)
tì dāo 剃刀 razor
tiān, tiān kōng 天，天空 sky
tiān huā bǎn 天花板 ceiling
tiān qì, qì hòu, qì xiàng 天气，
气候，气象 weather
tiān qì yù bào 天气预报
weather forecast

tián bǔ, zhuāng mǎn, yū jī
填补，装满，淤积 fill up
tián chōng 填充 fill (v)
tián chōng, tián xiě, tián mǎn
填充，填写，填满 fill in
tián de 甜的 sweet (adj)
tián miàn bāo, xiǎo tián bǐng
甜面包，小甜饼 cookie
tiāo yùn, bèi bāo 挑运，背包
backpack
tiáo jiàn, qíng xíng, huán jìng
条件，情形，环境 condition
tiáo wèi pǐn 调味品
dressing (salad)
tiáo wèi pǐn, tiáo liào 调味品，
调料 seasoning
tiào, yuè 跳，跃 jump (v)
tiào shuǐ 跳水 dive (n)
tiào tái huá xuě 跳台滑雪
ski jump
tiào zao, dī lián de lǚ guǎn
跳蚤，低廉的旅馆 flea
tiē shēn chèn yī, jǐn shēn yī
贴身衬衣，紧身衣 tights
tiě chuí, chuí zi 铁锤，锤子
hammer
tiě dào, tiě lù 铁道，铁路
railway
tiě qì shāng, wǔ jīn shāng 铁器
商，五金商 ironmonger's
tīng, shōu tīng 听，收听 listen
tīng dào, tīng shuō 听到，
听说 hear
tīng tǒng, ěr jī 听筒，耳机
headphones
tīng zhòng, guān zhòng 听众，
观众 audience
tíng chē diǎn (tíng zài cǐ dì)
停车点（停在此地）
points (car)
tíng chē shōu fèi mǐ biǎo
停车收费米表 parking meter
tíng chuán chù 停船处
mooring
tíng fàng 停放 park (v)
tíng zhǐ, chē zhàn, dòu liú
停止，车站，逗留 stop (n)
tíng zhǐ biāo jì (fú hào) 停止标
记（符号）stop sign

tíng zi 亭子 kiosk

tōng cháng, dà dǐ 通常, 大抵 usually

tōng guò, chuán dì 通过, 传递 pass (v)

(tōng huò) péng zhàng (通货) 膨胀 inflate

tōng sú de, liú xíng de 通俗的, 流行的 popular

tōng xiāo de, wǎn shang de, qián yè de 通宵的, 晚上的, 前夜的 overnight (adj)

tōng xíng kòng zhì (jiǎn chá) 通行控制 (检查) pass control

tōng xíng zhèng, xǔ kě zhèng 通行证, 许可证 permit (n)

tóng, hé 同, 和 and

tóng bàn, gòng shì zhě 同伴, 共事者 partner (companion)

tóng shì, tóng liáo 同事, 同僚 colleague

tóng xìng liàn 同性恋 homosexual (n)

tóng xìng liàn de 同性恋的 gay (adj)

tóng xìng liàn jiǔ bā 同性恋 酒吧 gay bar

tóng xìng liàn zhě 同性恋者 gay (n)

tóng yī de, xiāng tóng de, shàng shù de 同一的, 相同的, 上述的 same

tóng yì, xié dìng 同意, 协定 agreement

tóng yì, zàn chéng ... de yì jiàn 同意, 赞成 ... 的意见 agree

tǒng 桶 barrel

tǒng, tí tǒng 桶, 提桶 pail

tǒng, xiāng, guàn 桶, 箱, 罐 tank

tǒng, yì tǒng de liàng 桶, 一桶的量 bucket

tòng de dì fang, tòng chù 痛的地方, 痛处 sore (n)

tòng kǔ, téng, tòng 痛苦, 疼, 痛 pain (n)

tōu, tōu qiè 偷, 偷窃 steal

tōu, xíng qiè 偷, 行窃 theft

tōu dé de, tōu zǒu de 偷得的, 偷走的 stolen

tōu qiè, suǒ qǔ gāo jià 偷窃, 索取高价 rip-off

tóu, lǐng xiù 头, 领袖 head (n)

tóu, zhì 投, 掷 throw (n)

tóu bì (chā kǎ) diàn huà 投币 (插卡) 电话 payphone

tóu fa, máo fà 头发, 毛发 hair

(tóu fa) jīn huáng de (头发) 金黄的 fair (hair colour)

tóu kuī, ān quán mào 头盔, 安全帽 crash helmet

tóu kuī, gāng kuī 头盔, 钢盔 helmet

tóu nǎo, jīng shen, yì jiàn 头脑, 精神, 意见 mind (n)

tóu tòng 头痛 headache

tóu zi (shǎi zi) 骰子 dice (n)

tòu jìng, jìng tóu 透镜, 镜头 lens

tū rán dì 突然地 suddenly

tú fū 屠夫 butcher

tú huà, zhì tú 图画, 制图 drawing

tú shū guǎn, cáng shū shì 图书馆, 藏书室 library

tǔ chū, ǒu tù 吐出, 呕吐 vomit (v)

tǔ dì de, dì miàn shàng de 土地的, 地面上的 ground (adj)

tù, yě tù 兔, 野兔 rabbit

tuán tǐ, zǔ 团体, 组 group

tuī, tuī jìn 推, 推进 push (v)

tuī chí, yán qī 推迟, 延期 postpone

tuī jiàn, jiè shào 推荐, 介绍 recommend

tuǐ 腿 leg

tuì huán, cháng huán 退还, 偿还 refund (v)

tuì xiū de, tuì yì de 退休的, 退役的 retired

tūn xià, yàn xià 吞下, 咽下 swallow (v)

tún bù, pì gu, wū jǐ 臀部, 屁股, 屋脊 hip

MANDARIN → ENGLISH

tuō, lā 拖，拉 draught
tuō, lā, qiān yǐn 拖，拉，牵引
tow
tuō chē 拖车 trailer
tuō ér suǒ (rì tuō) 托儿所
（日托） crèche, nursery
school
tuō qù kā fēi yīn de
脱去咖啡因的
decaffeinated
tuō xié 拖鞋 slippers

W
wài guó de 外国的 foreign
wài guó rén, wài dì rén 外国人，
外地人 foreigner
wài kē shǒu shù 外科手术
surgery (procedure)
wài mài shí pǐn 外卖食品
take-away food
wài miàn de, wài biǎo de, wài jiè de 外面的，外表的，
外界的 outside
wài miàn de, xià tái de, chū jú de 外面的，下台的，出局的
out
wài tào 外套 coat
wài tào dà yī 外套大衣
overcoat
wān qū 弯曲 bend (n)
wān qū, qū fú 弯曲，屈服
bend (v)
wán, bàn yǎn, bō fàng
玩，扮演，播放 play (v)
wán chéng, jié shù 完成，结束
finish (v)
wán jù 玩具 toy
wán měi de, lǐ xiǎng de 完美的，
理想的 perfect
wán quán de, zǒng ér yán zhī
完全地，总而言之
altogether
wán quán dì, jué duì dì 完全地，
绝对地 absolutely
wǎn, chí, zuì jìn 晚，迟，最近
late (adv)
wǎn, wǎn zhuàng wù
碗，碗状物 bowl
wǎn ān 晚安 good night

wǎn fàn, zhèng cān, yàn huì
晚饭，正餐，宴会 dinner
wǎn shang hǎo 晚上好 good
evening
wáng guān, huā guān 王冠，
花冠 crown
wáng hòu, nǚ wáng 王后，女王
queen
wáng shì de, huáng jiā de
王室的，皇家的 royal
wǎng 网 web
wǎng, wǎng luò 网，网络 net
wǎng fǎn piào, lái huí piào 往
返票，来回票 return ticket
wǎng guó wài, dào chù, hǎi wài
往国外，到处，海外 abroad
wǎng qiú 网球 tennis
wǎng qiú chǎng 网球场
tennis court
wǎng qiú pāi 网球拍 tennis
racket
wàng jì, hū luè 忘记，忽略
forget
wēi bō lú 微波炉 microwave
oven
wēi ěr shì 威尔士 Wales
wēi ěr shì de 威尔士的 Welsh
wēi fēng 微风 breeze
wēi xiǎn, wēi xiǎn wù
危险，危险物 danger
wēi xiǎn de 危险的
dangerous
wéi gǎn, qí gān, tiān xiàn gān
桅杆，旗杆，天线竿 mast
wéi jīn, tóu jīn 围巾，头巾
scarf
wéi yī de, dān dú de 唯一的，
单独的 only (adj)
wěi dà de, dà de, zhòng dà de
伟大的，大的，重大的 great
wèi, wèi bù 胃，胃部 stomach
wèi dào, wèi jué 味道，味觉
taste (n)
wèi dìng rì qī (de) piào 未定
日期（的）票 open ticket
wèi hūn fū, wèi hūn qī 未婚夫，
未婚妻 fiancé, fiancée
wèi jiā gōng de, shēng de
未加工的，生的 raw

wèi le, yīn wéi, duì yú 为了，因为，对于 for

(wèi nǚ zǐ zuò fà de) lǐ fà shī, měi róng shī (为女子做发的)理发师，美容师 hairdresser

wèi shén me? 为什么？ Why?

wèi shēng jié jù shè bèi děng de (bǎo jié diàn) 卫生洁具设备等的 (保洁垫) sanitary pads

wèi tòng, dù zi tòng 胃痛，肚子痛 stomachache

wèi yǎng 喂养 feed

wèi zhi, ... jú, ... zhàn 位置，...局，...站 station

wēn dù 温度 temperature

wēn dù jì, tǐ wēn jì 温度计，体温计 thermometer

wēn quán 温泉 hot spring

wén dào 闻到 smell (v)

wén jiàn, dàng àn 文件，档案 document

wén jiàn, dàng àn (wén jiàn jiā) 文件，档案 (文件夹) file (folder)

wén jù, xìn zhǐ 文具，信纸 stationery

wén jù shāng, wén jù diàn 文具商，文具店 stationer's

wén zi 蚊子 mosquito

wén zì, zì mǔ, xìn hán 文字，字母，信函 letter

wěn 吻 kiss (n)

wěn, qīng fú 吻，轻拂 kiss (v)

wèn tí, nán tí 问题，难题 problem

wèn tí, yí wèn, xún wèn 问题，疑问，询问 question (n)

wō jù, shēng cài 莴苣，生菜 lettuce

wǒ 我，I, me

wǒ de 我的 my

wǒ kě yǐ (néng) ... ma? 我可以 (能) ... 吗？ Could I?

wǒ men 我们 us, we

wǒ men de 我们的 our

wǒ shì 我是 I am

wǒ zì jǐ, wǒ běn rén 我自己，我本人 myself

wò zhù, ná zhe 握住，拿着 hold (v)

wū diǎn, xiá cī 污点，瑕疵 stain (n)

wū dǐng, fáng dǐng, dǐng 屋顶，房顶，顶 roof

wū rǎn, diàn wū 污染，玷污 polluted

wú qiān de 无铅的 lead-free

wú qiān qì yóu 无铅汽油 unleaded petrol

wú xiàn de 无限的 unlimited

wǔ cān 午餐 lunch

wǔ dǎo 舞蹈 dance (v)

wǔ dǒu guì, yī guì 五斗柜，衣柜 chest of drawers

wǔ hòu, xià wǔ 午后，下午 afternoon

wǔ jīn diàn, diàn nǎo pèi jiàn shāng diàn 五金店，电脑配件商店 hardware shop

wǔ yè 午夜 midnight

wù, yān wù, chén wù 雾，烟雾，尘雾 fog

wù huì, wù jiě 误会，误解 misunderstanding

X

xī, chuān, hé liú 溪，川，河流 stream (n)

xī, mǎ kǒu tiě, guàn 锡，马口铁，罐 tin (n)

xī, xī gài 膝，膝盖 knee

xī chén qì 吸尘器 vacuum cleaner

xī fāng, xī bù 西方，西部 west

xī guā 西瓜 watermelon

xī han de, zhēn guì de 稀罕的，珍贵的 rare

xī shì xiàn bǐng, pài 西式馅饼，派 pie

xī wàng 希望 hope (n)

xī zhǐ 锡纸 tinfoil

xǐ, xǐ dí 洗，洗涤 wash (v)

xǐ chē 洗车 car wash

xǐ dí yè 洗涤液 washing-up liquid

MANDARIN → ENGLISH

xǐ huan, xī wàng 喜欢, 希望 like (v)

xǐ jù 喜剧 comedy

xǐ miàn nǎi 洗面奶 cleansing lotion

xǐ tóu hé zuò tóu fa 洗头和做头发 shampoo and set

xǐ yī diàn 洗衣店 laundry

xǐ yī fěn 洗衣粉 washing powder

xì xiāng cōng 细香葱 chive

xiā de, máng mù dì 瞎的, 盲目的 blind

xiá zhǎi de 狭窄的 narrow

xià ba, xià è 下巴, 下颚 chin

xià cì de, xià yí gè 下次的, 下一个 next (adj)

xià jì, xià tiān 夏季, 夏天 summer

xià lái, tuō xià, kāi shǐ 下来, 脱下, 开始 get off

xià pō de, qīng xié de 下坡的, 倾斜的 downhill

xià wǔ 下午 p.m. (after noon)

xià wǔ hǎo 下午好 good afternoon

xià xīng qī (xià zhōu) 下星期 (下周) next week

xià yí cì, qí cì 下一次, 其次 next (adv)

xià yǔ 下雨 rain (v)

xiān sheng 先生 Mr

xián ròu, xūn ròu 咸肉, 熏肉 bacon

xiàn, xì shéng 线, 细绳 string

xiàn, xì sī 线, 细丝 thread (n)

xiàn jīn 现金 cash (n)

xiàn sù 限速 speed limit

xiàn zài, cǐ kè 现在, 此刻 now

xiàn zài de 现在的 present (adj)

xiāng, guì 箱, 柜 bin

xiāng bīn jiǔ, xiāng bīn sè 香槟酒, 香槟色 champagne

xiāng cǎo chá 香草茶 herbal tea

xiāng cūn, cūn zhuāng 乡村, 村庄 village

xiāng dāng, wán quán 相当, 完全 quite

xiāng duì de, duì miàn de, duì lì de, xiāng fǎn de 相对的, 对面的, 对立的, 相反的 opposite

xiāng fǎn, fǎn duì, kào zhe 相反, 反对, 靠着 against

xiāng liào, tiáo wèi pǐn 香料, 调味品 spice

xiāng sì de, lèi sì de 相似的, 类似的 similar

xiāng sì de, tóng yàng de 相似的, 同样的 like (adj)

xiāng xia dì fang 乡下地方 countryside

xiāng xìn, rèn wéi 相信, 认为 believe

xiāng yān, zhǐ yān 香烟, 纸烟 cigarette

xiáng xì zī liào, xì jié 详细资料, 细节 details

xiǎng, sī suǒ, rèn wéi 想, 思索, 认为 think

xiǎng fǎ, zhú yì 想法, 主意 idea

xiǎng jiā de 想家的 homesick

xiǎng qǐ, jì dé 想起, 记得 remember

xiǎng shòu ... de lè qù, xīn shǎng, xǐ ài 享受 ... 的乐趣, 欣赏, 喜爱 enjoy

xiǎng yào, dǎ suan 想要, 打算 intend

xiǎng yào, yào 想要, 要 want (v)

xiàng, wǎng, gěi..., yú ..., zhí dào ... wéi zhǐ, zài ... zhī qián, bǐ, duì, (biǎo shì chéng dù, fàn wéi) dào, dá 向, 往, 给..., 于 ..., 直到 ...为止, 在 ... 之前, 比, 对, (表示程度, 范围) 到, 达 to (prep)

xiàng hòu 向后 back (adv)

xiàng liàn 项链 necklace

xiàng lóu shàng, zài lóu shàng 向楼上, 在楼上 upstairs

xiàng pí, xiàng jiāo 橡皮, 橡胶 rubber

xiàng pí jiǎo zhǎng, jiǎo pǔ 橡皮脚掌, 脚蹼 flippers

xiàng shàng, zài shàng 向上, 在上 up

xiàng shù, xiàng mù 橡树, 橡木 oak

xiāo dú jì 消毒剂 disinfectant

xiāo fáng duì 消防队 fire brigade

xiāo fèi zhě 消费者 customer

xiāo hào, pái shuǐ 消耗, 排水 drain (n)

xiāo huà bù liáng 消化不良 indigestion

xiāo shī, bú jiàn 消失, 不见 disappear

xiāo shòu dài biǎo 销售代表 sales representative

xiāo xi, yīn xìn 消息, 音信 message

xiāo xiàng, rén xiàng 肖像, 人像 portrait

xiǎo bāo 小包 parcel

xiǎo bāo guǒ, xiǎo kǔn 小包裹, 小捆 packet

xiǎo biǎn dòu 小扁豆 lentil

xiǎo cè zǐ 小册子 brochure

xiǎo chī, kuài cān 小吃, 快餐 snack

xiǎo chú fáng 小厨房 kitchenette

xiǎo chuán, tǐng 小船, 艇 boat

xiǎo de, shǎo de 小的, 少的 small

(xiǎo) dì tǎn (小) 地毯 rug

xiǎo gū zi, xiǎo yí zi, sǎo zi, dì xí, yīn jiě mèi, zhóu li 小姑子, 小姨子, 嫂子, 弟媳, 姻姐妹, 妯娌 sister-in-law

xiǎo hú zi 小胡子 moustache

xiǎo jiě 小姐 Ms

xiǎo kǒng 小孔 puncture (n)

xiǎo kuài, shǎo liàng, piàn kè 小块, 少量, 片刻 bit

xiǎo lǐ bài táng, lǐ bài 小礼拜堂, 礼拜 chapel

xiǎo lù, xiàng, lǐ nòng 小路, 巷, 里弄 lane

xiǎo lù, xiǎo jìng, tōng dào 小路, 小径, 通道 path

xiǎo lǚ guǎn, kè zhàn 小旅馆, 客栈 inn

xiǎo niú ròu 小牛肉 veal

xiǎo shān bǎn, xiǎo yóu tǐng 小舢板, 小游艇 dinghy

xiǎo shān yáng pí 小山羊皮 suede

xiǎo shí, zhōng tóu 小时, 钟头 hour

xiǎo shù diǎn, fēn shù 小数点, 分数 point (n)

xiǎo shuō 小说 novel

xiǎo tōu, zéi 小偷, 贼 thief

xiǎo wū, chuán cāng 小屋, 船舱 cabin

xiǎo xiā 小虾 shrimp

xiǎo xīn de, zǐ xi de 小心的, 仔细的 careful

xiǎo yáng, gāo yáng 小羊, 羔羊 lamb

xiǎo yuán miàn bāo 小圆面包 bun

xiào 笑 laugh (vi)

xiào hua, wán xiào 笑话, 玩笑 joke (n)

xiào shēng 笑声 laugh (n)

xié, xié zāng 心, 心脏 heart

xié dài 鞋带 shoelace

xié dài, yùn sòng 携带, 运送 carry

xiě, xiě xìn, xiě zuò, zuò qǔ 写, 写信, 写作, 作曲 write

(xiè yǎn zhuāng yòng de) qù chú jì (卸眼妆用的) 去除剂 eye make-up remover

xīn, xīn zāng 心, 心脏 heart

xīn de 新的 new

xīn jiào, xīn jiào tú 新教, 新教徒 Protestant

xīn láng 新郎 bridegroom

xīn nián, yuán dàn 新年, 元旦 New Year

xīn nián kuài lè! 新年快乐! Happy New Year!

xīn niáng 新娘 bride

xīn shuǐ, gōng zī 薪水, 工资 pay

xīn tòng, dù jì 心痛, 妒忌 heartburn

xīn wén, xiāo xi 新闻, 消息 news

xīn xiān de, shēng de 新鲜的, 生的 fresh

xīn zàng bìng fā zuò 心脏病发作 heart attack

xìn fēng, fēng tào 信封, 封套 envelope

xìn hào 信号 signal

xìn xiāng 信箱 postbox

xìn yòng kǎ 信用卡 credit card

xìn zhǐ, biàn tiáo yòng zhǐ 信纸, 便条用纸 notepaper

xīng, míng xīng 星, 明星 star

xīng qī 星期 week

xīng qī èr (zhōu èr) 星期二 (周二) Tuesday

xīng qī liù 星期六 Saturday

xīng qī rì 星期日 Sunday

xīng qī sān 星期三 Wednesday

xīng qī sì 星期四 Thursday

xīng qī wǔ 星期五 Friday

xīng qī yī 星期一 Monday

xíng li 行李 baggage

xíng li, pí xiāng 行李, 皮箱 luggage

xíng li bān yùn gōng 行李搬运工 porter

xíng li biāo qiān 行李标签 luggage tag

xíng li chē 行李车 luggage trolley

xíng li jià 行李架 luggage rack

xíng zhuàng, xíng shì 形状, 形式 form (shape)

xǐng de 醒的 awake

xǐng lái 醒来 wake up (v)

xìng 姓 surname

xìng bié 性别 sex (n)

xìng bìng 性病 venereal disease

xìng néng, biǎo xiàn, biǎo yǎn 性能, 表现, 表演 performance

xìng shù 杏树 almond

xìng yùn dì 幸运地 fortunately

xiōng bù, rǔ fáng, xiōng huái 胸部, 乳房, 胸怀 breast

xiōng dì 兄弟 brother

xiōng qiāng, xiōng táng 胸腔, 胸膛 chest

xiōng zhēn 胸针 brooch

xióng wěi de, zhuàng lì de, shèng dà de 雄伟的, 壮丽的, 盛大的 grand

xiū bǔ 修补 repair (v)

xiū chǐ, xiū kuì 羞耻, 羞愧 shame

xiū dào yuàn, xiū dào shì 修道院, 修道士 abbey

xiū lǐ 修理 repair (n)

xiū lǐ shuǐ guǎn gōng rén 修理水管工人 plumber

xiū xi 休息 rest (relax)

xiū xián shì, cháng shā fā 休闲室, 长沙发 lounge (n)

xū yào 需要 need (v)

xū yào, bì xū 需要, 必需 need (n)

xū yào, yāo qiú, mìng lìng 需要, 要求, 命令 require

xǔ duō, dà liàng 许多, 大量 much (n)

xǔ duō de 许多的 many

xǔ duō de, dà liàng de 许多的, 大量的 much (adj)

xuān nào shēng, zào yīn 喧闹声, 噪音 noise

xuān shì, fā shì 宣誓, 发誓 swear (an oath)

xuān shì cí 宣誓词 swear word

xuán kāi, xuán sōng 旋开, 旋松 unscrew

xuán yá, jué bì 悬崖, 绝壁 cliff

xuán zhuǎn shì tuō shuǐ jī 旋转式脱水机 spin-dryer

xuǎn zé, xuǎn dìng 选择, 选定 choose

xué sheng, yán jiū zhě 学生, 研究者 student

xué sheng yōu huì 学生优惠 student discount

xué wèi, dì wèi, shēn fèn 学位, 地位, 身份 degree (qualification)

xué xí, tīng dào, huò xī 学习, 听到, 获悉 learn

xué xiào, xué yuàn 学校, 学院 school

xuě 雪 snow

xuě bēng 雪崩 avalanche

xuě jiā 雪茄 cigar

xuě qiāo 雪橇 sledge

xuě yú 鳕鱼 cod

xuè, xuè yè, xuè tǒng 血, 血液, 血统 blood

xuè guǎn, jìng mài 血管, 静脉 vein

xuè yā 血压 blood pressure

xún háng 巡航 cruise (n)

xún huán, lún zhuàn 循环, 轮转 cycle (v)

xún wèn 询问 enquiry

xún wèn, shěn wèn 询问, 审问 question (v)

xún wèn, yāo qiú 询问, 要求 ask

xún yóu 巡游 cruise (v)

xún zhǎo, qī dài 寻找, 期待 look for

xùn liàn 训练 train (v)

xùn liàn, zuān kǒng 训练, 钻孔 drill (v)

Y

yā lì 压力 pressure

yā zi 鸭子 duck (n)

yá chǐ 牙齿 teeth, tooth

yá kē yī shēng 牙科医生 dentist

yá qiān 牙签 toothpick

yá shuā 牙刷 toothbrush

yá tòng 牙痛 toothache

yá xiàn 牙线 dental floss

yǎ ba, jiǎ huò 哑巴, 假货 dummy (n)

yà má bù 亚麻布 linen

yān, yān chén 烟, 烟尘 smoke (n)

yān cong, dēng zhào 烟囱, 灯罩 chimney

yān hóu, hóu lóng 咽喉, 喉咙 throat

yán cháng, kuò chōng, fàn wéi 延长, 扩充, 范围 extension

yán cháng rèn qī 延长任期 extension lead

yán chí 延迟 delay (n)

yán jìn xī yān 严禁吸烟 non-smoking

yán jìn yǐn jiǔ 严禁饮酒 non-alcoholic

yán sè 颜色 colour (n)

yán sù de, rèn zhēn de 严肃的, 认真的 serious

yán zhèng, fā yán 炎症, 发炎 inflammation

yǎn jìng 眼镜 glasses, spectacles

yǎn jing, guān diǎn 眼睛, 观点 eye

yǎn jìng shāng 眼镜商 optician

yǎn kē zhuān jiā 眼科专家 ophthalmologist

yǎn yǐng gāo, yǎn jiǎn gāo 眼影膏, 眼睑膏 eye shadow

yàn mài, yàn mài piàn 燕麦, 燕麦片 oats

yáng, mián yáng 羊, 绵羊 sheep

yáng cōng 洋葱 onion

yáng guāng 阳光 sunshine

yáng guāng chōng zú de 阳光充足的 sunny

yáng máo, máo zhī pǐn 羊毛, 毛织品 wool

yáng ròu 羊肉 mutton

yáng tái, bāo xiāng 阳台, 包厢 balcony

yáng wá wa, wán ǒu 洋娃娃, 玩偶 doll

yāo bāo 腰包 money belt

yāo bù, yāo 腰部, 腰 waist

yāo qǐng 邀请 invite

yāo qǐng, zhāo dài 邀请, 招待 invitation

yāo qiú 要求 request (n)

yáo bǎi, xuán zhuǎn 摇摆, 旋转 swing (v)

MANDARIN → ENGLISH

183

yǎo 咬 bite (v)
yào, má yào, má zuì yào 药, 麻药, 麻醉药 drug (medicine)
yào, nèi fú yào 药, 内服药 medicine (drug)
yào cǎo, xiāng cǎo 药草, 香草 herbs
yào fáng, yào diàn 药房, 药店 pharmacy
yào gāo, yóu gāo 药膏, 油膏 ointment
yào shi, guān jiàn 钥匙, 关键 key
yào shi huán (liàn) 钥匙环 (链) key ring
yào wán 药丸 pill
yē zi 椰子 coconut
yě, tài guò fèn 也, 太过份 too
yě, tóng yàng 也, 同样 also
yě cān 野餐 picnic (n)
yě xǔ, kě néng 也许, 可能 might (v)
yè, shù yè 叶, 树叶 leaf
yè, yè wǎn; zuó wǎn (zuó tiān wǎn shang) 夜, 夜晚; 昨晚 (昨天晚上) night, last night
yè zéi 夜贼 burglar
yī, yí gè 一, 一个 one
yī dài 衣袋 pocket
yī fu 衣服 clothing
yī fu, bèi rù 衣服, 被褥 clothes
yī fu zhào 衣服罩 hood (garment)
yī guì, yī chú 衣柜, 衣橱 wardrobe
yī jí 一级 first class
yī jià 衣架 hanger, coat hanger
yī liáo bǎo xiǎn 医疗保险 medical insurance
yī lǐng 衣领 collar
yī mào jiān, xíng li zàn cún chù 衣帽间, 行李暂存处 cloakroom
yī shēng, bó shì 医生, 博士 doctor
yī xué, nèi kē xué 医学, 内科学 medicine (science)

yī yuàn 医院 hospital
yī yuè 一月 January
yí bàn 一半 half (n)
yí bàn de 一半的 half (adj)
yí bù fen, yì fèn 一部分, 一份 portion
yí cì xing niào bù / niào bù 一次性尿布 / 尿布 disposable diapers/nappies
yí dàn, yí cì 一旦, 一次 once
yí dǎo sù 胰岛素 insulin
yí dòng, lí kāi, bān jiā 移动, 离开, 搬家 move (v)
yí dòng, qiān jū 移动, 迁居 move (n)
yí duì 一对 pair
(yí) duì, (yì) shuāng, fū fù (一) 对, (一) 双, 夫妇 couple
yí duì dān rén chuáng 一对单人床 twin beds
yí fù jiǎ yá 一副假牙 dentures
yí gè yě méi yǒu, háo wú 一个也没有, 毫无 none
yí hàn de, duì bù qǐ de 遗憾的, 对不起的 sorry
(yí) piàn, (yí) zhāng, bèi dān (一) 片, (一) 张, 被单 sheet
yí shī, diū shī 遗失, 丢失 lose
yí tào yī fu 一套衣服 suit (n)
yǐ fù de, shòu gù de 已付的, 受雇的 paid
yǐ hūn de, hūn yīn de 已婚的, 婚姻的 married
yǐ jīng 已经 already
yǐ jīng wèi bǎo le de 已经喂饱了的 stuffed
yǐ zhì chéng de, chéng gōng de 已制成的, 成功的 made
yǐ zi 椅子 chair
yì cān, shàn shí 一餐, 膳食 meal
yì chū, yǒng liú, chōng mǎn 溢出, 涌流, 充满 spill (v)
yì dá, shí èr gè 一打, 十二个 dozen
yì huìr 一会儿 while (n)
(yì) juǎn, juǎn xíng wù (一) 卷, 卷形物 roll (n)

yì juǎn shéng zi 一卷绳子
coil (rope)
yì miáo 疫苗 vaccine
yì nián yí cì de, měi nián de
一年一次的，每年的 annual
yì qiān, yì qiān gè 一千，一千个
thousand
yì shù, yì shù pǐn, měi shù
艺术，艺术品，美术 art
yì shù jiā, huà jiā 艺术家，画家
artist
yì tiáo miàn bāo 一条面包 loaf
yì wài shì jiàn, shì gù
意外事件，事故 accident
yì xiǎo kuài, zhǒng kuài
一小块，肿块 lump
yì xiē, shǎo xǔ, ruò gān
一些，少许，若干 some
yì xīng qí (yì zhōu) qián 一星
期（一周）前 a week ago
yì yù, yì si shì 意欲，意思是
mean (intend)
yì zhíwǎng qián zǒu 一直往
前走 straight on
yīn, yīn àn 荫，阴暗 shade
**yīn dié bō fàng qì (CD bō
fàng qì)** 音碟播放器
（CD播放器） CD player
yīn qīn, qìng jia 姻亲，亲家
in-laws
yīn wéi 因为 because
yīn yuè huì 音乐会 concert
yīn yuè jiā 音乐家 musician
yín, yín zi 银，银子 silver
yǐn liào, jiǔ, xù jiǔ 饮料，酒，
酗酒 drink (n)
yǐn tuì de, yǐn bì de 隐退的，
隐蔽的 secluded
yǐn xìng wù zhì (dú pǐn) 瘾性物
质（毒品） drug (narcotic)
yǐn xíng yǎn jìng 隐形眼镜
contact lenses
yǐn yòng shuǐ 饮用水
drinking water
yìn shuā, chū bǎn 印刷，出版
print (v)
yìn shuā pǐn 印刷品 printed
matter
yìn shuā wù 印刷物 print (n)

yīng, yīng zhuàng biāo shì
鹰，鹰状标饰 eagle
yīng cùn 英寸 inch
yīng dé de, yìng fù de 应得的，
应付的 due (adj)
yīng dé wù, yìng fù kuǎn
应得物，应付款 due (n)
yīng ér chē 婴儿车 pram
yīng ér shí pǐn 婴儿食品
baby food
yīng gāi, jiāng yào 应该，将要
should
yīng gé lán, yīng guó 英格兰，
英国 England
yīng guó 英国 Great Britain,
United Kingdom
yīng jùn de, dà fang de
英俊的，大方的 handsome
yīng lǐ 英里 mile
yīng táo, yīng táo shù 樱桃，
樱桃树 cherry
yīng sù, shēn hóng sè 罂粟，
深红色 poppy
yīng yǔ 英语 English
(language)
yíng, shèng lì 赢，胜利 win
yíng jiù 营救 rescue (n)
yíng yè shí jiān 营业时间
opening times
yǐng yìn 影印 photocopy
yìng bì 硬币 coin
yìng de, kùn nan de 硬的，
困难的 hard
yìng máo shuā 硬毛刷
scrubbing brush
yìng pán 硬盘 hard disk
yìng zhǐ hé, zhǐ bǎn xiāng
硬纸盒，纸板箱 carton
yōng jǐ de, sāi mǎn de 拥挤的，
塞满的 crowded
**yòng chuī fēng jī chuī gān
(tóu fa)** 用吹风机吹干
（头发） blow-dry
yòng dài fù zhù 用带缚住
strap (v)
yōu chóu de, bēi āi de 忧愁的，
悲哀的 sad
yōu liáng de, shàng děng de
优良的，上等的 good (adj)

MANDARIN → ENGLISH

yōu mò, huī xié 幽默, 诙谐 humour

yóu, shí yóu, yóu lèi 油, 石油, 油类 oil

yóu chāi / nǚ yóu dì yuán 邮差 / 女邮递员 postman/ postwoman

yóu jì 邮寄 mail (v)

yóu jì, tóu jì 邮寄, 投寄 post (v)

yóu jiàn, yóu zhèng 邮件, 邮政 mail (n)

yóu jiàn, zhí wèi, yóu zhèng 邮件, 职位, 邮政 post (n)

yóu jú 邮局 post office

yóu lǎn, duǎn chéng lǚ xíng 游览, 短程旅行 excursion

yóu mén, jiā sù qì 油门, 加速器 accelerator

yóu piào 邮票 postage stamp

yóu piào, tú zhāng 邮票, 图章 stamp

yóu qī 油漆 paint (n)

yóu shōu jiàn rén fù kuǎn de 由收件人付款的 collect (adj)

yóu tài jiào huì táng 犹太教会堂 synagogue

yóu tài rén, yóu tài jiào tú 犹太人, 犹太教徒 Jew

yóu tài rén de, yóu tài zú de 犹太人的, 犹太族的 Jewish

yóu tǐng, kuài tǐng 游艇, 快艇 yacht (n)

yóu tǒng, yóu zhèng xìn xiāng 邮筒, 邮政信箱 letterbox

yóu xì, bǐ sài 游戏, 比赛 play (n)

yóu yǒng, piāo fú 游泳, 漂浮 swim

yóu yǒng yī 游泳衣 swimming costume

yóu zhá, yóujiān 油炸, 油煎 fry (v)

yóu zhá de 油炸的 fried

yóu zhá guō 油炸锅 fry pan

yóu zhá quān bǐng 油炸圈饼 doughnut

yóu zhèng biān mǎ 邮政编码 postal code

(yóu zhèng) kuài dì fú wù (邮政) 快递服务 courier service

yóu zhèng xìn xiāng 邮政信箱 post office box

yǒu, chí yǒu 有, 持有 have

yǒu, yǐ, yòng, tóng ..., yóu yú, hé ... 有, 以, 用, 同 ..., 由于, 和 ... with

yǒu bān wén de 有斑纹的 striped

yǒu bìng de, shēng bìng 有病的, 生病 ill

yǒu chuán rǎn xìng de 有传染性的 infectious

yǒu dǎo yóu de lǚ yóu 有导游的旅游 guided tour

yǒu dú de 有毒的 poisonous

yǒu fēng de, guā fēng de 有风的, 刮风的 windy

yǒu guān xi de 有关系的 relative (adj)

yǒu guǐ diàn chē 有轨电车 tram

yǒu guò shī de, yǒu quē diǎn de 有过失的, 有缺点的 faulty

yǒu hǎo de, yǒu yí de 友好的, 友谊的 friendly

yǒu jī shū cài 有机蔬菜 organic vegetables

yǒu lǐ mào de 有礼貌的 polite

yǒu máo bìng, chū gù zhàng 有毛病, 出故障 out of order

yǒu péng huò chē, miàn bāo chē 有篷货车, 面包车 van

yǒu qù de, huá jī de, qí yì de 有趣的, 滑稽的, 奇异的 funny

yǒu qù wèi de 有趣味的 interesting

yǒu rén, mǒu rén 有人, 某人 someone

yǒu shén me bú duì? shén me cuò le? 有什么不对? 什么错了? What is wrong?

yǒu shí hou, ǒu ěr 有时候, 偶而 occasionally

yǒu suǒ de cún wù guì 有锁的存物柜 locker
yǒu xī wàng de 有希望的 hopefully
yǒu xiào de 有效的 valid
yǒu yì shi de 有意识的 conscious
yǒu yòng de 有用的 useful
yòu, zài cì, cǐ wài, zài yí cì 又, 再次, 此外, 再一次 again
yū shāng, cā shāng 瘀伤, 擦伤 bruise (v)
yú, yú ròu 鱼, 鱼肉 fish (n)
yú chǔn de, wú liáo de 愚蠢的, 无聊的 silly, stupid
yú fàn, yú shāng 鱼贩, 鱼商 fishmonger's
yú lè, wán xiào, xī xiào 娱乐, 玩笑, 嬉笑 fun
yǔ, xià yǔ 雨, 下雨 rain (n)
yǔ fǎ, wén fǎ 语法, 文法 grammar
yǔ guā qì 雨刮器 windscreen wiper
yǔ máo bèi rù 羽毛被褥 duvet
(yù pén de) sāi zi (浴盆的) 塞子 plug (bath)
yǔ róng bèi 羽绒被 duvet cover
yǔ yán, yǔ yán wén xué 语言, 语言文学 language
yǔ yán kè chéng 语言课程 language course
yǔ yī 雨衣 raincoat
yù jiàn, (yíng) jiē 遇见, (迎) 接 meet (v)
yù shì, guàn xǐ shì 浴室, 盥洗室 bathroom
yuán dàn qián yè 元旦前夜 New Year's Eve
yuán de, qiú xíng de 圆的, 球形的 round (adj)
yuán jiù 援救 rescue (v)
yuán liàng 原谅 excuse (v), pardon (v)
yuán mài miàn bāo 原麦面包 rye bread
yuán mián 原棉 cotton wool
yuán yě 原野 field

yuán zhōu, yuán xíng wù, xún huán 圆周, 圆形物, 循环 circle (n)
yuán zhū bǐ 圆珠笔 ballpoint pen
yuǎn de, jiù yuǎn de 远的, 久远的 far (adj)
yuǎn gǔ de, jiù de 远古的, 旧的 ancient
yuàn wàng, xīn yuàn, qǐng qiú 愿望, 心愿, 请求 wish (n)
yuē huì 约会 date (appointment)
yuē huì, zhǐ dìng 约会, 指定 appointment
yuè 月 month
yuè guì shù yè 月桂树叶 bay leaf
yuè qiú, yuè liang 月球, 月亮 moon
yūn xuàn de 晕眩的 dizzy
yún, yān yún 云, 烟云 cloud
yǔn nuò 允诺 promise (v)
yǔn xǔ, chéng rèn 允许, 承认 allow
yùn chuán de 晕船的 seasick
yùn dòng chǎng, cāo chǎng 运动场, 操场 playground
yùn dǒu, lào tiě 熨斗, 烙铁 iron (appliance)
yùn fèi, zī tài 运费, 姿态 carriage
yùn hé, shuǐ dào 运河, 水道 canal
yùn qì, hǎo yùn, xìng yùn 运气, 好运, 幸运 luck
yùn yī bǎn 熨衣板 ironing board
yùn zhuǎn, cāo zuò, shǒu shù 运转, 操作, 手术 operation

Z

zá zhì, qī kān 杂志, 期刊 magazine
zāi nàn, tiān zāi 灾难, 天灾 disaster
zài, yú, xiàng, duì zhǔn, zài... fāng miàn 在, 于, 向, 对准, 在...方面 at

MANDARIN → ENGLISH

MANDARIN → ENGLISH

zài chōng diàn 再充电
  recharge
**zài (dào) ... jiào yuǎn de yì
  biān, nà yì biān** 在(到) ...
  较 远的一边, 那一边
  beyond
zài ... de qī jiān 在 ... 的期间
  during
zài ... dǐ bù 在 ... 底部
  bottom (at the)
zài fù jìn, zài páng biān,jīng
  在附近, 在旁边, 经
  by
zài hù nèi 在户内 indoors
zài hù wài, zài yě wài 在户外,
  在野外 outdoors
zài jià rì, měi féng jià rì 在假日,
  每逢假日 holidays
zài jiàn 再见 goodbye
zài lǐ miàn 在里面
  inside (adv)
zài lóu xià, xià lóu 在楼下, 下楼
  downstairs
zài nà lǐ 在那里 there
zài páng biān, hé ... bǐ jiào
  在旁边, 和 ... 比较 beside
zài qián, yǐ qián 在前, 以前
  before (adv)
**zài qián yí yè, zhěng yè, zuó
  wǎn yí wǎn shang** 在前一夜,
  整夜, 昨晚一晚上
  overnight (adv)
**zài ... shàng fāng, guò yú,
  chāo chū** 在 ... 上方, 过于,
  超出 above
zài ... xià mian 在 ... 下面
  below
zài yuǎn chù, lí qù 在远处,
  离去 away
zài zhè lǐ, cǐ shí 在这里, 此时
  here
zài ... zhī hòu 在 ... 之后
  behind (prep)
**zài ... zhī nèi (shàng), zài ... qī
  jiān, cóng shì yú, fú hé,
  chuān zhe** 在 ... 之内 (上),
  在 ... 期间, 从事于, 符合,
  穿着 in
zài ... zhī qián 在 ... 之前
  before (prep)

**zài ... zhī shàng, yī fù yú, lín
  jìn, kào jìn, xiàng, zài ... shí
  hou, guān yú, shè jí** 在 ... 之
  上, 依附于, 临近, 靠近, 向,
  在 ... 时候, 关于, 涉及 on
zài ... zhī shàng, yuè guò 在 ...
  之上, 越过 over (prep)
zài ... zhī xià 在 ...之下 under
zài ... zhī zhōng, ... zhī yī
  在 ... 之中, ... 之一 among
zàn shí de, lín shí de 暂时的,
  临时的 temporary
zàng lǐ, chū bìn 葬礼, 出殡
  funeral
zǎo cān 早餐 breakfast
zǎo chén, shàng wǔ 早晨, 上午
  morning
zǎo chén hǎo, shàng wǔ hǎo
  早晨好, 上午好 good
  morning
zǎo yē zi 枣椰子 date (fruit)
zěn yàng, rú hé, duō shǎo
  怎样, 如何, 多少 how
zēng zhí shuì 增值税 VAT
zèng pǐn, lǐ wù 赠品, 礼物
  gift
zhá, shā chē 闸, 刹车
  brake (n)
zhá shǔ tiáo (piàn) 炸薯条 (片)
  chips
zhà lan 栅栏 fence
zhài wù, zuì guò 债务, 罪过
  debts
zhān hé 粘合 glue (v)
zhǎn lǎn huì, xiǎn shì 展览会,
  显示 exhibition
zhàn, zhàn yòng, zhàn lǐng
  占, 占用, 占领 occupied
  (e.g. toilet)
zhàn zhēng 战争 war
zhāng láng 蟑螂 cockroach
zhàng dān, piào jù, qīng dān
  帐单, 票据, 清单 bill
zhàng fū 丈夫 husband
**(zhàng fu huò qī zi) de shuāng
  qīn (fù qīn hé mǔ qīn)** (丈夫
  或妻子) 的双亲 (父亲和母亲)
  parents-in-law
zhàng peng 帐篷 tent

zhàng péng zhuāng 帐蓬桩
  tent peg
zhāo dài yuán, jiē dài yuán
  招待员，接待员
  receptionist
zhāo lǐng zhī shī wù 招领之
  失物 lost property
zhǎo dào, fā xiàn, chá míng
  找到，发现，查明 find
zhào liào, zhào gù 照料，照顾
  look after
zhào piàn 照片 photo,
  photograph
zhào yào, fā guāng 照耀，发光
  shine (v)
zhē yáng sǎn, tiān péng
  遮阳伞，天棚 sunshade
zhé dié shì yīng ér chē
  折叠式婴儿车 pushchair
zhé kòu 折扣 discount
zhè, zhè ge 这，这个 this
zhè lǐ 这里 over here
zhè lǐ, zhè biān, zhè tiáo lù ...
  这里，这边，这条路 ...
  this way
zhè (nà) duō shǎo qián?
  这（那）多少钱?
  How much is it?
zhè xīng qī, běn zhōu 这星期，
  本周 this week
zhè xīng qī (zhè zhōu) 这星期
  （这周）this week
zhēn 针 needle
zhēn shí de, bú dòng chǎn de
  真实的，不动产的 real
zhēn shí de, zhēn zhèng de
  真实的，真正的 true
zhēn shí de, zhēn zhèng de,
  chéng kěn de 真实的，
  真正的，诚恳的 genuine
zhēn zhèng dì, zhēn de ma
  真正地，真的吗 really
zhēn zhī pǐn 针织品 knitwear
zhēn zhī yùn dòng shān, máo
  yī 针织运动衫，毛衣 jersey
zhēn zhū 珍珠 pearl
zhēn zi 榛子 hazelnut
zhěn tou, zhěn diàn 枕头，枕垫
  pillow

zhěn tou tào 枕头套
  pillowcase
zhèn dìng jì 镇定剂
  tranquillizer
zhèn dòng, cì ěr shēng, zhèn
  jīng 震动，刺耳声，震惊 jar
zhèn yǔ, lín yù 阵雨，淋浴
  shower (n)
zhēng biàn 争辩 quarrel (v)
zhēng fā 蒸发 steam (v)
zhēng lùn 争论 quarrel (n)
zhēng qì 蒸汽 steam (n)
zhèng cài wài de fù jiā cài
  正菜外的附加菜
  side dish
zhèng dāng de, zhèng què de
  正当的，正确的 right (adj)
zhèng fāng xíng de 正方形的
  square (adj)
zhèng fǔ 政府 government
zhèng hǎo, jǐn jǐn, gāng cái 正
  好，仅仅，刚才 just (only)
zhèng què, quán lì, yòu biān
  正确，权利，右边 right (n)
zhèng què de, jīng què de
  正确的，精确的 accurate
zhèng què de, qià dāng de
  正确的，恰当的
  correct (adj)
zhèng rén, zhèng cí 证人，证词
  witness (n)
zhèng shí, què rèn, pī zhǔn
  证实，确认，批准
  confirmation
zhèng shì de, hé lǐ yí de
  正式的，合礼仪的 formal
zhèng shū, zhèng míng shū
  证书，证明书 certificate
zhèng wǔ 正午 midday
zhèng yì de, gōng zhèng de,
  zhèng què de 正义的，
  公正的，正确的 just (fair)
zhī dào, liáo jiě, rèn shi 知道，
  了解，认识 know
zhī piào 支票 cheque
zhī piào běn 支票本（簿）
  cheque book
zhī piào kǎ 支票卡
  cheque card

MANDARIN → ENGLISH

zhī qì guǎn yán 支气管炎 bronchitis

zhī wù, bù, jié gòu, jiàn zhù wù 织物, 布, 结构, 建筑物 fabric

zhī zhū, sān jiǎo jià 蜘蛛, 三脚架 spider

zhí, zhí jiē, yì zhí 直, 直接, 一直 straight (adv)

zhí dá de, zhí tōng de 直达的, 直通的 through (adj)

zhí dào, zài ... yǐ qián, qì 直到, 在 ... 以前, 迄 till (until)

zhí nǚ, wài sheng nǚ 侄女, 外甥女 niece

zhí shēng jī 直升机 helicopter

zhí wù, gōng chǎng 植物, 工厂 plant (n)

zhí wù de qiú jīng 植物的球茎 bulb (plant)

zhí zhào, xǔ kě zhèng 执照, 许可证 licence

zhí zi, wài sheng 侄子, 外甥 nephew

zhǐ, bào zhǐ 纸, 报纸 paper

zhǐ, jiǎo zhǐ, zú jiān 趾, 脚趾, 足尖 toe

zhǐ bǎn 纸板 cardboard

zhǐ huī, dǎo yǎn 指挥, 导演 direct (v)

zhǐ jia, dīng zi 指甲, 钉子 nail

zhǐ jia cuò 指甲锉 nail file

zhǐ jia dāo 指甲刀 nail scissors

zhǐ jia shàng guāng jì / zhǐ jia yóu 指甲上光剂 / 指甲油 nail polish/varnish

zhǐ jia shuā 指甲刷 nail brush

zhǐ nán, zhǐ dǎo shū 指南, 指导书 guide book

zhǐ pái, kǎ piàn 纸牌, 卡片 card

zhǐ shì qì, (huà) zhǐ shì jì 指示器, (化) 指示剂 indicator

zhǐ tòng yào, jiě tòng wù 止痛药, 解痛物 painkiller

zhǐ xiàng, zhǐ chū 指向, 指出 point (v)

zhì dòng yè, shā chē yóu 制动液, 刹车油 brake fluid

zhì liàng, pǐn zhì, xìng zhì 质量, 品质, 性质 quality

zhì qiàn, lǐ yóu 致歉, 理由 excuse (n)

zhì zào, ān pái, chǎn shēng 制造, 安排, 产生 make

zhōng diǎn zhàn, zhōng duān 终点站, 终端 terminal (n)

zhōng gào, jiàn yì, [shāng] tōng zhī 忠告, 建议, [商] 通知 advice

zhōng guó, cí qì 中国, 瓷器 China

zhōng hào de 中号的 medium sized

zhōng jiān, dāng zhōng 中间, 当中 middle

zhōng jiān de, bàn shēng shú de 中间的, 半生熟的 medium

zhōng kòng suǒ 中控锁 central locking

zhōng shì jì de 中世纪的 medieval

zhōng tú tíng liú 中途停留 stopover

zhōng xīn, zhōng yāng, zhōng xīn qū 中心, 中央, 中心区 centre

zhōng yāng nuǎn qì 中央暖气 central heating

zhōng zhuǎn bān jī 中转班机 connecting flight

zhǒng lèi, lèi bié 种类, 类别 sort (n)

zhǒng lèi, xìng zhì 种类, 性质 kind (n)

zhǒng zhàng, zhǒng dà, lóng qǐ 肿胀, 肿大, 隆起 swelling

zhǒng zhàng de 肿胀的 swollen

zhǒng zú 种族 race (people)

zhòng de, chén zhòng de 重的, 沉重的 heavy

zhòng huā rén 种花人 florist

ZÌ

zhòng lì, zhòng liàng, fèn liàng 重力,重量,分量 weight

zhòng yào de, zhòng dà de 重要的,重大的 important

zhòng yào rén wù, yǒu míng qì de rén 重要人物,有名气的人 somebody

zhòng yīn, kǒu yīn, zhòng yīn fú 重音,口音,重音符 accent

zhòng zhí 种植 plant (v)

zhōu mò 周末 weekend

zhōu nián jì niàn 周年纪念 anniversary

zhōu qī, xún huán 周期,循环 cycle (n)

zhōu – shàng xīng qī (shàng zhōu) 周–上星期 (上周) last week

zhǒu 肘 elbow

zhòu wén 皱纹 wrinkle (n)

zhū 猪 pig

zhū bǎo 珠宝 jewellery

zhū bǎo shāng, bǎo shí jiàng 珠宝商,宝石匠 jeweller

zhū ròu 猪肉 pork

zhú jiàn dì 逐渐地 gradually

zhǔ fèi 煮沸 boil (v)

zhǔ lù, gàn xiàn 主路,干线 main road

zhǔ yào de 主要的 head (adj)

zhǔ yào de, zhòng yào de 主要的,重要的 main

zhǔ yào dì, dà bù fen, tōng cháng 主要地,大部分,通常 mostly

zhǔ yào kè chéng, zhǔ cài 主要课程,主菜 main course

zhǔ yóu zhèng jú 主邮政局 main post office

(zhù cè, bào dào, dēng jì) biǎo (注册,报到,登记) 表 registration form

(zhù cè, bào dào, dēng jì) hào mǎ (注册,报到,登记) 号码 registration number

zhù chu, shàn sù 住处,膳宿 accommodation

zhù hè, hè cí 祝贺,贺辞 Congratulations!

zhù yào, wèn hòu 祝贺,问候 greeting

zhù míng de, chū míng de 著名的,出名的 famous

zhù nín hǎo yùn 祝您好运 good luck

zhù shè, dǎ zhēn 注射,打针 injection

zhù tīng qì 助听器 hearing aid

zhuān, zhuān xíng wù 砖,砖形物 brick

zhuàn dòng, xuán, nǐng 转动,旋,拧 screw (v)

zhuàn dòng, xuán zhuǎn 转动,旋转 turn (n)

zhuàn jiē diàn huà 转接电话 connection (phone)

zhuāng chuán, háng yùn 装船,航运 ship (v)

(zhuāng yǒu tóu bì xǐ yī jī de) xǐ yī diàn (装有投币洗衣机的) 洗衣店 launderette

zhuī shàng, chāo guò 追上,超过 overtake

zhuì luò 坠落 crash (v)

zhǔn bèi hǎo de 准备好的 ready

zhǔn xǔ 准许 permit (v)

zhuō liè de, dī děng de 拙劣的,低等的 poor (quality)

zhuō zi, cān zhuō, gōng zuò tái 桌子,餐桌,工作台 table

zhuó yuè de, jí hǎo de 卓越的,极好的 excellent

zī běn, zī jīn, zī chǎn 资本,资金,资产 capital (money)

zī wèi 滋味 flavour

zī xún tái, wèn shì chù 咨询台,问事处 enquiry desk

zǐ luó lán 紫罗兰 violet

zǐ sè de 紫色的 purple

zì, cí, huà 字,词,话 word

zì diǎn, cí diǎn 字典,词典 dictionary

zì dòng chū nà jī 自动出纳机 auto-teller

191

MANDARIN → ENGLISH

zì dòng shòu huò jī 自动售货机 vending machine

zì dòng tí kuǎn jī 自动提款机 cash dispenser

zì jǐ jīng yíng de 自己经营的 self-employed

zì lái shuǐ guǎn 自来水管 hose pipe

zì rán, zì rán jiè 自然，自然界 nature

zì rán bǎo hù qū 自然保护区 nature reserve

zì rán de, tiān shēng de 自然的，天生的 natural

zì xíng chē sài chē dào 自行车赛车道 cycle track

zì yóu de, miǎn fèi de 自由的，免费的 free

zì yóu zuò jiā, zì yóu jì zhě 自由作家，自由记者 freelance

zì zhù shāng diàn, shāng chǎng 自助商店，商场 DIY shop

zì zhù shì fú wù 自助式服务 self-service

zì zhù xǐ yī diàn 自助洗衣店 laundromat

zǒng diàn zhá, zǒng kāi guān 总电闸，总开关 mains switch

zǒng lǐ, shǒu xiàng 总理，首相 prime minister

zǒng shì, yǒng yuǎn 总是，永远 always

zǒng shù, hé jì 总数，合计 total

zòng héng tián (pīn) zì zì mí 纵横填（拼）字字谜 crossword puzzle

zǒu kāi 走开 go away

zǒu láng 走廊 corridor

zǒu láng, guò dào 走廊，过道 aisle

zǒu lù qù 走路去 go (on foot)

zū, zū jiè, chū zū 租，租借，出租 rent (v)

zū chē 租车 car hire, hire car

zū jiè, zū yuē 租借，租约 lease (n)

zū jīn 租金 rent (n)

zū yòng, gù yòng 租用，雇用 hire (n)

zú, yīng chǐ 足，英尺 foot

zú gòu de, chōng zú de 足够的，充足的 enough (adj)

zú qiú, gǎn lǎn qiú 足球，橄榄球 football, football match

zǔ fù, wài zǔ fù 祖父，外祖父 grandfather

zǔ fù mǔ, wài zǔ fù mǔ 祖父母，外祖父母 grandparent

zǔ mǔ, wài zǔ mǔ 祖母，外祖母 grandmother

zǔ zhòu 诅咒 swear (curse)

zuàn kǒng jī, zuàn zi 钻孔机，钻子 drill (n)

zuàn shí, líng xíng 钻石，菱形 diamond

zuì chí xiāo shòu rì qī 最迟销售日期 sell-by date

zuì duō de, duō shù de, dà bù fen de 最多的，多数的，大部分的 most (adj)

zuì gāo de, tóu děng de 最高的，头等的 top (adj)

zuì gāo jià gé, zuì gāo fēng jià 最高价格，最高峰价 peak rate

zuì hòu, zhōng yú 最后，终于 eventually

zuì hòu de, lín zhōng de 最后的，临终的 last (adj)

zuì jìn 最近 recently

zuó tiān 昨天 yesterday

zuó wǎn 昨晚 last night

zuǒ bian de, zuǒ cè de 左边的，左侧的 left (adj)

zuò, shí xíng 做，实行 do

zuò, zuò wèi 座，座位 seat

zuò de guò fèn de, zhǔ de guò jiǔ de 做得过分的，煮得过久的 overdone

zuò jiā, zuò qǔ jiā 作家，作曲家 composer